Alfred von Sallet

Die Nachfolger Alexanders des Großen in Baktrien und Indien

EHV
HISTORY

Alfred von Sallet

Die Nachfolger Alexanders des Großen in Baktrien und Indien

ISBN/EAN: 9783955643782

Auflage: 1

Erscheinungsjahr: 2013

Erscheinungsort: Bremen, Deutschland

@ EHV-History in Access Verlag GmbH, Fahrenheitstr. 1, 28359 Bremen. Alle Rechte beim Verlag und bei den jeweiligen Lizenzgebern.

DIE NACHFOLGER

ALEXANDERS DES GROSSEN

IN BAKTRIEN UND INDIEN

VON

ALFRED VON SALLET.

MIT VII TAFELN.

BERLIN

WEIDMANNSCHE BUCHHANDLUNG.

1879.

VORWORT.

Bei der Beschäftigung mit den baktrischen Münzen
wurde mir der Mangel eines die neuen Resultate zusammen-
fassenden Werkes über jene Denkmäler fühlbar; nur für den,
welcher in einer grossen Stadt mit reichen Büchersamm-
lungen lebt, ist es möglich, die kostbare, zum Theil äusserst
seltene Literatur dieses Gegenstandes zur Benutzung zu vereinigen, weiteren Kreisen ist dies unmöglich. Ich habe es
unternommen, nicht nur das bisher Gewonnene zusammen-
zufassen und zu vermehren, sondern auch einige Schritte weiter
zu gehen. Bei der grossen Menge von wichtigen Novitäten,
welche ich bieten konnte und bei der von der bisherigen
völlig verschiedenen Methode, welche ich bei dem Versuche,
das Skelett einer Geschichte jener mächtigen Griechenreiche
des Ostens zusammen zu setzen, angewendet habe, wird mein
Buch eine nicht ganz unwillkommene Gabe sein. Grossen
Dank schulde ich Hrn. Feuardent in Paris, welcher mir
die ausserordentlich grosse, die interessantesten Dinge ent-
haltende in seinem Besitz befindliche Reihe baktischer Münzen
zu genauer Untersuchung übersandte und mir dadurch eine
wesentliche Beihülfe gewährte, ferner Hrn. Percy Gardner
vom Britischen Museum, welcher mir aufs bereitwilligste
Abdrücke und Notizen von grossem Werth zukommen liess.

Ganz besondern Dank muss ich der Kgl. Akademie der Wissenschaften aussprechen, welche der Verlagsbuchhandlung eine namhafte Beihülfe zu den Herstellungskosten gewährte.

Im Laufe der Arbeit habe ich eine kleine Anzahl Versehen bemerkt, deren Berichtigung ich nebst einigen Zusätzen hier folgen lasse.

p. 4 ff. Der Zeus des Diodot etc. ist redendes Wappen.

p. 25 2. Zeile von unten: einzelne Stücke bis 9,91.

p. 29 Sophytes: nach 306 v. C.

p. 39 Zeile 18 von oben ist das ,,vielleicht (eine'' zu streichen.

p. 44 zu Philoxenos: Statthalter von Susiana.

p. 47 Das über **PAIY** etc. Gesagte ist nach dem Münzverzeichniss zu ändern.

p. 47 }
p. 49 } Die Anmerkung zu streichen.

p. 52 Ueber ,,Gundoferus'' Erwähnung in der Legende des Apostel Thomas s. Münzverzeichniss.

p. 65 Nr. 4 und 5: Aspavarma und Aspapatis sind identisch; s. Münzverzeichniss.

p. 66 Der sog. ,,Sub-Abdagases'' ist Yndopheres s. Münzverzeichniss.

p. 66 Nr. 20 Es steht . . . Kashanasa, nicht Kashatara.

p. 169 Zeile 1 statt ,,zuerst'' lies: ,,Seite 168 oben''.

Taf. II 6 ist Vorder- und Rückseite vertauscht.

Das Symbol des Yndopheres 𐊗 fand ich eingestempelt auf eine Drachme des Arsaciden Orodes I.

A. v. Sallet.

DIE NACHFOLGER

ALEXANDERS DES GROSSEN

IN BAKTRIEN UND INDIEN.

I.

HISTORISCHE ÜBERSICHT.

I.

Historische Uebersicht.

Während der Regierung Antiochus' II. von Syrien gaben die kriegerischen Verhältnisse im syrischen Reiche Veranlassung zur Empörung einiger im Innern Asiens gelegenen, dem Syrerkönige unterworfenen Länder. Um 256 v. Chr., wie überliefert ist unter dem Consulat des L. Manlius Vulso und des (consul suffectus) M. Attilius Regulus (Justin. 41, 4), oder wie man gemeint hat im Jahre 250 unter dem Consulat des C. Attilius Regulus und L. Manlius Vulso, fanden diese Empörungen statt; es wurde die arsacidische Herrschaft gegründet und Diodotus, der Statthalter von Baktrien — der Herr von tausend Städten nach Justin, was aber nach ähnlichen auf den König Eukratides bezüglichen Notizen eine etwas stereotype Bezeichnung des mächtigen Baktrerreichs zu sein scheint — fiel ab und gab sich den königlichen Titel. Die seltenen, aber doch in gewisser Anzahl erhaltenen Münzen des Königs Diodotus sind aber nicht der Beginn der baktrischen oder baktrisch-indischen Prägung [1]. Abgesehen von dem aus Arrian, Strabo und Curtius bekannten indischen Fürsten

---

1) Denkmäler der griechischen Cultur in jenen Ländern sind ausser den Münzen überhaupt fast gar nicht vorhanden, nur geringe geschnittene Steine, darunter von einigem Werth einen Kopf des Königs Eukratides, fand man. — Ueber die indo-griechischen buddhistischen Sculpturen von Peschawer s. unten.

Sopeithes, Sophites — nach den Münzen **Sophytes**, welcher
am Hydaspes, in der Gegend des heutigen Lahore, herrschte,
sich Alexander dem Grossen unterwarf und zur Zeit Seleucus' I.
von Syrien schöne griechische Münzen prägte (Taf. I.), und einer
wegen ihrer viereckigen Form vielleicht **baktrischen oder
indischen Kupfermünze Alexanders des Grossen**[1]:
besitzen wir Tetradrachmen mit dem Namen eines Königs **Antiochus**, völlig abweichend von allen bekannten syrischen Münzen,
dagegen im Styl und Gepräge ganz genau mit den Münzen des
abtrünnigen Baktrerkönigs Diodotus übereinstimmend.

Kopf mit Diadem r.

Rf. **ΒΑΣΙΛΕΩΣ ΑΝΤΙΟΧΟΥ** Schreitender Zeus mit Blitz
und Aegis l.; vor ihm Adler. L. Monogramm.

Æ. Tetradrachme. (Taf. I.)

Richtig hat Wilson in diesen Münzen den beginnenden Aufstand des Diodot erkannt. Die Münzkunde und die Geschichte
lehrt uns, dass fast jeder Aufstand nicht mit völligem Bruch,
sondern mit den Forderungen gewisser Sonderrechte unter ausdrücklicher Anerkennung der bestehenden Obergewalt beginnt;
so erkennen zuerst die anständischen Niederländer noch den
König Philipp von Spanien an, die ungarischen Insurgenten von
1848 prägen zuerst noch mit dem Bildniss des österreichischen
Kaisers, aber mit nationalen Typen. So prägt Diodot mit Bild
und Schrift seines Oberkönigs, Antiochus II. von Syrien, aber
bereits mit den von ihm persönlich gewählten Typen, dem blitzschleudernden Zeus. Dann erfolgt der offene Bruch[2]. Diodot

1) Belege zu dieser und allen folgenden numismatischen Einzelnheiten s. im
folgenden Münzverzeichniss. — Dass die Münze Alexanders in Baktrien geprägt ist,
ist eine äusserst ansprechende Vermuthung Dannenbergs. Vielleicht ist bestätigend
eine die Typen Alexanders (Herakleskopf, *Rf.* Keule und Bogen) fast genau wiederholende Kupfermünze des baktrischen Königs Zoilus (Num. chron. N. S. X, Taf. XI).

2) Dass das ganze Ereigniss vielleicht nicht durchaus feindseliger Natur war,
wird, wie unten gezeigt werden soll, mit einer gewissen Wahrscheinlichkeit aus
andern numismatischen Denkmälern gefolgert.

prägt ganz ähnliche Münzen, nur ersetzt sein eigener Kopf den
(allerdings auch auf den erwähnten Münzen dem Syrerkönig
nicht sehr ähnlichen) des Antiochus II., und statt der Inschrift
ΒΑΣΙΛΕΩΣ ΑΝΤΙΟΧΟΥ erscheint nun Diodot's eigene: ΒΑΣΙ-
ΛΕΩΣ ΔΙΟΔΟΤΟΥ. Wir besitzen Goldstateren, Tetradrachmen und Drachmen dieses Gepräges. Des Königs Kopf erscheint
auf Gold- und Silbermünzen ziemlich jugendlich, nur einige —
neuerdings aber gerade in diesen Stempeln angezweifelte —
Goldstücke zeigen ein gefurchtes, ältliches Gesicht. — Die einzige Notiz von Diodot's Nachfolger Diodot II. (bei Justin.: »filio
ejus et ipso Diudoto«), der mit den Parthern Frieden schloss,
ist numismatisch absolut nicht zu erweisen, eine etwaige Trennung der Münzreihe unter zwei Könige völlig unmöglich: dass
die später zu besprechenden wichtigsten und die bisher übliche
Chronologie beseitigenden baktrischen Münzen mit dem Kopfe
des Diodotos Soter und dem Namen des βασιλείοντος Agathokles
und des βασιλεύοντος Antimachos nur den ersten Diodot, den
Befreier, Retter, meinen können, ist fast allgemein anerkannt.
Ehe ich diese vorgeblichen Unterkönige des Diodot: Agathokles
und Antimachus, bespreche, muss ich in der Reihe der baktrischen Regenten fortfahren. Der Magnesier Euthydemus besass
das Reich, als Antiochus III. der Grosse regierte, führte mit
diesem Krieg (um 212 — 205 nach Droysen[1])) und schloss mit
diesem Frieden, zwar mit einigen zum Theil ungünstigen Bedingungen, aber unter ausdrücklicher Anerkennung seiner Königs-
würde. Dem Sohne des Euthydem, Demetrius, versprach Antiochus seine Tochter zur Frau. Euthydemus rühmte sich bei
den Unterhandlungen, er selbst sei kein ἀποστάτης, sondern
ἑτέρων ἀποστάντων ἐπανελόμενος τοὶς ἐκείνων ἐκγόνους, οὕτω
κρατῆσαι τῆς Βακτριανῶν ἀρχῆς (Polyb. XI. 34, 2), was man
nur auf die Beseitigung der Dynastie des Diodot beziehen konnte.

---

1) Wenn nicht Anderes angegeben ist, beziehen sich diese Citate auf Droysens
neueste (2.) Auflage der Geschichte des Hellenismus 1877.

Euthydemus' Namen trägt die Stadt Euthydemia am Hydaspes, *Σάγαλα ἡ καὶ Εὐθυδήμεια* des Ptolemaeus, wie wohl sicher statt des *Εὐθυμέδεια* oder *Εὐθυμηδία* zu lesen ist [1]).

Euthydemus' Sohn **Demetrius**, König von **Indien**, bekriegt seinen Nachbar, den **baktrischen** König **Eukratides**. — Hier sind nun die Münzen schon so zahlreich, dass sie die spärlichen Nachrichten der Schriftsteller nicht nur unterstützen, sondern bereits zu ergänzen beginnen. Vom Magnesier Euthydemus, der die Enkel der Aufrührer beseitigte, so König der Baktrier wurde und mit Antiochus III. Frieden schloss, haben wir eine Fülle von Münzen, Beweise seiner grossen Macht: schöne Goldstateren mit seinem Kopf im kräftigsten Mannesalter, **ΒΑΣΙΛΕΩΣ ΕΥΘΥΔΗΜΟΥ** und dem auf dem Felsen sitzenden Herakles (entnommen den ähnlichen Tetradrachmen Antiochus' II.?), Tetradrachmen desselben Gepräges, ebenso Drachmen. Ebenso schön als wichtig sind diejenigen Stücke, welche uns den König in hohem Alter, mit einem prächtig realistischen Greisenkopf zeigen. Viele bis zur wildesten Barbarei entstellte Nachahmungen nachbarlicher, unkultivirter Völker gehen sicher bis weit nach dem Tode des Königs herab, auch der lange nach Euthydem lebende Gründer von Characene, Hyspaosines, entlehnt den Herakles von Euthydemus.

Völlig abweichend von diesen, den Münzen des Diodot und den älteren syrischen in allen Merkmalen noch recht ähnlichen Stücken des Euthydemus ist eine andere Sorte von Tetradrachmen (und Drachmen) mit **ΒΑΣΙΛΕΩΣ ΕΥΘΥΔΗΜΟΥ**: Kinderkopf mit Diadem r., *Rf.* Stehender Herakles, bekränzt, einen zweiten Kranz haltend. Monogramm meist Ŗ; von vorzüglichem Styl, hohem Relief, breiter und dünner als die übrigen Silbermünzen des Königs. Diese Tetradrachmen unterscheiden sich wesentlich von allen anderen Silber- und Goldmünzen des Euthydemus, welche den König sämmtlich in höherem Lebensalter darstellen und ein

---

1) Wie das Reich des Sophytes in der Nähe von Lahore.

älteres, einfacheres Aussehen haben. Euthydemus kam nicht als Kind zur Regierung, er gewann sie mit dem Schwert in der Hand, wie uns überliefert ist, durch Beseitigung anderer Herrscher, nicht als Prinz oder Prätendent aus einer Herrscherfamilie Baktriens, er stammte aus Magnesia. — Wie soll man also diese Münzen mit dem Kinderkopfe erklären? Jedem, der gewohnt ist, die Münzen nach ihrem Styl zu betrachten, wird sofort die grosse Aehnlichkeit des Gepräges dieser Tetradrachmen mit denen von Euthydemus' Sohn und Nachfolger Demetrius in die Augen fallen: derselbe stehende Herakles mit demselben Kranz (Weinlaub?), ja sogar fast constant dasselbe Monogramm ℞, das allerdings auch schon auf den Münzen des Euthydem mit sitzendem Herakles erscheint. Es ist völlig unmöglich, dass zwischen diesen Münzen Euthydem's mit dem ganz jugendlichen Kopf und den ganz in ähnlichem Styl mit fast gleichen Typen und gleichem Monogramm geprägten Münzen des Demetrius die lange Reihe der weit älter aussehenden Münzen und das — wie die Münzen mit dem gealterten Kopfe beweisen — lange Leben des Euthydemus liegen sollte. Man muss Demetrius' Tetradrachmen und die des jugendlichen Euthydemus unbedingt für gleichzeitig halten, ja, wenn wir die Rückseite des Euthydemus-Knaben betrachten, scheint sich diese fast als eine weniger geschickte und nicht ganz geschmackvolle Wiederholung der Rückseite des Demetrius zu documentiren: der stehende Herakles auf Demetrius' Münze setzt sich in schöner geschmackvoller Bewegung den Kranz auf; auf den Münzen des Knaben Euthydemus hat er den einen Kranz auf, einen anderen gleichen trägt er in der Hand, — er will vielleicht dem schon von Alters her vorhandenen Kranz den zweiten hinzufügen, ähnlich wie die Victoria auf den römischen Denaren des Vinicius (Coh. Taf. 42); — also mit einem Worte, ich glaube, die Stylgesetze, das Gepräge und Monogramm der Rückseite und der knabenhafte Kopf des Euthydemus nöthigen uns gebieterisch, diese Münzen nicht dem ersten Euthydemus aus Magnesia, sondern einem sonst unbekannten Sohne des Demetrius, der nach althergebrachter Sitte den Namen seines Grossvaters Euthydemus trägt, zuzuschreiben, ein ebenso unzweifelhaftes, münz-urkundlich beglaubigtes, wie beim Schweigen der Schriftsteller wichtiges Resultat. Die grosse Seltenheit dieser Münzen Euthydemus' II. mit dem Kinderkopf beweist, dass seine Existenz, ich glaube nicht als Nachfolger, sondern eher als Mitkönig seines Vaters, von kurzer Dauer war.

Ich kehre zu Demetrius zurück. Er war, wie überliefert ist, der Sohn und Nachfolger des Euthydemus aus Magnesia; ob er wirklich eine syrische Prinzessin zur Frau erhielt, wie ihm von Antiochus III. versprochen war, wissen wir nicht; über eine darauf hinzielende leise Andeutung der Münzen wird weiter unten gesprochen werden. Auf Demetrius bezieht man die Stadt Demetrias in Arachosien, welche Isidor erwähnt. Demetrius, welcher König der Inder genannt wird, belagert nach Justin den baktrischen König Eukratides, welcher ihn endlich besiegte und sich Indien unterwarf. Wir sehen hier das plötzliche Auftreten eines neuen, und wie die Münzen und die Nachrichten der Schriftsteller beweisen, des mächtigsten und reichsten baktrischen Königs, Eukratides des Grossen, wie er sich selbst und wie Justin ihn nennt. Man war bisher meist gewohnt, gemäss der Notiz Justins, der von ihm und Arsaces VI. Mithradates I. sagt: eodem ferme tempore . . . magni uterque viri regnum ineunt, den Anfang der Regierung des seiner Herkunft nach völlig unbekannten Eukratides mit dem Regierungsbeginn Arsaces' VI. Mithradat I., also etwa um 170 anzusetzen[1]. Aber wiederum sprechen die Münzen ihr Veto: ich kann allein durch die Mün-

---

1) Einen in den neuesten Werken über Arsaciden nicht beachteten, aber gar keiner weiteren Discussion zu unterwerfenden Beweis, dass Arsaces' VI. Bruder und Vorgänger noch bis in Demetrius' I. von Syrien Zeit (also bis 162 v. Chr.) hinein gelebt haben muss, habe ich (Zeitschr. f. Numism. II, 308) gegeben. Arsaces VI. kann aber sehr wohl schon seit einiger Zeit Mitregent seines Bruders gewesen sein.

zen mit Sicherheit beweisen, dass diese Annahme irrig ist, dass
wir in numismatischen Denkmälern urkundliche Beweise eines
weit früheren Regierungsantrittes des Eukratides haben: es giebt
gewisse, meist ziemlich grosse Kupfermünzen eines Arsaciden,
mit der einfachen Aufschrift **ΒΑΣΙΛΕΩΣ ΑΡΣΑΚΟΥ** (so scheint
es eher als *βασιλέως μεγάλου Ἀρσάκου*, vgl. die Abb. Taf. III)
auf der Rückseite, neben den reitenden Dioskuren, welche in
jeder Linie, in den Attributen, in jeder Bewegung der Reiter
wie der Pferde völlig genau mit dem fast alleinigen Gepräge
des Eukratides, vom goldenen Zwanzigstaterenstück bis zur
elendesten Kupfermünze, übereinstimmen. Diese seltenen Münzen des »König Arsaces« giebt Gardner in der neuesten Arbeit
über die Arsacidenmünzen (the Parthian coinage London 1877)
zwar Arsaces VI., dies ist aber, wie die autotype Abbildung
und die mir vorliegenden Originale beweisen, irrig. Der Kopf
aller dieser und anderer derselben Reihe angehörenden Kupfermünzen ist nicht der Arsaces' VI., sondern der eines früheren: es
ist zweifellos derjenige König, welcher auf den ersten prägenden Arsaciden (also wie man meint, auf Arsaces II.)
unmittelbar folgt, Arsaces III. Artabanus I., Prokesch glaubt
sogar, dieser bärtige König sei Arsaces II., 247—214, was wohl
etwas zu früh für diese Münzen scheint. Der Kopf der Kupfer-
und Silbermünzen dieses Königs ist völlig identisch, und dass
dieser Arsacide sicher der zweite prägende, also der dritte
Arsaces ist, beweist, abgesehen von der dem ersten prägenden
Arsaciden (Arsaces II. Tiridat) gleichen einfachen Umschrift:
βασιλέως Ἀρσάκου und *βασιλέως μεγάλου Ἀρσάκου*, während die
folgenden Könige fast auf allen Münzen immer mehr Titel zu-
setzen, auch der Styl, ja vielleicht sogar das Gepräge der Obolen,
welche einen, dem Kopfe auf Tiridat's Münzen in der Tracht
ähnlichen Kopf auf der Rückseite zeigen. Auch abgesehen von
dem verschiedenen Kopf ist der Styl der Kupfermünzen von
denen Arsaces' VI. verschieden, weit älter, und nie trägt eine

Münze Arsaces' VI. die alte, einfache Umschrift βασιλέως Ἀρσάκου. Die Kupfermünzen des Arsaces mit den Dioskuren gehören also nicht Arsaces VI., sondern einem der allerfrühesten
Arsaciden, höchst wahrscheinlich Arsaces III. an. Die reitenden Dioskuren, ein bei den Arsaciden sonst nie vorkommender
Typus, welche dieser frühe Arsaces auf seine Münzen setzt,
stimmen genau in allen Details mit denen der unzählbaren Münzreihe des grossen Eukratides, nicht etwa ungefähr, sondern so
überein, dass entweder der eine oder der andere König sklavisch
copirt. Wer ist nun das Original, wer der Kopist? Es ist
undenkbar, dass der mächtige Eukratides, dessen Reich von der
Stadt Eukratideia nordwestlich von Baktra dem Oxus zu, bis
nach Indien hinein reichte, welcher tausend Städte besass (Strabo
XV, p. 686), welcher Gold und massenhaft Silber in schönstem
Styl prägte, sich so weit erniedrigt haben sollte, seinen äusserst
geringen, nur durch wenige Münzen uns erhaltenen Nachbar
(kleine Drachmen, Obolen und wenige Kupfermünzen) Arsaces III.
Artaban I. zu copiren, und dass er noch dazu zu seinen, des
Eukratides, kostbaren grossen Stücken aus edlem Metall: Zwanzigstaterenstück, Stater, Tetradrachmon u. s. w., die werthlose
Kupfermünze Arsaces' III., der Grieche den Barbar, zum Muster
genommen habe. Die Sache ist umgekehrt, Arsaces III. hat die
in unzähligen Exemplaren in seinem Reiche umlaufenden Münzen
des Eukratides mit den Dioskuren copirt, und zwar Linie für
Linie, sklavisch. Hier ist also der sicherste Beweis, dass Eukratides bereits zur Zeit eines der ersten Arsaciden,
höchst wahrscheinlich des dritten, geherrscht habe.
Man nimmt den Tod Arsaces' III. um 195 v. Chr. an, also hat
bereits damals, lange vor Arsaces VI., Eukratides in Baktrien
geherrscht[1]). Damit stimmt denn auch völlig der zweite münz-
urkundliche Beweis für Eukratides' Herrschaft: das als Unicum

---

1) General Cunningham nimmt 190 als Regierungsantritt des Eukratides an,
aus anderen Gründen als die hier dargelegten.

in London befindliche Tetradrachmon des βασιλέως ἐπιφανοῖς
Πλάτωνος, vom Jahr 165 v. Chr., **PMI** = 147 der seleucidischen Zeitrechnung, im Abschnitt der Rückseite. Das Auftreten
dieser einen seleucidischen Jahreszahl auf einem baktrischen
Tetradrachmon — während sonst die ganze Reihe der baktrischen
Münzen mit einer einzigen äusserst unsicheren Ausnahme (s.
unten bei Heliokles) ohne jede Jahresbezeichnung ist, könnte auffallen
und an der Deutung der Buchstaben als Zahl Zweifel erregen; aber
das Nachbarreich der Arsaciden bietet hierzu eine auffallende Analogie: die Arsacidische Reihe, zuerst nie eine Jahreszahl tragend,
zeigt plötzlich unter Arsaces V. auf einer Drachme (einem Unicum
in Berlin, aus Prokesch' Sammlung) an derselben Stelle wie Pla-
ton's Tetradrachmon die seleucidische Jahreszahl **EKP**, 125. Ebenso zeigt die ephemere Prägung des βασιλέως μεγάλου Ἀρσάκου νικη-
φόρου (von Prokesch »Himerus« genannt; Prokesch, les monnaies
des rois Parthes Taf. 2, 18) an derselben Stelle **ΘΠΡ**, 189
(Unicum in Berlin), und die gleichfalls sehr spärliche Prägung
des βασιλέως μεγάλου Ἀρσάκου φιλέλληνος, von Prokesch dem
Valarsaces, Bruder Arsaces' VI. zugeschrieben, **ΓΟΡ** und **ΔΟΡ**,
173 und 174 der Seleucidenaera. Dann verschwinden die Jahreszahlen auf den Arsacidenmünzen gänzlich und erscheinen erst
bei Augustus' Zeitgenossen Phraates wieder. Also die Nachbar-
staaten zeigen zu derselben Zeit ungefähr gleiche, bald wieder
verschwindende Eigenthümlichkeiten: in Parthien und in Baktrien
treten von 125—189 unten im Abschnitt der Münzen seleucidische
Jahre auf.

Der Kopf des Königs Plato ist eine Nachahmung des be-
helmten Kopfes des Eukratides, das heisst er trägt genau denselben Helm mit Stierohr und Horn, auch das Gewand wie Eukratides, aber der schlechte Copiestyl, die nicht schönen Buchstabenformen lassen ihn als Nachfolger oder als einen in der
letzten Zeit des Eukratides regierenden König erscheinen; wir
hätten also, da Plato's Münze im Jahre 165 v. Chr. geprägt ist,

für Eukratides etwa die Jahre 200—150 v. Chr., nach beiden Seiten weit ausgedehnt.

In welches Jahr der Krieg des indischen Demetrius mit Eukratides und die Besiegung des letzteren fällt, ist nicht zu ermitteln. — Ich muss hier vorläufig von Eukratides absehend zurück zu Demetrius und seinem einzig und allein aus den Münzen sich ergebenden Sohn, Euthydemus II. Unter Demetrius, dem »König der Inder«, tritt zuerst die grosse nationale Concession der einheimischen Sprache auf der Rückseite der Münzen auf, welche bisher nur griechische Inschriften trugen. Mit Demetrius beginnt (wenn uns nicht neuere Entdeckungen mehr lehren) die Reihe der auf der Vorderseite griechisch, auf der Rückseite aber, fast stets die griechische Umschrift wörtlich übersetzend, indisch redenden Münzen. Das Alphabet dieser Münzen, welches man baktrisch, kabulisch, arianisch u. s. w. genannt hat und das mit der Zendschrift gemeinsamen Ursprung hat, ist seit den gleichzeitig fast zu denselben Resultaten gelangenden Untersuchungen Prinsep's in Calcutta und Grotefend's in Hannover, besonders durch Wilson's, Lassen's, Thomas' und Cunningham's Forschungen jetzt als entziffert zu betrachten: nur einzelne Kleinigkeiten bleiben noch streitig, die Grundlage ist völlig gesichert. Die Sprache dieser Aufschriften ist indisch [1], der Königstitel ist der noch heute überall in jenen Gegenden übliche: Maharadscha, im Genitiv Maharadschasa: 𐨬𐨱𐨪𐨗𐨯. Auch die vielleicht zuerst von Alexander dem Grossen für seine baktrisch-indischen Eroberungen angewendete viereckige Form der Münzen beginnt mit Demetrius; von den ihm wahrscheinlich gleichzeitigen, ähnliche Aenderungen vornehmenden Pantaleon und Agathokles soll sogleich die Rede sein. Es ist wohl nicht zu bezweifeln,

---

1) S. Lassen, indische Alterthumskunde II(²), 229. Die Sprache ist eine Tochtersprache des Sanskrit. — Die Schrift wird auch »Baktropāli«, nach Lassen's Ansicht nicht zutreffend, genannt. Die Vokalbezeichnung ist, nach Lassen, der indischen nachgebildet.

dass die Ausdehnung des Reiches des Demetrius und sein uns ausdrücklich überlieferter Titel »König der Inder« im Gegensatz zu den früheren, baktrischen Königen, mit dieser Einführung der einheimischen Schrift und Sprache zusammenhängt; dieselbe Erscheinung tritt auch auf den Münzen von Demetrius' Rival und Besieger in Indien, Eukratides, auf, gewiss aus demselben Grunde der geographischen Ausbreitung seiner Herrschaft.

Wir sahen oben, dass uns die Gesetze der Numismatik zwingen, einen historisch unbekannten Euthydemus II., Enkel Euthydem's I. und Sohn des Demetrius anzunehmen. Von diesem offenbar ephemeren jungen König besitzen wir keine zweisprachigen Münzen, vielleicht war er Mitregent des Vaters in dessen früherer Zeit, wofür der Styl spricht.

Euthydem's II. Münzen sind von grosser Wichtigkeit, denn wiederum sind es hier die nie trügenden Gesetze des Styls, welche uns zwei andere Könige jener Gegenden sicher chronologisch anordnen lassen. Jene schönen Tetradrachmen Euthydem's II. mit dem Kinderkopf zeigen in der Technik eine völlige Uebereinstimmung mit den prächtigen Tetradrachmen des Königs Agathokles (Taf. II). Nicht trügerisch-subjective Stylverwandtschaft oder etwa oberflächliche Aehnlichkeit der Buchstabenformen ist es, sondern die genaue technische Uebereinstimmung in der Behandlung charakteristischer Nebenwerke: man vergleiche die Art der Anordnung des Gewands, das etwas unnatürlich schmale Brustbild, die Zeichnung des Diadems, die Behandlung der Haare u. s. w.; für den Münzkenner kann nicht der geringste Zweifel obwalten, dass sie einander gleichzeitig sind. Agathokles prägt ausser seinen Silbermünzen die merkwürdigen, viereckigen (aus einem gegossenen Barren offenbar an zwei Seiten herausgehauenen) Kupfermünzen, welche in ähnlicher Form in dem erwähnten einen Exemplar einer Kupfermünze Alexanders d. Gr. vorkommen, mit tanzender Figur und der griechischen Aufschrift auf der einen, mit indischer Pali-Aufschrift seines Namens und Titels auf der anderen Seite. Genau dieselben, nur bei diesen beiden Königen vorkommenden Eigenthümlichkeiten hat ein König Pantaleon, dessen sehr kleine Münzreihe fast völlig der des Agathokles gleicht (nur die einzige eckige Münze des Agathokles ohne alles Griechisch, nur mit Pali, welche Cunningham besprochen hat, steht vereinzelt). Auch die Tetradrachmen des Pantaleon sind denen des Agathokles und denen des Euthydem II. stylistisch gleich. Wir haben also die drei Zeitgenossen — oder einander doch unmittelbar folgenden Könige Euthydemus II. und Agathokles, Pantaleon — welcher von beiden der frühere ist, lässt sich nicht sicher entscheiden. Als Curiosum sei hier gleich bemerkt, dass nach Cunningham's u. a. Untersuchungen gewisse runde Kupfermünzen des Agathokles und Pantaleon als stark mit Nickel gemischt erkannt worden sind.

Mit der Nennung des Namens Agathokles bin ich genöthigt hier diejenige Reihe baktrischer Tetradrachmen zu betrachten, welche bisher wohl fast überall völlig irrig aufgefasst werden und deren eminente historische Bedeutung ich, von der einzig möglichen Erklärung ausgehend, darzulegen versuchen will.

Tetradrachmen (Taf. II).

1) **ΔΙΟΔΟΤΟΥ ΣΩΤΗΡΟΣ** Kopf mit Diadem r. [1]

Rf. **ΒΑΣΙΛΕΥΟΝΤΟΣ ΑΓΑΘΟΚΛΕΟΥΣ ΔΙΚΑΙΟΥ**
Der Zeus wie auf Diodot's Münzen, blitzschleudernd mit Aegis. Unten Adler. Im Felde Kranz und Monogramm.

2) **ΕΥΘΥΔΗΜΟΥ ΘΕΟΥ** Kopf mit Diadem r.

Rf. **ΒΑΣΙΛΕΥΟΝΤΟΣ ΑΓΑΘΟΚΛΕΟΥΣ ΔΙΚΑΙΟΥ**
Der sitzende Herakles, die Keule aufs Knie stützend, wie auf Euthydemus' Münzen. Monogramm.

---

1) Es ist offenbar nur ein Irrthum, dass diese in mehreren Exemplaren (London, Berlin, Bartholomaei) bekannte Münze ΒΑΣΙΛΕΩΣ statt ΣΩΤΗΡΟΣ habe (Vaux, Num. Chron. N. S. XV, 7). Die Beamten des British Mus., ich selbst und alle Schriftsteller über diesen Gegenstand haben nie etwas von einer solchen Varietät gehört.

3) **ΑΝΤΙΟΧΟΥ ΝΙΚΑΤΟΡΟΣ** Kopf mit Diadem r.

Rf. **ΒΑΣΙΛΕΥΟΝΤΟΣ ΑΓΑΘΟΚΛΕΟΥΣ ΔΙΚΑΙΟΥ**
Der blitzschleudernde Zeus wie auf Nr. 1, genau übereinstimmend, auch dasselbe Monogramm, Kranz u. Adler.

4) **ΔΙΟΔΟΤΟΥ ΣΩΤΗΡΟΣ** Kopf mit Diadem r.

Rf. **ΒΑΣΙΛΕΥΟΝΤΟΣ ΑΝΤΙΜΑΧΟΥ ΘΕΟΥ** Der blitzschleudernde Zeus, Kranz, Adler, genau wie Nr. 1
und 3. — Monogramm.

Die drei ersten Tetradrachmen dieser ausserordentlich seltenen Reihe sind also von Agathokles geprägt, und gewiss nur
von dem bereits besprochenen Agathokles; seine andern Münzen
wiederholen oft das Monogramm von Nr. 2. In Nr. 4 tritt ein
neuer König jener Zeit auf, Antimachus Theos, von welchem
wir auch andre schöne Gepräge, Tetradrachmen u. s. w. besitzen,
und von dem man wohl mit Recht jetzt die später aussehenden,
zweisprachigen kleinen (nach reduzirtem Münzfuss ausgeprägten)
Münzen eines Antimachus nicephorus trennt.

Zuerst entdeckte man Nr. 1 der beschriebenen Reihe mit
Diodot's Kopf und Umschrift und Agathokles' Umschrift. Der
als tüchtiger Forscher bekannte spätere russische General Bartholomaei veröffentlichte das erste Exemplar (Koehnes Zeitschrift
III. 1843) und gab diese Erklärung: »la tetradrachme a été
évidemment frappée après la mort de Diodote I.« u. s. w.
Droysen widersprach dieser Auffassung, was 1846 eine heftige
Entgegnung Bartholomaei's (in derselben Zeitschrift) hervorrief.
Seitdem nun noch die übrigen Münzen Nr. 2—4 entdeckt sind,
scheint die Ansicht Droysens die fast allgemein geltende, im
wesentlichen auch von Cunningham und andern englischen Gelehrten acceptirte geworden zu sein: dass wir es hier mit unter-
königlichen, Satrapenprägungen zu thun haben, welche
die βασιλεύοντες Agathokles und Antimachus unter ihren Ober-
königen Diodotus (I.), Euthydemus und Antiochus (III.) von
Syrien veranstaltet hätten.

Droysen sagt über diese Münzen (Hellenismus [Epigonen I,
p. 369 ff.]): »sehr bemerkenswerth nun ist, dass es von jenem
Agathokles drei Typen von Tetradrachmen giebt, auf denen er
sich in gleicher Weise nicht als König, sondern als »regierenden«
bezeichnet . . . (folgt die Beschreibung) . . . . jedenfalls darf
man annehmen, dass die Tetradrachmen die dem
Diodotos, dem Euthydemos, dem Antiochos die
höhere Stelle geben, aus sehr verschiedenen Zeiten
sind. Freilich heisst unter den Seleukiden keiner officiell
Antiochos Nikator, doch fehlt es nicht an einer Spur, dass
Antiochos III. so genannt worden ist. Wir werden später sehen
wie die Diodotiden von Baktrien nach 235 von Euthydemos be-
seitigt worden sind, wie Antiochos III. 212—205 gegen Euthy-
themos kämpfte, ihm den Königstitel liess, dann weiter die östlichen Satrapien durchzog und seine Macht als Grosskönig . . .
herstellte. Dass auch Agathokles unter denen war, die sich
seiner Suzerainetät unterwarfen, bezeugen dessen Tetradrachmen.
Wenn so in den östlichen Landen die Könige Diodotos,
Euthydemos, Antimachos, Agathokles nebeneinander, bald diese drei letztgenannten unter der
Suzerainetät des ersten erscheinen« . . .

Hier muss aber die Numismatik als entschiedene Gegnerin
der rein historischen Forschung und Vermuthung entgegentreten.
Wer die Münzkunde zu seinem speciellen Studium gemacht hat,
wird beim Anblick der vier beschriebenen Stücke zunächst mit
völliger Sicherheit zu dem Resultat kommen, dass wir es nicht
mit Stücken aus »sehr verschiedener Zeit« zu thun haben, sondern dass diese vier einander fast zum verwechseln ähnlichen,
in Styl, Grösse, Typus, ja sogar z. Th. in den Monogrammen
völlig gleichen Stücke zu gleicher Zeit ausgeprägt sind,
dass wir es mit einer Serie zu thun haben, oder wie sich die
Sammler moderner Pfennige auszudrücken pflegen: mit einem
»Satz«, d. h. einer zusammengehörigen Suite gleichzeitig ausge-

prägter Stücke. Sehen wir uns nun Gepräge und Umschrift an: es erscheinen die Köpfe: Diodotus der Retter, Euthydemus der Gott, Antiochus der Sieger, und auf der Rückseite nennen sich der »regierende Agathokles der Gerechte« und »der regierende Antimachus der Gott«. Dass das Particip keineswegs eine geringere Titulatur als das Substantiv βασιλεύς ist, beweisen nicht nur späte (also deshalb nicht für vollgültig anzusehende) Beispiele, wo sich die selbstständigen Herrscher jener indischen Reiche βασιλεύοντες nennen, wie Abdagases, Arsaces, oder König Heraos: τυραννοῦντος Σάκα κοιράνου, sondern auch Denkmäler aus guter Zeit, so heisst es z. B. von den vorchristlichen Königen des Bosporus: ἄρχοντος Παιρισάδεος Βοσπόρου καὶ Θευδοσίης καὶ βασιλεύοντος Σινδῶν u. s. w. Also im Wort βασιλεύων statt βασιλεύς liegt nichts unterkönigliches, satrapenhaftes [1]).

Aber sehen wir uns unbefangen diese Münzen an: was bedeutet es, wenn der βασιλεύων Agathokles und der βασιλεύων Antimachos auf die Hauptseite ihrer Münzen die Köpfe des Diodot, Euthydem, Antiochus, welche keine Königstitel, sondern nur hohe Ehrentitel tragen, setzen: Diodot der Retter, Befreier, Euthydem der Gott, Antiochus der Sieger? Diodot ist der gefeierte Gründer der baktrischen Selbstständigkeit. Euthydem der Nachfolger der Diodotiden, der durch seinen Frieden mit Antiochus dem Grossen die baktrische Herrschaft dauernd sicherte. Ueber Antiochus Nikator weiter unten.

Wer sind also die verschiedenen gefeierten Personen auf diesen einander gleichzeitigen Münzen? Es ist unmöglich sie für lebende Oberkönige zu halten, die Münzen sind völlig verschieden von den einfachen, viel dickeren Münzen des Diodot und Euthydem, sie zeigen eine breitere, flache Form und späteren Styl; es sind, wie dies ausser dem Styl schon die heroenhaften Titulaturen, das Weglassen des Königstitels beweist und wie es Bar-

---

1) Aehnliches sagt auch Vaux im Num. Chron. N. Ser. XV, 8.

tholomaei schon richtig zu vermuthen begann, Verstorbene,
grosse Vorgänger des Agathokles und des Antimachus, kurz es
ist die Ahnenreihe der baktrischen Könige, nicht im ver-
wandtschaftlichen Sinn, sondern in Bezug auf die Herrschaft über
dasselbe Reich. Und demgemäss ist auch die Inschrift klug und
passend gewählt: Διοδότου Σωτῆρος, βασιλεύοντος Ἀγαθοκλέους
δικαίου u. s. w. heisst: »das Andenken des (verstorbenen) Be-
freiers Diodot wird geehrt, während König ist (und lebt) Agathokles der Gerechte« u. s. w.

Aus den Münzen lernen wir also als unzweifelhaft fest-
stehend: Agathokles und Antimachus, zwei gleichzeitig lebende
Herrscher jener Gegend, vereinigen sich zu einer Prägung von
Erinnerungsmünzen an die grossen Vorfahren, die Begründer der
baktrischen Herrschaft Diodot und Euthydemus. — Aber auch
Antiochus »Nikator« erscheint in dieser Reihe. So plausibel die
Annahme sein mochte, Antiochus III. sei jener Nikator, der
lebende Oberkönig, Agathokles und Antimachus seine Unter-
βασιλεύοντες, — diese Ansicht fällt, wenn wir die ganze Reihe
als Ahnenbilder betrachten, und wir sind zu dieser Ansicht
gebieterisch durch den Character der ganzen Reihe genöthigt.
Wer ist also der Antiochus Nikator? Es mag hier gestattet
sein, den bisher völlig festen Boden der münz-urkundlichen
Ueberlieferung ein wenig zu verlassen und eine leise Andeutung
der Münzen zu einer Conjectur auszudehnen.

Die Rückseiten dieser Ahnenmünzen verdienen besondere
Beachtung: wir sehen, dass die von Agathokles und die von
Antimachus geprägten Tetradrachmen mit dem Kopf des Diodotus
Soter, auf der Rückseite völlig genau das Gepräge, dessen
sich Diodot bei seinen Lebzeiten auf allen seinen Münzen be-
dient, wiederholen, copiren: den blitzschleudernden Zeus mit
Aegis und Adler. Ebenso copirt die Tetradrachme des Agathokles mit dem Bildniss des Euthydemus, auf der Rückseite genau
den Typus, welchen Euthydem bei seinen Lebzeiten auf alle seine

Gold- und Silbermünzen setzte, den ruhenden Herakles. Nun die dritte »Ahnenmünze«, die Tetradrachme des Agathokles mit dem Kopfe des »Antiochus Nikator«: die Rückseite entspricht genau der des Diodot: der blitzschleudernde Zeus mit Aegis und Adler. Wir haben aber oben gesehen, dass die unzweifelhaft älteste baktrische Prägung nicht Diodot's Namen, sondern den eines Antiochus, aber genau den Typus des Diodot, den blitzenden Zeus mit Aegis und Adler trägt. Diese Münzen müssen, wie oben gesagt ist, Antiochus II. gehören und von Diodot beim Beginn der Trennung Baktriens vom Syrerreich geprägt sein, Antiochus II. ist also nach diesen Münzen gewissermassen als ältester König von Baktrien zu betrachten, das, wie jene Münzen beweisen, nicht als einfache Satrapie Syriens anzusehen war, sondern als ein sich selbstständig fühlendes Reich, das zwar den Syrerkönig als König anerkennt, aber mit nationalen Typen prägt, also sich ähnlich wie Ungarn zu Oesterreich verhält: es war eine Art Personalunion. Nun sehen wir das Andenken eines Antiochus Nikator in jener Ahnenreihe aufgefrischt, genau mit den Typen, welche Antiochus II. als König von Baktrien prägt. Liegt nun hier nicht die Vermuthung nahe, nicht der mit Euthydem Frieden schliessende Antiochus III. sei jener Nikator, sondern Antiochus II., der die Reihe der baktrischen Prägung eröffnet [1]?.

Diodots Aufstand erschiene dann freilich aus den Münzen nicht als Krieg gegen Syrien; dass die Unabhängigkeitserklärung wenigstens im Anfang noch äusserlich friedlich mit Syrien vor sich ging, beweisen die baktrischen Münzen Antiochus' II. ganz sicher; ebenso kann auch schwerlich Euthydemus der wirkliche Ausrotter der Diodotiden gewesen sein, wenn Agathokles und Antimachus die Ahnen- oder Vorgängerreihe:

---

[1] Das Portrait selbst beweist nichts, es ist zu allgemein gehalten, auch sind Portraits auf syrischen Münzen selbst, in der Zeit Antiochus' II. und III. bekanntlich sehr schwankend und Folgerungen aus den Bildnissen allein sehr bedenklich.

Antiochus II.

Diodotus

Euthydemus

feiern. — Diese letzteren Vermuthungen, welche die von den Schriftstellern als feindselige Ereignisse überlieferten Dinge als friedliche Uebereinkünfte erscheinen liessen [1]), sollen nichts weiter sein als Conjecturen, sie machen keinen Anspruch auf Gewissheit. Aber müssige Conjecturen oder Träume sind es nicht, denn wo die Münzen so deutlich reden, sind wir nicht nur berechtigt sondern genöthigt ihren Worten zu lauschen, so plump auch die Versuche nachher ausfallen mögen, die kargen Worte der Denkmäler zum Satz zu ergänzen.

Ueberblicken wir kurz das bisher gewonnene Resultat: abgesehen von Alexanders muthmasslicher Prägung in Indien oder Baktrien und von dem indischen Fürsten Sophytes, Alexanders Vasall und Seleucus' I. Zeitgenossen, haben wir folgende baktrische Könige:

Antiochus II. von Syrien.

Diodotus
(ein Diodot II. ist nicht nachzuweisen).

Euthydemus I.

Demetrius.

Euthydemus II.,

mit diesem oder dem Demetrius gleichzeitig Agathokles und sein Vorgänger oder Nachfolger Pantaleon und, wahrscheinlich als Nachbarkönig, Antimachus Deus.

Ich kehre zu Demetrius' Zeitgenossen und Feind, Eukra-

---

1) Wir werden später bei dem Kriege des Demetrius und Eukratides sehen, dass die Münzen leise auf eine ähnliche friedliche Beilegung deuten. Sollten die Griechen in jenen Gegenden überhaupt gern die Politik des friedlichen Ausgleichs befolgt haben, wie Antiochus III. und Euthydem? Klug wäre es mitten unter den doch gewiss missgünstigen Barbaren gewesen.

tides von Baktrien zurück. Auf den Münzen dieses Eukratides
tritt wie bei seinem Zeitgenossen Demetrius ebenfalls die Neuerung ein, dass die indische Sprache auf der Rückseite erscheint,
gewiss wie bei Demetrius mit der grossen Ausdehnung des Reiches
zusammenhängend.

Was das Geschichtliche anlangt, so habe ich bereits oben
als ungefähres Ende der Herrschaft des Eukratides das Jahr 150
v. Chr. angegeben; dies können wir, wie gesagt worden ist,
aus der Tetradrachme eines historisch unbekannten baktrischen
Königs, des Plato Epiphanes, ungefähr beweisen, dessen die Eu-
kratides-Köpfe kopirende, spät aussehende Münze im Jahr 165
v. Chr. laut ihrer seleucidischen Jahreszahl, an deren Deutung
und Lesung kein Zweifel möglich ist, geprägt wurde.

Ein Exemplar der merkwürdigen viereckigen Kupfermünze
des Eukratides mit ganz abweichender Umschrift der Rückseite:
statt des Königsnamens Name eines Gottes (und einer Stadt?)
in arianischer Schrift (s. Münzverzeichniss), welches auf eine
Kupfermünze des baktrischen Königs Apollodotus geprägt ist,
würde beweisen, dass Apollodot bereits regierte, ehe Eukratides
gestorben war. — Apollodot's Münzen tragen im Allgemeinen ein
späteres Aussehen als die des Eukratides; Apollodot prägte bereits nach dem, wie wir später sehen werden, in Eukratides'
letzter Zeit beginnenden, in vollem Umfang wohl erst von Eukratides' Sohn und Nachfolger Heliokles eingeführten reducirten Münzfuss, zudem sind die genannten seltenen Stücke
des Eukratides mit dem Namen eines Gottes (und einer Stadt?)
auf der Rückseite von schlechter Arbeit und so sonderbar, dass
man fast auf den Gedanken kommen könnte, es sei eine nach
Eukratides' Tode geprägte, den König etwa als Ktistes oder dgl.
feiernde Stadtmünze. Ist die Münze aber, was man ja zunächst
nicht bezweifeln darf, wirklich von Eukratides selbst geprägt, so
müssen des Apollodot Herrschaft, sowie manche seiner Münzen
noch in die letzte Zeit des Eukratides fallen.

Ein früher zum Theil angenommener Eukratides II. ist ein völlig unhaltbares Phantom, weder durch Münzen, noch durch Schriftsteller annähernd zu beweisen.

Des Eukratides »socius regni«, Sohn und Nachfolger ist ohne allen Zweifel Heliokles, dessen Beiname δίκαιος freilich, wie fast stets solche Epitheta, schlecht zu dem von ihm überlieferten Vatermord passt. Der Beweis, dass Heliokles, dessen frühere, schöne Münzen sehr mit denen übereinstimmen, welche in des Eukratides frühere Regierungszeit zu gehören scheinen und die wohl diesen gleichzeitig sein mögen (»socius regni«), nicht etwa der Vater, wie man (z. Th. die englischen Gelehrten) wohl angenommen hat, sondern der Sohn des Eukratides war, ist bis jetzt noch nicht genügend geliefert worden, man nahm es nur ohne absolut sichere Gründe gewöhnlich an (Wilson u. A.). Ich werde versuchen, aus den Münzen den wahrscheinlichen Beweis zu führen, dass Heliokles der Sohn, Mitregent und Nachfolger des Eukratides war.

Hier muss ich zunächst die angeblichen Daten der Münzen des Heliokles besprechen: Thomas machte i. J. 1876 (Journ. of the R. Asiatic soc. N. S. IX, p. 3 ff.) eine Drachme des Heliokles im British Museum, attischen Fusses mit rein griechischer Schrift, bekannt, welche das seleucidische Jahr ΡΠΓ trüge, also 183 = 128 v. Chr.; diese Münze, welche die aus anderen Denkmälern hergestellte Chronologie wesentlich modificiren würde, ist aber aus der Reihe der sicheren Monumente zu streichen. Wie mir Herr Gardner vom British Museum schreibt und wie der Abdruck lehrt, stand nur ΠΓ im Abschnitt dieser Münze. Neben dem Π ist ein Riss, der das vermeintliche Ρ mit verschuldet hat (Taf. III) [1]. Die Münze trägt also keine Seleucidenzahl, sondern, wie einige andere, rein griechische Drachmen und Tetradrachmen

---

[1] Und zwar steht das ΠΓ genau symmetrisch in der Mitte, schon deshalb kann nicht noch ein Ρ davor gestanden haben.

attischen Fusses des Heliokles, die Bezeichnung ΠΓ. Es ist völlig
undenkbar, dass auch dies eine Seleucidenzahl mit Weglassung
der Bezeichnung des Hunderter sei, wie Thomas meint, viel an-
sprechender ist Cunningham's Vermuthung (Num. Chron. N. S.
X, 226), es sei dies eine Jahreszahl der baktrischen Aera, 83,
die er mit 247 v. Chr. beginnen lässt. Das ΠΓ steht an der
Stelle, an welchen sonst auf Münzen Jahre stehen, und es würde
als Jahr einer um 250 beginnenden baktrischen Aera recht gut
mit der muthmasslichen Ausprägungszeit dieser Münzen des Heliokles stimmen (noch zu Eukratides' Lebzeiten, vor Reduction
des Münzfusses); da aber sonst gar keine Spur einer baktrischen
Aera erscheint, darf man nichts Bestimmtes behaupten, das ΠΓ
kann auch etwas anderes bedeuten. — Nicht zu billigen sind
Thomas' fernere Vorschläge, ein ΟΓ auf einem Obol des Eukratides als seleucidische Jahreszahl mit Weglassung des Hunderter zu deuten, ebenso ein aus ΠΑ bestehendes Monogramm
bei Heliokles. Ebenso ist Ξ und ΞΕ bei Apollodot weit mehr
als »zweifelhafte« Jahreszahl, auch die Buchstaben Α — Η
auf Menanders Münzen können alles andere sein als Regierungs-
jahre, z. B. Zahl der Emissionen. — Die sämmtlichen angeblichen Daten baktrischer Münzen sind also mit alleiniger Ausnahme der Jahreszahl auf Plato's Münze mindestens völlig
unsicher.

Es giebt gewisse äusserst seltene Tetradrachmen und Drachmen attischen Fusses, welche man als Beweise für Heliokles'
Vaterschaft in Bezug auf Eukratides benutzt hat.

ΒΑΣΙΛΕΥΣ ΜΕΓΑΣ ΕΥΚΡΑΤΙΔΗΣ Brustbild des
König mit Helm r.

Rf. ΗΛΙΟΚΛΕΟΥΣ ΚΑΙ ΛΑΟΔΙΚΗΣ Brustbild des
Heliokles, ohne Diadem, und der Laodice (mit
Diadem) r.

R. Tetradrachmen und Drachmen.

Der Kopf des Heliokles stimmt mit den Köpfen seiner anderen Münzen, namentlich der Tetradrachmen überein. — Diese Münzen allein beweisen gar nichts. Sie könnten ebensogut das Elternpaar des Eukratides, wie den Sohn und dessen Gattin darstellen, auch das Fehlen des Diadems bei Heliokles und Weglassen des Königstitels wäre weder für den apotheosirten Vater noch für den Sohn und Mitregenten besonders auffallend.

Wäre eine Ueberprägung im Berliner Museum, eine vermuthlich auf eine Drachme dieser Art geprägte Drachme des Heliokles allein, mit Kopf und stehendem Zeus, sicher, so wäre es bewiesen, dass Heliokles nur der Sohn des Eukratides sein kann, ich wage aber diese Ueberprägung nicht mit Gewissheit zu behaupten.

Die Münzen mit Eukratides', Heliokles' und der Laodice Köpfen kann man also nicht als Beweismittel betrachten; ihre bereits von Droysen äusserst glücklich vermuthete Bedeutung werde ich später hervorheben.

Der Beweis, dass Heliokles Eukratides' Sohn war, ist durch eine andere Reihe von Münzen zu führen. Wir sahen, dass die grosse nationale Neuerung, die Ausprägung zweisprachiger Münzen mit griechischer und arianischer Schrift unter Demetrius auftritt; bei diesem sind es nur wenige Kupfermünzen, welche diese Eigenthümlichkeit zeigen: ebenso ist bei Eukratides eine grosse Masse von Kupfermünzen mit arianischer Schrift erhalten. Trotz der grossen Menge von Silberprägungen des Eukratides ist aber bis jetzt nur eine einzige Silbermünze in einem Exemplar aufgefunden, welche auf der Vorderseite griechische, auf der Rückseite aber die arianische Inschrift zeigt. Anders ist es bei Heliokles: von diesem besitzen wir ausser den zweisprachigen Kupfermünzen schon eine kleine Reihe von Silbermünzen mit griechischer und arianischer Legende, grosse und kleine, in mehreren Exemplaren bekannte.

Also die Neuerung: Silbermünzen mit zweisprachiger Inschrift beginnt unter Eukratides, höchst spärlich; Heliokles hat
schon mehr Münzen der Art ausgeprägt. Aber die Neuerung bezieht sich nicht nur auf die Inschrift, sondern auch auf den
Münzfuss. Während der Münzfuss aller baktrisch-indischen
Könige, von Antiochus II. bis zu Eukratides und Heliokles der
gewöhnliche, in fast allen Diadochenreichen übliche attische
war[1]: attische Goldstateren von Diodot, Euthydem, Eukratides,
Zwanzigstaterenstück von letzterem, attische Tetradrachmen und
Drachmen von allen oder doch den meisten dieser Herrscher,
Obolen von einigen, — tritt in dem Unicum des Eukratides mit
zweisprachiger Umschrift und den beiden Silbermünzen des Heliokles mit derselben sprachlichen Eigenthümlichkeit plötzlich ein
völlig veränderter, von da an stets bleibender Münzfuss der baktrischen Könige ein; es ist nicht zu begreifen, wie man bisher
überall die nunmehr auftretenden zwei Sorten von Silbermünzen
(Grossstück und Viertelstück) einfach »Didrachmen« und »Hemi-
drachmen« nennen konnte! Das Unicum des Eukratides, ein
schlecht erhaltenes, abgeriebenes Stück wiegt 2,23. Ein Stück
des Heliokles, nicht ganz vollkommen erhalten, wiegt 2,3, das
sogenannte Didrachmon des letzteren wiegt über 9,46 Gramm!
Das soll also ein attisches Didrachmon (9,46, während das richtige Gewicht 8,7 ist) und eine Hemidrachme (2,23. 2,3, gut erhaltene von anderen Königen bis fast 2,5) sein!? Natürlich ist
dies völlig unmöglich. Mit der nationalen Veränderung in der
Inschrift der Silbermünzen ändert sich auch der Münzfuss,
das ursprünglich attische Tetradrachmon fällt fort und an seine
Stelle tritt ein bedeutend reducirtes; statt des attischen Tetradrachmons von etwa 17 Grammen tritt von nun an bleibend ein
Grossstück von ungefähr 9,5 Grm. auf, und dies ist natürlich
das Tetradrachmon zu der von nun an das gewöhnliche

---

1) Der Indier Sophytes macht eine Ausnahme. Dieser steht überhaupt ganz
isolirt da und gehört nicht in die griechisch-indobaktrische Reihe.

Silbergeld der baktrischen Könige bildenden Drachme von 2,3 bis etwa 2,45 Grammen[1]. Diese Neuerung findet sich als U n i - c u m bei Eukratides, h ä u f i g e r schon bei Heliokles; Heliokles und Eukratides erscheinen aber auf e i n e r Münze zusammen: also die Neuerung geschah unter der gemeinsamen Regierung des Eukratides und Heliokles; von letzterem besitzen wir bereits mehrere Stücke der reduzirten Art, eine R e i h e; Heliokles und Eukratides sind aber eng verwandt, wie die Münze mit den drei Köpfen: Eukratides, Heliokles, Laodice beweist, — das heisst mit anderen Worten: Eukratides ist der Vorgänger, Vater und Mitregent des Heliokles. Der Beweis ist so gut, wie er sich überhaupt mit dieser Art von Urkunden herstellen lässt; wer freilich nur einer Inschrift oder einem anderen gleichzeitigen Document mit den ausdrücklichen Worten »Heliokles ist der Sohn des Euthydemus« glaubt, wird nicht zufrieden gestellt sein.

Ich will hier gleich erwähnen, dass dieselbe Eigenthümlich-keit: 1) Ausprägung attischer Tetradrachmen u. s. w. mit rein griechischer Schrift, 2) Uebergang zu dem neuen reduzirten Münz-fuss der Silbermünzen und Einführung der arianischen Inschrift auf der Rückseite der Silbermünzen, ein anderer baktrischer König zeigt: A n t i a l c i d e s; also wird dieser ebenfalls der Zeit des Eukratides und seines Sohnes und Mitregenten Heliokles als Nachbarkönig angehören. Ein Zeitgenosse des Antialcides oder sein unmittelbarer Nachfolger war der nach dem reduzirten Fuss prägende L y s i a s, dessen Name auf einer Kupfermünze des Antialcides erscheint.

Wenn es somit bis zur höchsten Wahrscheinlichkeit erwiesen ist, dass Heliokles Eukratides' Sohn ist, wird auch die Bedeu-tung der oben beschriebenen Münzen mit Eukratides' Kopf auf der einen, Heliokles' und der Laodike Köpfen auf der anderen

---

1) So nennt auch die bekannte Stelle des Peripl. mar. Eryth. p. 27 ed. Huds. die in Barygaza (Barotsch in Indien, N. W.) kursirenden baktrischen δραχμαί ... Ἀπολλοδότου καὶ Μενάνδρου.

Seite, klar: der βασιλεὺς μέγας Εὐκρατίδης prägt seinem Sohn
und dessen Gemahlin, Ἡλιοκλέους καὶ Λαοδίκης, eine Hochzeitsmünze. Und warum war wohl dies Ereigniss der Hochzeit so wichtig, dass es Eukratides in Tetradrachmen und Drachmen feiert und verewigt? Hier hat offenbar Droysen bereits das
richtige gesagt, ohne jedoch weitere Folgerungen zu machen, die
sich aus der Münze und aus der Ueberlieferung ohne vage Conjectur dann leicht ergeben: Droysen sagt (Gesch. d. Hellenism.
1843, Nachträge etc. s. Bartholomaei in Köhne's Zeitschrift für
Münz- etc. Kunde 1846, VI, p. 140): »Ich will beiläufig erwähnen, dass der Name Laodike an das Haus der Seleukiden erinnert; es ist möglich, dass die bei Polyb. XI, 34 sq. von Antiochos (III) versprochene Vermählung einer seiner Töchter an
Demetrios (den baktrisch-indischen König) den Namen Laodike
in diese Dynastie brachte. Heliokles' Gemahlin könnte füglich
eine Tochter derselben sein.« Diese Vermuthung ist so ansprechend, so schlagend, dass ich, wenn auch gegen meinen
Grundsatz, hier über die monumentale Ueberlieferung hinaus-
gehend weiter schliessen möchte: Laodike ist der Name fast
aller uns historisch bekannten Prinzessinnen und Königinnen aus
dem Hause der Seleuciden; Heliokles ist Eukratides' Sohn und
Mitregent, Eukratides führt mit Demetrius Krieg, hält (nach
Justin) dessen Belagerung siegreich aus und erringt schliesslich
den Sieg über Demetrius; das Ende des Krieges ist, wie beim
Kriege zwischen Euthydem und Antiochus II., vielleicht eine
friedliche Lösung: wie der Syrerkönig Antiochus III. dem Sohne
seines bisherigen Feindes Euthydem seine Tochter zur Frau an-
bot (und gab), so giebt jetzt Demetrius dem Sohne seines Feindes Eukratides, dem Heliokles, seine Tochter Laodike zur Frau,
ein um so höher anzurechnendes und deshalb auf den Münzen ge-
feiertes Unterpfand des Friedens, als diese Tochter aus Demetrius' Ehe mit der Tochter des grossen Syrerkönigs Antiochus III.
entsprossen war.

Ich glaube nicht, dass wir mit dieser Hypothese das Gebiet des urkundlichen allzusehr überschreiten.

Ich kehre zum Heliokles zurück. Wir besitzen also von ihm zwei verschiedene Gruppen von Münzen: die früheren, bei Lebzeiten des Vaters geprägten rein griechischen Silbermünzen nach attischem Fuss und die frühestens in die späteste Regierungszeit des Vaters, vielleicht zum Theil schon nach dessen Tod oder Ermordung fallenden reduzirten Silbermünzen mit griechischer und arianischer Schrift, sowie zweisprachige, chronologisch nicht zu sondernde Kupfermünzen. Eine dieser viereckigen Kupfermünzen, welche Cunningham bekannt gemacht hat, giebt uns einen chronologischen Anhaltepunkt für einen anderen baktrischen König: Heliokles hat eine seiner Münzen auf eine des Königs Strato geprägt, Strato muss also schon während des Heliokles Lebzeiten geherrscht haben [1].

Häufig sind kupferne barbarische, z. Th. freie Nachbildungen von Heliokles' Silbermünzen seiner früheren Zeit, welche man irrig bestimmten Königen hat zuschreiben wollen.

Der etwa in Eukratides' letzte Zeit fallende König Plato, vom Jahr 165 v. Chr., ist bereits erwähnt. Da Plato noch nach attischem Fuss Tetradrachmen prägt und die arianische Schrift auf der Silbermünze noch nicht anwendet, können wir wohl mit Sicherheit annehmen, dass die Reduzirung des Münzfusses und die Anwendung arianischer Schrift auf dem Silbergeld in den baktrisch-indischen Reichen (Eukratides und Heliokles, Antialcides) nach 165 v. Chr., in die letzten Jahre des Eukratides fällt, und dessen Regierungszeit muss, wie wir aus dem Anfangsdatum, das uns die Arsacidenmünze gewährte, sahen, spätestens mit etwa 150 v. Chr. zu Ende gewesen sein.

---

[1] Eine andere Ueberprägung des Heliokles ist nicht deutlich; Cunningham meint, vielleicht ein Philoxenos.

Ich komme nun, nach Heliokles, Plato und Antialcides, in eine Zeit, wo uns die Schriftsteller wie die sicheren Daten und Andeutungen der Münzen selbst fast gänzlich im Stich lassen. Ehe ich einiges über diese spätere Zeit der griechisch-baktrisch-indischen Königsreihe sage, will ich das bisher gewonnene Resultat in Tabellenform hierhersetzen, mit Hinzufügung einiger kurzen Andeutungen für die spätere Zeit.

Die sicheren Daten der griechischen Herrschaft in Baktrien und Indien.

Alexander d. Gr. prägt in Indien oder Baktrien viereckige Kupfermünzen (?).

Sophytes. indischer Fürst in der Nähe des heutigen Lahore, Alexanders d. Gr. Vasall, prägt ums Jahr 302 v. Chr. griechische Münzen, den Kopf des Seleucus I. von Syrien nachahmend.

Antiochus II. von Syrien: um 256 oder 250 Prägung baktrischer Münzen mit Antiochus' Namen und national-baktrischen Typen.

Diodotus, von den späteren Königen »Soter« genannt, wird um 256 oder 250 selbstständiger König von Baktrien (fällt ab oder wird von Antiochus anerkannt). Sein von Justin erwähnter Sohn Diodotus II. aus Denkmälern nicht nachzuweisen und zweifelhaft.

Euthydemus aus Magnesia folgt ihm oder seiner Dynastie (wie es nach den Münzen scheint, friedlich, nach Polybius: nach Beseitigung der »Enkel der Empörer«) in Baktrien. Krieg mit Antiochus III. von Syrien. Friedensschluss. Antiochus verspricht (und giebt später?) seine Tochter (Laodike?) dem Sohne des Euthydemus, Demetrius. — Euthydemus stirbt in hohem Alter.

Demetrius, Sohn des Euthydemus, folgt diesem und dehnt seine Herrschaft bis nach Indien aus. Auftreten zweisprachiger Münzen. Demetrius führt Krieg mit

Eukratides, dem König von Baktrien, welcher zur Zeit eines der frühesten arsacidischen Könige, also etwa um 200 v. Chr., regiert. Friedensschluss (nach den Schriftstellern Besiegung des Demetrius und Besitznahme von Indien) mit günstigen Bedingungen für den siegreichen Eukratides (?); Demetrius giebt seine Tochter Laodice dem Sohne des Eukratides, Heliokles (?). Prägung von Münzen des Eukratides auf die Hochzeit seines Sohnes Heliokles mit der Laodike.

Heliokles prägt als Mitregent (socius regni bei Justin) des Vaters.

Euthydemus II., Demetrius' Sohn, ein Knabe, prägt (als Mitregent des Vaters?).

Diesen Münzen des Euthydemus II. gleichzeitig die des

Pantaleon   Antimachus (θεός),
Agathokles.

Pantaleon und Agathokles gehören demselben Reich an, vielleicht ist Pantaleon der kurz regierende unmittelbare Vorgänger des Agathokles. — Agathokles und Antimachus prägen Ahnenmünzen: man feiert auf diesen als Vorgänger auf dem baktrischen Thron:

Antiochus Nikator (II?)
Diodotus Soter
Euthydemus Deus.

Es bestehen folgende Reiche nebeneinander:

Demetrius | Eukratides | Agathokles | Antimachus θεός | Antialcides

Euthyde- | Heliokles | Pantaleon

mus II.   (oder

während des   umgekehrte
Eukratides   Folge)
späterer
Regierungszeit,
ephemer:

Plato, 165 v. Chr.

(vielleicht
etwas später?)

Münzreduktion in Eukratides' letzter Zeit; es
ändern den bisherigen attischen Fuss:

Eukratides   Antialcides

Heliokles

Von nun an prägen sämmtliche Herrscher
nach dem reduzirten Fuss.

In Eukratides'
letzter Zeit:

Apollodotus

Heliokles
folgt
dem Eukratides.

Strato,
des Heliokles Zeit-
genosse, aus dessen
späterer
Regierungszeit.

Agathokleia,
Strato's Gemahlin.

Strato II. »der seinen Vater liebt«
Strato's Sohn.

Des Antialcides
Nachfolger, viel-
leicht noch
Zeitgenosse:

Lysias

So weit das ganz sichere, oder nach den Denkmälern höchst
wahrscheinliche. — Mit Heliokles' Tode, oder richtiger mit der
in Eukratides' letzter Zeit vorgenommenen Münzreduktion beginnt mit einer Plötzlichkeit und einer Fülle die grosse im Styl
einander sehr gleichende Reihe der übrigen griechischen Münzen

der baktrisch-indischen Könige, dass es ganz unmöglich ist, wie
vorher, wo uns die Schriftsteller noch ein wenig unterstützten,
chronologisch zu sichten. Von Antialcides, Lysias, Apollodot,
Strato ist, soweit sie in die frühere Zeit hinaufreichen, schon
gesprochen; ich ziehe sie aber doch gemäss dem Gesammt-
character ihrer Münzen und gewiss gemäss dem grösseren Theile
ihrer Regierung zu diesen späteren griechisch-indobaktrischen
Königen, deren Namen ich vorläufig, ehe ich das wenige Sichere
ihrer Chronologie u. s. w. gebe, in alphabetischer Ordnung hier-
hersetze:

	Beiname:
Agathokleia (Strato's I. Frau)	Theotropos
Amyntas	Nikator
Antialcides	Nikephoros
Antimachus (II.)	Nikephoros
Apollodotus	Soter, Megas, Philopator
Apollophanes	Soter
Archebius	Dikaios, Nikephoros
Artemidorus	Aniketos
Diomedes	Soter
Dionysius	Soter
Epander	Nikephoros
Hermaeus	Soter
.. und Kalliope	
[Sy-Hermaeus	Soter]
Hippostratus	Soter, Megas
Lysias	Aniketos
Menander	Soter, Dikaios
Nicias	Soter
Philoxenus	Aniketos
Strato I.	Soter, Epiphanes, Dikaios
Strato II., Strato's Sohn	Soter, in der arianischen Umschrift noch: »liebend seinen Vater«
Telephus	Euergetes
Theophilus	Dikaios
Zoilus	Soter, Dikaios.

Sehen wir, was wir von dieser, für eine beschränkte Zeit und den beschränkten Raum einiger wenigen, zeitweise vielleicht nur e i n e s griechischen Reiches im fernen Osten unglaublich grossen Anzahl von Namen mit irgend welcher Sicherheit wissen oder doch vermuthen können. Wir sahen zunächst, dass Antialcides, der (noch sehr seltene) Tetradrachmen und Drachmen, rein griechisch, nach unreduzirtem Fuss prägt, deshalb wohl ein Zeitgenosse von Eukratides' letzter Regierungszeit, nach 165 bis etwa 150 v. Chr., gewesen sein wird; die grosse Masse der Münzen des Antialcides nach reduzirtem Fuss beweist, dass er vielleicht noch lange den Eukratides überlebte; ferner lehrt uns eine Kupfermünze des Lysias, mit Antialcides' Namen in arianischer Schrift, dass diese beiden meist mit gleichen Typen prägenden Könige eng zusammenhängen (vielleicht ist es gar Verwechselung des Stempels); dann sahen wir, dass Apollodot ebenfalls noch in Eukratides' Regierung hineinreicht (Ueberprägung), dass Strato noch in Heliokles' Zeit reicht (Ueberprägung). Strato's Gemahlin ist Agathokleia (ein auf Agathokles' Familie hindeutender Name), welche, Münzen mit ihrem Namen in griechischer und Strato's Legende in arianischer Schrift prägend, wohl eine Art Regentin, etwa Vormünderin für ihren Sohn Strato Soter, Strato's Sohn, »der seinen Vater liebt«, war [1].

Aus den Schriftstellern kennen wir von der ganzen Reihe nur Apollodotus und Menander. Beide werden bei Justin als »indische« Könige erwähnt (Ueberschrift des verlorenen Buches 41), ihre Drachmen liefen um in Barygaza, im Norden der Westküste Indiens; östlich von Barygaza ist auch eine πόλις λεγομένη Ὀζήνη, ἐν ᾗ καὶ τὰ βασίλεια πρότερον ἦν (Peripl. mar. Erythr.). Die Hauptstelle über Menander ist bei Strabo (355. 356): die Griechen, welche die Losreissung Baktriens bewirkten, hätten ihre Macht noch weiter als Alexander ausgedehnt, Ariana und

---

1) Ueber Strato's angeblichen Satrapen Ranjabala, der mit Strato nichts zu thun hat, s. weiter unten.

India unterworfen, ganz besonders Menander, welcher über den
»Hypanis« gegangen und bis zum »Isamos« (wie man meint Ja-
munâ, Dschamuna, Dschúmna, Nebenfluss des Ganges) vor-
drang; weiter wird gesagt, theils habe Menander selbst, theils
Demetrius, Euthydem's Sohn, diese Erfolge gehabt. Mit Recht
hat man jetzt, wo man die lange Münzreihe kennt, es verworfen,
aus diesen Worten auf irgend eine Gleichzeitigkeit Menanders
und Demetrius' zu schliessen. Die Münzen des Menander tragen
sämmtlich einen späteren Charakter, sie sind, wie überhaupt alle
Silbermünzen der späteren Reihe (mit der besprochenen Ausnahme bei Antialcides) nach dem späteren reducirten Münzfuss
geprägt und sämmtlich zweisprachig. — Plutarch erzählt von
Menander's Tod im Kriegslager: es sei ein Wettstreit der Städte
um seine Asche entstanden und man habe sich dahin geeinigt,
dass eine jede einen Theil der Asche bei sich aufbewahre, und
jede ihm μνημεῖα gesetzt. — Dass Menander ziemlich lange geherrscht, beweist die Unzahl seiner Münzen und sein bald jugendliches, bald altes gefurchtes Gesicht auf den mir vorliegenden
Stücken.

Hiermit ist aber auch alles Sichere erschöpft.

Abgesehen von dem gelegentlichen Hineinziehen indischer
Berichte, über das ich kein Urtheil habe[1]), wage ich es es gegenüber so vielen gelehrten Autoritäten auszusprechen: alle anderen
historischen und geographischen Vermuthungen sind ohne jede
monumentale Grundlage; ja sie sind schädlich und die aus den
Denkmälern rein fliessende Quelle trübend, das wenige Sichere
verwirrend und daher fast unbedingt verwerflich.

Natürlich sind alle Fundnotizen von diesem Urtheil aus-
genommen; wer sich eingehend mit der Geschichte jener Reiche
beschäftigen will, der wird die in der zahlreichen Literatur vor-

---

1) Wie zuverlässig aber bisweilen solche indische Berichte sind, beweist
(s. Lassen, Ind. Alterthmsk.[2] II, 335), dass eine dieser Quellen die Griechen-
könige nach den Sakakönigen (den späten indoscythischen) ansetzt!

kommenden Notizen dieser Art studiren müssen. Beweisend
sind Funde nicht immer, auch Kupfermünzen werden schon im
Alterthum in entlegene Gegenden verschleppt, aber ein ungefähres Bild geben sie doch. Für mich liegen diese Untersuchungen zu fern, ich beschränke mich als Numismatiker möglichst auf die Münzen selbst.

Die Vermuthungen über Chronologie, Aufeinanderfolge u. s. w.
gründen sich zunächst auf die Gepräge der Münzen. Wir sehen,
dass sich bei allen griechischen Herrschern bis weit in die später
zu behandelnden barbarischen Königsreihen hinein gewisse, zum
Theil der ersten Zeit der baktrischen Herrschaft angehörende
Typen erhalten und wiederholen: so der ruhende Herakles des
Euthydemus bei Agathokleia, später bei den Barbaren Azilises,
Spalyris oder Spalyrios; der Elephantenhelm des Demetrius bei
Lysias; Eukratides' Helm mit Stierohr und Horn oft, ähnlich wie
Eukratides' angeordnete Brustbilder bei Archebius, Menander; der
sich kränzende Herakles des Demetrius bei Lysias, Theophilus, bei
dem Partho-Baktrier Vonones, der des Euthydemus II. ähnlich
bei Zoilus; der zuerst bei Antialcides erscheinende sitzende Zeus
bei Amyntas und Hermaeus; die stehenden Dioskuren des Eukratides bei Diomedes, ähnlich bei Telephus; die Pallas des
Menander ist zahllos, bis in die barbarischen Zeiten immer und
immer wieder angewendet; einen schlangenfüssigen Giganten oder
Triton hat Hippostratus, Telephus; den stehenden Apollo hat
Apollodotus und genau dasselbe Gepräge Strato, Dionysius, Zoilus[1]; endlich ahmen die ungriechischen Könige, wie wir später
sehen werden, genau nach: Maues copirt die Kupfermünzen des
Demetrius und des Apollodot u. s. w.

Solche Zusammenstellungen sind gewiss nützlich, aber haben
sie ein Resultat? Zunächst das, dass fast jeder König irgend

---

1) Dieser Apollotypus könnte noch am ersten auf die Aufeinanderfolge dieser
Könige deuten, s. unten über die Beinamen.

einen Typus mit einem anderen gemeinsam hat; im Ganzen betrachtet lehren diese Zusammenstellungen nichts weiter, als dass
wir es eben mit einer eng zusammengehörigen, mit wenigen Ausnahmen (wie Artemidor's redendes Wappen Artemis) ihre Typen
stets wiederholenden, in ziemlich kurze Zeit und auf dasselbe geographische Gebiet zusammengedrängten Reihe von Herrschern
zu thun haben — und das wissen wir ja ohnedies.

Dass aber weitere Schlüsse aus den Typen geradezu trü-
gerisch sind, beweist ein Beispiel: Lysias hat auf seinen Silbermünzen die von Demetrius her bekannte Elephantenexuvie auf
dem Kopf, auf der Rückseite den sich kränzenden Herakles des
Demetrius: also ist er natürlich ein Nachfolger des Demetrius.
In der Münzstätte des Lysias ist aber die Münze geprägt, welche
des Lysias Namen griechisch auf der einen, des Antialcides
Namen arianisch auf der anderen Seite neben den von Eukratides entnommenen Dioskurenhüten mit Zweigen zeigt: also wenn,
wie die Schriftsteller berichten, Demetrius und Eukratides er-
bitterte Feinde waren, prägt man in derselben Münzstätte später
Münzen, welche beider Typen, promiscue, wieder auffrischen —
also ist der Typenbeweis für geographische oder Dynastie-Be-
stimmung schlecht und hinfällig. Haben sich aber Demetrius
und Eukratides, wie ich oben aus den Münzen als nicht ganz
unwahrscheinlich folgerte, nach dem Kriege mit einander ver-
tragen und durch die Hochzeit des Thronfolgers des Eukratides
mit Demetrius' Tochter den Frieden besiegelt, so lehren die Münzen des Lysias auch weiter nichts, als dass eben Lysias und
Antialcides auch jener Reihe des Demetrius oder Eukratides und
jener Gegend angehören; ähnlich prägt Lysias auf seine Kupfermünzen auch den von ganz ähnlichen Kupfermünzen des Heliokles (und vielen späteren) her bekannten Elephanten, — also
der Typenbeweis lehrt wieder weiter nichts als: Lysias und
Antialcides sind Könige jener baktrisch-indischen Gegenden, —
und das wussten wir schon vorher.

Also: man mag sich Typenzusammenstellungen der Baktrier für Specialuntersuchungen machen, ganz unnütz ist es nicht, aber für irgend welche sicheren chronologischen oder geographischen Data nützt es nichts. — Das merkwürdige Gepräge einer Kupfermünze des Zoilus: Kopf des Herakles mit Löwenfell und Bogen und Keule (also sehr ähnlich den Kupfermünzen Alexanders d. Gr.) ist schon erwähnt und scheint die Vermuthung zu bestätigen, Alexanders d. Gr. viereckige Kupfermünze mit den Typen des Herakleskopfes und Keule und Bogen sei in Baktrien oder Indien geprägt.

Beweise aus dem Münzfuss, womit in neuerer Zeit so viel Hypothesen gemacht werden, giebt es bei dieser ganzen Münzreihe gar nicht. Alle diese späteren baktrischen Könige prägen zweisprachige Silbermünzen nach dem von Eukratides und Heliokles (und Antialcides) eingeführten reducirten Fuss (nach mir vorliegenden Stücken Tetradrachmen bis etwa 9,45, Drachmen bis höchstens 2,45). Nun würde also z. B. Lysias nach dem Gepräge in Demetrius' Reich geherrscht haben, nach dem Münzfuss aber in Eukratides' und Heliokles' oder in Antialcides' Reich. Also auch hier würde man weiter nichts beweisen, als dass der in Frage stehende König eben ein baktrisch-indischer sei, in den Gegenden, wo Demetrius oder Eukratides oder Heliokles oder Antialcides herrschten, — und das haben wir ohnedies schon gewusst.

Ein Umstand, der sogleich in die Augen fällt, ist die grosse Gleichheit in der Form der Monogramme; dass in der ersten Zeit der baktrischen Prägung, als noch wenige Münzen existirten, gleiche Monogramme etwas beweisen, wenn ausser ihnen auch die Typen übereinstimmen, ist nicht zu leugnen, wie in jeder Münzreihe. Aber zu weit darf man nicht gehen: das bekannte Monogramm Ⱃ und ähnlich findet sich nicht nur in der einen Dynastie: Euthydem, Demetrius, Euthydem II., sondern auch bei Eukratides (Num. Chron. N. S. IX, Taf. IV, Taf. VI).

Sicher scheint, dass Lysias und Antialcides durch die häufig vollständige Gleichheit ihrer Monogramme auch, wie durch ihre
Prägungen überhaupt, ihre Gleichzeitigkeit, ihr Zusammen-
gehören und neben einander Herrschen documentiren.

Jeder Versuch, in den Monogrammen Städtenamen zu suchen
und aus den Monogrammen solche lesen und herstellen zu wollen,
ist aber verwerflich und auch von Droysen mit vollem Recht
zurückgewiesen worden. Solche Deutungsversuche und Experi-
mente haben eine zu wenig feste Basis, um der historischen
Forschung wirklich nützlich zu sein. Möchte man doch einsehen,
dass sich Münzmonogramme der Griechen wirklich nur in den
seltensten Fällen deuten lassen und gewiss meist ganz unwich-
tige Dinge, Münzmeister-, Officin- (nicht einmal Stadt-) Bezeichnungen sein mögen.

Einer der allerverfehltesten Versuche, geographische Be-
stimmungen zu geben, ist es aber, wenn nach den Typen, nach
den dargestellten Thieren behauptet wird: weil dieser König das
oder jenes Thier auf seine Münzen setzt, muss er da und da
regiert haben. Dass Elephant und Buckelstier u. s. w. im Allgemeinen auf die indische Heimath der Münzen deuten, ist selbst-
verständlich, aber bei unserer nach zweitausend Jahren doch
wahrlich äusserst verdunkelten Kenntniss jener Zeit und jener
Länder und ihrer Fauna erscheint es vollständig absurd zu sagen,
der (bacchische) Panther des Agathokles und Pantaleon deute
auf ihr Gebiet im Hindokoh, wo Nysa lag (Lassen II² 346), oder:
»in diesem Lande (bis östlich vom Indus) hat auch Diomedes
regiert, weil der Buckelochse auf seinen Münzen erscheint.« Wir
wissen, wie unzähligemal z. B. Löwe und Elephant auf antiken
Münzen erscheint in Gegenden, wo diese Thiere nie vorkamen:
Panticapaeum in der Krim, Hyele in Lukanien, Massalia in
Gallien prägen mit Löwen, Caesar in Rom und Hirtius in Gallien
mit Elephanten, also müsste nach der obigen Deduction etwa
Panticapaeum in der libyschen Wüste liegen und Hirtius in

Afrika oder Indien geprägt haben. Der Elephant erscheint bekanntlich auch häufig auf syrischen Königsmünzen und es ist auch natürlich, dass ein so wichtiges und gewaltiges, importirtes Kriegsthier als Siegeszeichen u. dgl. so imponirt hat, dass man es auch ausserhalb seiner Heimath gern auf die Münzen setzte; also für eng abzugrenzende Heimath beweisen die Thiere u. a. Typen nichts.

Aehnlich unbrauchbar sind alle anderen Conjecturen über diese spätere Reihe der griechischen Herrscher. — Fest steht und wird mit Recht überall angenommen, dass Hermaeus einer der spätesten griechischen Herrscher war, dass Cadphises (I), also ein König mit ungriechischem Namen, unmittelbar auf ihn folgt und seine, des Hermaeus, griechische Aufschrift mit einigen Aenderungen oder Fehlern: ΣΤΗΡΟΣ ΣΥ ΕΡΜΑΙΟΥ statt ΣΩΤΗΡΟΣ ΕΡΜΑΙΟΥ, beibehält.

Ferner geben uns die Schriftformen chronologische Anhaltpunkte: das schlechte viereckige □ tritt bei Hippostratus neben der runden Form auf, ebenso vielleicht (eine Æ) bei Hermaeus, W statt Ω neben der guten Form bei Zoilus (der schon deshalb nicht, wie Lassen meint, um 148 v. Chr. anzusetzen ist); A statt A schon bei Menander und anderen, wohl der früheren Zeit dieser Reihe angehörenden, Є findet sich einmal bei Strato (wohl dem zweiten dieses Namens, s. Münzverzeichniss).

Wenn die griechische Herrschaft endet, ist, soviel ich weiss, noch keineswegs gewiss. Sicher bestanden neben griechischen Reichen solche, deren Könige zwar griechisch sprachen, aber ungriechischen Stammes waren, wie Maues oder Mauos, der sich an Demetrius und Apollodot anschliesst. Eine schwache, auf etwaiger Berechnung beruhende chronologische Bestimmung gewähren uns Hermaeus' Münzen: ihm schliessen sich sofort die von Kadphises geprägten Stücke an, diesen Sy-Hermaeus- und Kadphisesmünzen aber vermuthlich die des »Ooēmo Kadphises« (vielleicht Kadphises II), diesen eng die Münzen der vier sogenannten Turushkakönige Kanērki oder Kanērku, Ooērki, Ooēr Kenorano, Bazodēo. Bazodēo's Münzen sind schon ziemlich wild; die letzten Ausläufer dieser Turushkareihe zeigen unverkennbar sassanidischen Einfluss, wahrscheinlich copiren sie den Kopf Sapor's I. (d. h. der Kopf des stehenden Königs ist der des Sapor). Also wenn wir von Sapor an (238—269 n. Chr.) ungefähr zurückrechnen, würden wir das etwaige Resultat für die Dauer der Herrschaft griechischer Könige (des Hermaeus) haben. Dies Rechnen ist aber ziemlich schwankend, da wir die Regierungsdauer der einzelnen Herrscher doch nur ganz ungefähr aus der Häufigkeit oder Seltenheit ihrer Münzen ahnen können.

Ich glaube, man setzt das Ende der rein griechischen Herrschaft zu früh: nicht um 85 v. Chr., wie Lassen glaubt, mag der letzte griechische König verschwunden sein, sondern wohl etwas später; wann, vermag ich nicht zu sagen. Die Dauer der griechischen Schrift in Indien bis nicht lange vor der Zeit der Sassaniden ist sicher, dann, etwa unter Sapor I., wird eine unverständige griechische Legende, meist aus verzerrten P, O, auch N bestehend, an die Stelle vernünftiger Aufschrift gesetzt, wie wir später sehen werden.

Noch ein anderer Versuch, die Könige chronologisch zu ordnen, war der, die Beinamen zusammenzustellen: so besonders die Reihe der Soteres; es ist nicht zu leugnen, dass diese Reihe sehr häufig die kämpfende Pallas hat, Menander, Apollodot, Apollophanes u. a. Aber auch Amyntas Nikator (nicht Soter) hat dieses häufige Gepräge, also auch die Beinamen geben kein sicheres Datum und Anordnung von Dynastien. — Einigemal stimmt Beiname und Typus sehr genau: die viereckigen Kupfermünzen des Apollodotus mit seinem redenden Wappen, stehendem Apollo und Dreifuss auf der Rückseite prägen ganz genau ebenso Strato, Dionysius, Hippostratus, Zoilus; alle heissen Soter; Apollodot scheint wegen des Apollo und

wegen seiner noch in Eukratides' Zeit hinaufreichenden Regierungszeit das Original, Strato und die anderen die Copien, also
vielleicht folgt Strato u. s. w. dem Apollodotus. Unsicher ist
dies aber auch nach dem, was ich oben über den ganzen Typenbeweis gesagt habe.

Nach allem bisher gesagten scheint es also, dass wir von
allen Conjecturen als nicht zufriedenstellend, bisweilen sogar
verwirrend, absehen und uns mit dem ganz allgemeinen Resultat
begnügen müssen: alle die genannten Könige müssen (mit alleiniger Ausnahme des Antialcides) nach 165 v. Chr. (Plato's
Tetradrachme attischen Fusses trägt dies Datum) begonnen haben
zu prägen, auch der grösste Theil der Prägung des Antialcides
ist nach 165 anzusetzen, d. h. nach dem wahrscheinlich in die
allerletzte Zeit des Eukratides fallenden Zeitpunkt, in welchem
der von Alters her bestehende attische Fuss zu einem geringeren
reducirt wurde und man allgemein Silbermünzen mit griechischer und arianischer Schrift prägte, runde und viereckige.
Diese Prägung der griechischen Könige dauerte wohl 100 Jahre;
vieviel Reiche es gab, wissen wir nicht, es scheint mehrere;
griechische Könige und griechisch redende und prägende Barbaren
mögen z. Th. neben einander geherrscht haben. Der Schauplatz
dieser Reiche mag von Baktrien, wo sich allmählich die Herrschaft der Arsaciden ausdehnte, namentlich aber von den Indusländern aus, bis weit nach Indien hinein, vielleicht bis an den
Ganges und südwestlich bis in die Gegend von Barygaza hinein-
reichen.

Für diese äusserst wenig befriedigenden Resultate haben
wir aber einen kleinen Ersatz: ich sprach schon von der für
einen beschränkten Zeitraum, selbst wenn wir fortwährend mehrere Reiche nebeneinander bestehend denken, fabelhaften Menge
verschiedener Namen. Wir haben nur selten Gewissheit, dass
der Sohn auf den Vater folgte: bei Euthydemus und Demetrius
und Euthydemus II., Eukratides und Heliokles, Strato I. und II.,

ausserdem erinnert Agathokleia's Name an Agathokles' Familie; Antimachos Nikephoros mag der zweite dieses Namens sein.

Bei Gelegenheit der Publikation der Tetradrachme des Plato macht Vaux die treffende Bemerkung, dass sich verhältnissmässig viele Namen baktrischer Könige in Alexanders d. Gr. Umgebung, in seinem Heere, wiederfinden, dass wir also in den baktrischen Königen recht wohl Nachkommen dieser Gefährten Alexanders, die vielleicht als eine Art Emeriti in Baktrien oder Indien zurückblieben, erkennen können. So wenig wir bei unserer lückenhaften Kenntniss der antiken Namensstatistik hier irgend wie beweisen können, — leugnen lässt es sich nicht, dass eine Betrachtung der baktrischen Königsnamen in dem von Vaux angegebenen Sinn zu überraschenden Resultaten führt. Ich gebe, Vaux folgend, die Liste sämmtlicher baktrischen Könige mit Bemerkungen bei den Namen, welche in Macedonien, speciell in Alexanders und der Diadochen Umgebung erscheinen[1].

Diodotus. So heisst der später Tryphon genannte syrische Usurpator nach Antiochus VI. Diodor.

Euthydemus aus Magnesia.

Demetrius, häufiger Name, besonders in Macedonien. Einer: Hetär (die Hetairoi sind die Reitergarde der macedonischen Könige) Alexanders d. Gr. — Reiterbefehlshaber unter Alexander.

Eukratides.

Heliokles.

Laodice. Häufiger Name syrischer Prinzessinnen.

Agathokles. Thessalier, Schmeichler des Philipp. — Eparch von Parsis unter Antiochus II. (dieser ist aber zweifelhaft, s. Droysen, Epigonen 361, 367).

Pantaleon. Macedonier aus Pydna. Arrian.

---

1) Ich benutze hierzu hauptsächlich Vaux' Liste und Pape-Benseler's Namenlexicon. Einiges wenige setze ich hinzu.

Antimachus. Macedonier, Polyb. 29, 1 c, zu König Perseus' Zeit. (In der Didot'schen Ausgabe steht im Index und der lat. Uebers. irrig »Antimarchus«).

Plato. Athener, Reiterbefehlshaber Alexanders. Curtius.

Agathokleia.

Amyntas. Häufiger macedonischer Name, mehrere Gefährten Alexanders. Einer davon: Satrap von Baktrien. Arrian, Justin.

Antialcides.

Antimachus (II).

Apollodotus.

Apollophanes. Satrap der Oriten oder Gedrosier. Arrian. — Pydnaeer.

Archebius.

Artemidorus.

Diomedes.

Dionysius. Häufiger Name, auch in Macedonien. Freund des Ptolemaeus Soter. — Ein Dionysius wird unter Ptolemaeus II. Philadelphus nach Indien geschickt. Plinius.

Epander.

Hermaeus.

Calliope.

Hippostratus. Macedonier, Arrian. Feldherr des Antigonus. Diod. u. a. — Statthalter des Lysimachus in den ionischen Städten. (Neu aufgefundene Inschrift).

Lysias. Oefter in Syrien: Feldherr des Seleucus. Polyaen. — Vormund des Antiochus Eupator u. a.

Menander. Ein Menander aus Magnesia (also wie Euthydem) Hetär und Feldherr Alexanders, nach

dessen Tod Herr von Lydien. Arrian. Justin. Ein
anderer Genosse Alexanders. Plutarch.

Nicias. Einer der Beamten Alexanders. Arrian. —
Verwandter des K. Ptolemaeus u. a. Macedonier.

Philoxenos [1]. Statthalter Alexanders in Ionien
u. s. w. Arrian u. a. Ein Philoxenos, an den
Alexander schreibt. Arrian. — Sohn des Ptolemaeus
Alorites. Plut.

Strato. Sohn des Fürsten von Aradus. Fürst von Sidon.
Historiker, der Perseus' Krieg beschreibt.

Telephus. Macedonier, Hetär Alexanders. Arrian.

Theophilus.

Zoilus. In Amphipolis in Macedonien lebender Rhetor. —
Münzgraveur oder Beamter des K. Perseus. Zoilus aus
Beroea (in Macedonien?). Arrian.

Wir haben im Ganzen 28 Namen (ausser den Frauen); elf
davon sind als macedonische oder aus anderen Gegenden stam-
mende Gefährten Alexanders überliefert, zum Theil sogar als
Satrapen in den baktrischen Gegenden; andere kommen bei den
Diadochen und in Macedonien vor. Wie gesagt, zu beweisen
ist nichts, dass aber eine solche Beobachtung wichtig ist, wird
niemand leugnen, namentlich wenn so seltene Namen wie Telephus vorkommen, ein ächt macedonischer Name: Herakles, der
macedonische Hauptgott, ist Vater des Telephus. Auf Macedonien, ja vielleicht auf Alexander, mag auch die Münze des Zoilus mit Herakleskopf und Keule und Bogen, ähnlich Alexanders
Kupfermünzen, deuten.

---

1) So heisst dieser König natürlich; »Philoxenes«, wie er fast überall genannt
wird, ist nichts. — Findet man doch sogar Lysius statt Lysias in den Büchern,
auch Transscriptionen wie Menandrus, Alexandrus; Antialcidas, Azas u.s.w.
statt des es.

Vaux' Vermuthung, dass wir in den baktrischen Herrschern vielfach Nachkommen vornehmer Gefährten Alexanders zu erkennen haben, ist daher mehr als wahrscheinlich; wie sich die grosse Menge der Namen in der kurzen Zeit erklärt, kann man nur vermuthen. Gegen eine Dynastie spricht alles, vielleicht war das, oder richtiger: waren die baktrisch-indischen Reiche eine Art von Wahlmonarchien wie das römische Kaiserthum, etwa eine Militärherrschaft. Eine herrschende Familie, wie in Aegypten, Syrien u. s. w. scheint es aber nicht gegeben zu haben.

Dies ist aber auch alles, was wir, ohne uns in müssige und unbestimmte Vermuthungen zu verlieren, von der Geschichte der griechisch-baktrischen und griechisch-indischen Königsherrschaft sagen können; mehr darf ich um so weniger hinzufügen, da ich nicht Historiker und Philologe von Fach bin, sondern mich möglichst auf das Gebiet, in dem ich zu Hause bin, auf die Münzkunde, beschränken will und muss.

Ich komme zum zweiten, an Zahl bei weitem beträchtlichsten Theil der griechisch-baktrisch-indischen Münzdenkmäler, welche von den zwar griechisch redenden oder doch mit griechischen Buchstaben schreibenden, aber ungriechische Namen tragenden Königen herrühren. — Bis jetzt beschäftigten uns fast ausnahmslos die Denkmäler der griechischen Eindringlinge in den indischen Ländern, jetzt gehen wir zu denjenigen Monumenten über, welche von der nachhaltigen Wirkung der hellenischen Cultivirung jener Gegenden und des Eindringens griechischer Bildung und Sprache in die einheimische Bevölkerung Zeugniss ablegen.

Wir sahen oben, dass ein griechenfreundlicher indischer Fürst, Alexanders (und Seleucus') Vasall, Sophytes, schöne griechische Münzen prägte. Von einem ihm der Zeit nach nicht fernstehenden mächtigen indischen König um die Mitte des dritten Jahrhunderts v. Chr., der nach seinen Denkmälern ein ausgedehntes Reich, besonders in Nordindien, besass, melden uns seine theils in Pali-Schrift, theils »arianisch« geschriebenen Säulen- und Felseninschriften ausdrücklich seine Griechenfreundschaft: der König »Prijadarcin«, d. i. der liebevoll Gesinnte, in welchem die Indologen den Buddhisten Açoka erkannt haben, rühmt in seinen Inschriften seinen Verkehr mit den Griechen und die nach buddhistischer Vorschrift eingerichteten Menschen- und Thierhospitäler der Iôna (Griechen-) Könige Antijaka, Turamaja, Antikena, Maka, Alikasandro, d. i. Antiochus, Ptolemaeus, ˙ Antigonus, Magas (von Cyrene) und Alexander (von Epirus). Schrift und Sprache scheint er aber von seinen angeblichen Glaubensgenossen und Freunden nicht entlehnt zu haben; wir besitzen überhaupt keine Münzen von ihm, wenn man auch gewisse schriftlose viereckige Kupferstücke, im Styl denen des Agathokles u. a. recht ähnlich, mit Elephant und Löwen (letzteres der constante Schmuck der Inschriftsäulen des Königs) ihm hat zuschreiben wollen.

Diejenigen Könige, welche uns Münzen hinterlassen haben und deren ungriechische Namensform auf einheimische oder doch nichtgriechische Abstammung schliessen lässt, sind mit wenigen Ausnahmen sonst vollständig unbekannt, keine irgendwie sichere historische Notiz ist uns von ihnen (mit Ausnahme der Turushka's, s. unten) überliefert; chinesische Berichte hat man einigemal, mit wie vielem Recht vermag ich nicht zu sagen, zu muthmasslicher Reconstruction der Geschichte jener Herrscher benutzt. Wollen wir aber das monumental Sichere festhalten, sind wir — wiederum mit Ausnahme der auch auf Inschriften vorkommenden Turushka's und des Gondophares — einzig und allein auf die Münzen angewiesen.

Es ist bereits oben bemerkt, dass anerkanntermassen der älteste »barbarische« König jener Gegend unstreitig Maues ist; ehe ich aber von ihm spreche, will ich eine noch nicht völlig entzifferte Reihe von Silbermünzen besprechen, welche sich im

Typus noch völlig der Reihe der griechischen Herrscher anschliesst. In Mathura an der Jamuna (27° N. Br.) fand man
84 Münzen — Drachmen — von schlechtem Silber, in welchen die
englischen Gelehrten bisher einen Satrapen des König Strato er-
kannten, mit Strato's verderbter griechischer Legende nebst Kopf
auf der einen und dem Namen des »unbesiegten(?) Chatrapa (Satrapen) Ranjabala¹)« in arianischer Schrift auf der anderen Seite
neben dem herkömmlichen, häufigen Gepräge einer kämpfenden
Pallas. Auf einigen wollte man den Namen des Königs auch
in der griechischen Inschrift, verderbt, erkennen: **PAIIOBA**.
Herr Gardner vom British Museum, dem ich Abdrücke der deut-
lichsten jener Münzen verdanke, hat offenbar mit Recht diese
Lesung bezweifelt und das **BA** zum Königstitel gezogen. Nach
den vorliegenden 3 Abdrücken ist absolut gar nicht an einen
Satrapen des Strato zu denken. Die Umschrift zweier Stücke
ist auf der griechischen Seite fast ganz verwildert und sinnlos,
nur Spuren von σωτῆρος kann man erkennen; ein Stück giebt
aber fast völlig deutlich Namen und Titel: βασιλευ βασιλέως
σωτῆρος ραζυ (oder ρασυ?), also βασιλεύ[ων] statt βασιλέων, wie
der König Soter megas schreibt, oder βασιλευ[όντων], nach Analogie anderer Münzen, βασιλέως u. s. w. In dem **PAIY** oder
ähnlich steckt natürlich der Name, welcher arianisch im Genitiv: Ranjabalasa lautet, also hiess dieser König etwa **PAZHΣ**,
PAΣOΣ, freilich würde man noch eine Sylbe erwarten. An
einen Satrapen des Strato zu denken ist aber gar kein Grund,
da die Münze mit denen Strato's ausser dem häufigen Sotertitel
und der Pallas, was Apollodot u. a. ebenso haben, gar nichts zu
thun hat. Strato heisst nie »König der Könige«. Genaueres über
diese Umschriften gebe ich unten im Münzverzeichniss. Ich stelle
diesen, wohl sicher ungriechischen König voran, weil er sich an
die Drachmen der griechischen eng anschliesst und noch die nur

---

1) Das l scheint mir unsicher.

den griechischen Königen eigene Gewohnheit befolgt, den Kopf
auf die Münzen zu setzen. Die ungriechischen unterlassen dies
mit Ausnahme der in späte und späteste Zeit zu setzenden Indo-
Parther Yndopheres (Gondophares), Sanabarus, Pacores, Orthagnes,
des isolirten »Soter megas«, des Saka-König Heraos, des Kadphises, der dem Hermaeus folgt, des Kadaphes, Kadphises II.,
der Turushka-Könige und des Yrcodes. Die übrigen nichtgriechischen Könige ersetzen den sonst gewöhnlichen Kopf des
Königs oder eines Gottes stets durch g a n z e F i g u r e n u. s. w.

Der älteste der nichtgriechischen Herrscher ist der im Genitiv sich *Μαύου* schreibende, also M a u e s oder M a u o s [1], wie
allgemein mit Recht angenommen wird. Im Gepräge sich dem
Demetrius anschliessend und zuerst griechische Schrift allein,
ohne arianisch, anwendend, später genau einen der Könige,
welche den stehenden Apollo haben, wahrscheinlich den Apollodot, kopirend, gehen die Münzen des Maues allmählich ins bar-
barisch-orientalische über; wir sehen ihn, wie Lassen mit Recht
hervorhebt, schon mit untergeschlagenen Beinen wie einen orientalischen Sultan oder Maharadscha sitzen. Eine viereckige Kupfermünze des Maues zeigt a r s a c i d i s c h e Typen, besonders bei
Arsaces VI. vorkommend: Pferd, und Bogen im Futteral. Ein
b a k t r i s c h e r Arsaces copirt diese Münze des Maues.

Unmittelbar an Maues schliesst sich der offenbar mächtigste
König jener Gegenden und Zeit an: A z e s oder, weniger wahrscheinlich, Azos [2]. Seine früheren, gut gearbeiteten Münzen copiren die des Maues genau (so die viereckigen mit Poseidon und
weiblicher Figur). Zuerst hat er wie Maues gute Buchstaben,
später wird Arbeit und Inschrift schlecht und roh, das eckige
◻ und ⊏ (Sigma) und Ɯ, auch ɰ verdrängt die guten Formen;
die unter Maues und in Azes' erster Zeit noch leidliche Silbermünze sinkt zu jämmerlicher, fast völlig kupferner Scheidemünze

---

1) Nicht »Mauas«.
2) Nicht »Azas«.

herab. Die Zahl der Münzen des Azes ist ungeheuer, so dass man früher wohl mehrere Könige des Namens annahm. Dass dies nicht unmöglich ist, soll weiter unten bewiesen werden.

Dass Azes ohne Unterbrechung unmittelbar auf Maues folgt, lehren die Münzen, ihr Alphabet und ihr Gepräge sicher. Dürften wir einer Spur vertrauen, welche ich auf einer Reihe seiner Münzen gefunden, so wäre er ein Sohn des Maues: V MAVꝛ, zu υἱοῦ Μαύου zu ergänzen, wie deutlich auf mehreren an Stelle des AZꝛV steht. Aehnliche Bezeichnungen der Vaterschaft sind gerade bei den baktrisch-indischen Münzen gar nicht selten, doch werde ich später beim Münzverzeichniss zeigen, dass man dieser zwar völlig deutlichen, grossen Inschrift nicht so unbedingt vertrauen kann, weil die Umschriften dieser Azesmünzen auch in den übrigen Theilen verwildert sind.

Es ist gar kein Grund, einen König Azilises, welcher weit weniger Münzen prägte als Azes, zum Vorgänger des Azes zu machen, im Gegentheil, Azes' Münzen sind z. Th. schön, die des Azilises aber schlecht und roh, wenn sie auch noch nicht die spätesten Buchstaben zeigen. Eine rohe, aber von gutem Silber geprägte Tetradrachme des Azes ist offenbar genau aus derselben Zeit und Officin, wie eine andere des Azilises. Ich glaube Azilises ist der mittleren Regierungszeit des Azes gleichzeitig, etwa sein Mitregent.

Ob beide Könige den Saka-Skythen angehören oder parthischen Ursprungs waren, ist gar nicht zu erweisen; dass sie eng mit Fürsten liirt sind, welche parthische Namen tragen, ist sicher. Eine ganze Menge von Combinationen von Herrschern tritt mit Azes auf: so besitzen wir Münzen des Azes mit den arianisch geschriebenen Namen seines στρατηγὸς Aspapatis und Aspavarma; der griechische Titel ist ins Indische wörtlich transscribirt: strategasa[1] im Genitiv. Ein Vonones prägt

---

1) Man vergleiche jedoch, was ich unten im Münzverzeichniss über den Buchstaben sage, welchen man bisher immer str las.

mit Azes, mit **Spalahara** »dem gerechten Bruder des Königs«,
mit **Spalagadama**, Sohn des Spalahara, zusammen. Ein
Spalirisus prägt mit Azes. Der arianisch Spalagadama genannte Fürst prägt **allein** Münzen und nennt sich Spalyris (so
höchst wahrscheinlich): Σπαλίριος δικαίου ἀδελφοῦ τοῦ βασι
λέως [1]), die arianische Rückseite nennt ihn: »den gerechten Sohn
des Spalahara: Spalagadama«. Eine von mir kürzlich aufgefundene bisher unbekannte Drachme zeigt eine ähnliche Königs
Bruder-Prägung, und zwar von dem erwähnten **Spalirisus**:

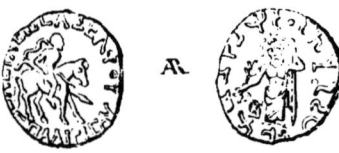

also βασιλέως ἀδελφοῦ Σπαλιρίσου neben dem Reiter und Maharaǵa bhraha (sic?) dhamikasa (oder ähnlich) Spalarisasa oder
Spalirisasa, d. h. »des gerechten Königs-Bruders Spalirisus«.

Diese Prägungen der **Brüder** der Könige, welche sämmtlich dieser partho-indischen Reihe angehören, sind offenbar nichts
weiter als **Statthaltermünzen** (oder Regentschaftsmünzen für
Minderjährige?); die Brüder der Herrscher führen als Satrapen
den passenden Titel »der gerechte« im griechischen und arianischen, oder nur in letzterer Umschrift. Als ein kleines Bild der
politischen Einrichtungen jener Länder sind diese Münzen sehr
merkwürdig.

Im übrigen vermag ich aus diesen Münzreihen keine weiteren sicheren chronologischen Schlüsse zu ziehen, ist es doch
kaum möglich, herauszubekommen, wer denn bei combinirten
Münzen der Souverain, wer der Unterkönig ist. So kann man

---

2) ϹΠΑΛΥΡΙͻϹ scheint ein Genitiv. Allerdings findet sich aber auch irrig
βασιλέως neben Ὑνδοφέρης auf **einer** Münze, also Nominativ und Genitiv durcheinander. — Alle andern Lesungen der Spalyrios-Münze sind falsch. — In manchen, auch den neuesten Büchern wimmelt es von falschen Lesungen.

doch unmöglich annehmen, dass der nur wenig und mit schlechten, rohen und späten Buchstaben (⊏, ɰ) prägende Spalirisus, dessen griechischer Name combinirt mit dem arianischen des Azes erscheint (N. Chr. N. S. XIX, 52), der Oberkönig des grossen mächtigen Azes war, während doch sonst das gewöhnliche und natürliche ist, dass der Satrap, der Unterkönig, auf der Rückseite arianisch geschrieben erscheint, der Oberherrscher aber auf der Hauptseite und griechisch geschrieben; denn noch behält das Griechische seinen Ehrenplatz auf der Vorderseite und zwar meist um die Figur des Herrschers geschrieben.

Den nahen Zusammenhang mit dem nachbarlichen Partherreich beweisen die parthischen Namen mancher Herrscher: Vonones, Abdagases (bei Tacitus als Name eines parthischen Dynasten), Pacores (sic), endlich sogar ein dem Gepräge nach ebenfalls der Azes-Reihe angehörender Arsaces. Verschieden von diesem ist das von mir unten beschriebene Unicum (viereckige Kupfermünze) der Berliner Sammlung mit den genau ebenso schon von Maues angewendeten arsacidischen Typen Pferd, und Bogen im Futteral, das ich mit Sicherheit einem ebenfalls baktrisch-indischen Arsaces ϑεός zuschreibe, welcher nur griechisch, nicht arianisch schreibt und trotz des ɯ, ϵ und ⊏ einer ziemlich guten Zeit angehören mag. — Der König Yndopheres, auch Gondophares u. s. w., ist der einzige dieser parthobaktrischen Reihe, welcher uns höchst wahrscheinlich durch eine arianische Inschrift bekannt ist, welche eingehender betrachtet werden muss. Die Inschrift ist aus Takht-i Bahi, nahe (etwas NO.) bei Peschawer am Indus, beginnt: Maharajasa [1]) G....pharasa und bedeutet: »im 26. Jahre des grossen Königs

---

1) Oder wie die Engländer transscribiren: maharayasa. In dieser wie in einer andern Inschrift aus Takht-i Bahi ist das y oder j im Titel: Λ, statt des sonst stets angewendeten g̣, dsch, gesetzt. — S. die Inschrift Journ. of the R. Asiatic Soc. N. S. VII (II) p. 376 von Dowson publicirt. Eine Photographie in der Jagor'schen Sammlung im Berliner Museum.

G....phara, im Jahr 100 der Samvat«. Wenn, was höchst-
wahrscheinlich ist, dieser etwas längere Königsname mit dem
der Münzen identisch ist, haben wir ausser der Notiz, dass der
König 26 Jahre mindestens regierte, eine Jahreszahl. Samvat
heisst weiter nichts als »Zeitrechnung«, bewiese also nichts,
wenn nicht die Inschriften der letzten Indo-Baktrier, der unten
zu besprechenden Turushkas, auf ihren Inschriften verschiedener
Gegenden, auch benachbart dem Fundort der Gondophares-
Inschrift, dieselbe Datirung der Samvat-Aera hätten. Gondophares fiele demnach in die letzte Zeit oder gar nach dem
letzten Turushkafürsten Bazodēo, dessen Samvat-Jahre bis 98
gehen. Dies ist numismatisch meiner Ansicht nach kaum möglich, denn Bazodēo kann nicht allzuweit von der Sassanidenzeit
entfernt sein, Yndopheres oder Gondophares scheint früher. Wenn
also nicht verschiedene Zeitrechnungen von Gondophares
einerseits und den Turushka's andrerseits angewendet wurden,
und wenn die Inschrift wirklich den Namen dieses Gondophares
der Münzen, um drei Buchstaben reicher, enthält, ist hier eine
Schwierigkeit, deren Lösung den Indologen vorbehalten bleibt.
Ich würde den Gondophares vielleicht allerdings nach Chr. ansetzen, aber vor die Turushka's. Dass dieser Yndopheres
(Gondophares u. s. w.), der Oheim des Abdagases, auch rein
griechische, denen der parthischen Grosskönige fast völlig gleiche
Silberdrachmen mit $\beta\alpha\sigma\iota\lambda\acute{\epsilon}\omega\varsigma$ $\beta\alpha\sigma\iota\lambda\acute{\epsilon}\omega\nu$ $\mu\epsilon\gamma\varsigma$ (sic) $Y\nu\delta o\varphi\acute{\epsilon}\varrho\eta\varsigma$ $\alpha\grave{\upsilon}\tau o$-
$\varkappa\varrho\acute{\alpha}\tau o$, ähnlich denen des Sanabarus, prägte, gehört zu den
wichtigeren Resultaten meiner Untersuchung.

Sollte Sanabarus vielleicht identisch sein mit dem im
Periplus mar. Erythr. »$M\acute{\alpha}\mu\beta\alpha\varrho o\varsigma$« und »$\mathcal{A}\varkappa\acute{\alpha}\beta\alpha\varrho o\varsigma$« genannten

indischen König? Die vermeintlichen seleucidischen Jahreszahlen auf seinen Drachmen (N. Chr. N. S. XI, 217) sind gar keine Jahre, wie die Berliner Exemplare beweisen. Das angebliche ⌈Ⅰ⊤ ist einmal ganz deutlich ⊤Ⅰ⊤, einmal gehen die Zeichen ⊤Ⅰ⊤⁻Ⅰ⊤ wie Verzierungen um den Thron herum. — Wäre die Zeit der Abfassung des Periplus und die Namensidentität ganz sicher, so würden wir hier eines der wichtigsten Daten haben, denn Sanabarus und Yndopheres sind sicher ungefähr gleichzeitig, Abdagases ist Yndopheres' Neffe u. s. w. Aber so lange dies alles nicht völlig gewiss ist, darf man nicht weiter combiniren. Ein Zeitgenosse des Yndopheres ist auch Orthagnes (?), welcher arianisch den Namen dieses seines Zeitgenossen auf die Münzen setzt, ein parthisch gekleideter, dem Pacores ähnlicher König. — Einige noch der Reihe des Azes sich anschliessende ephemere Dynasten, Zeionises und zwei vorläufig noch nicht sicher zu nennende, darunter derjenige, dessen arianische Aufschrift ich nach deutlichen Exemplaren »maharaǵasa mahatasa kashatarakuyala . . . .« lese, bieten historisch wenig, doch ist auf Zeionises' Münzen der griechische Titel Satrap, in der griechischen und in der arianischen Umschrift, nach den Lesungen Prinsep's sicher und wichtig.

Ein dem Brustbild nach den Arsaciden ähnlicher, von Gardner nach einem Unicum des British Museum bekannt gemachter König documentirt sich inschriftlich sicher als ein König der Saka-Skythen: *τυραννοῦντος Ἡράου Σάκα κοιράνου* lautet, in späten Buchstaben, die wunderliche Inschrift dieses Tetradrachmons. Wie merkwürdig, dass sich gerade in unhellenischen oder halbgriechischen Gegenden homerische Reminiscenzen in der Vulgärsprache finden! So ist im cyprischen Dialect das homerische *κασίγνητος* der Bruder, im fernen indoskythischen Osten finden wir das alte *κοίρανος* für Herrscher! Die Formen des Particips *βασιλεύοντος, τυραννοῦντος* sind seit ältester Zeit (Agathokles, Antimachos) in jenen Gegenden heimisch.

Ziemlich isolirt steht ein seiner massenhaften Prägung nach
mächtiger, fast nur rein griechische Münzen, meist sprachlich
schlechte Kupfermünzen schlagender namenloser König: »der
König der Könige, der grosse Retter«.

Noch isolirter, von allen anderen ganz abweichend, sind die
griechischen, aber z. Th. einheimische Wörter tragenden Silbermünzen eines kaum dem Namen nach sicheren, sich im Genitiv
ΥΡΚѠΔΟΥ nennenden langbärtigen Dynasten.

Dies ist kurz die Reihe der ungriechischen, indoskythischen,
parthischen und Saka-Könige jener Gegenden[1]. Ich kann, soweit mir aus den Handbüchern die historischen Notizen bekannt
sind, keine irgendwie zufrieden stellenden chronologischen Daten
für diese Herrscher finden. Nur ganz allgemeine Umrisse deu-
det uns die Münzprägung an: die schlechten Formen Є, C, Ѡ,
☐, ⊏ Ш u. s. w. deuten auf spätere Zeit, aber es ist schwer
etwas bestimmtes zu sagen. Gewiss gehört ein grosser Theil
aller dieser Münzen der Zeit nach Christus an. Auch die Münzen des Azes sind oft schon so roh, dass man sie zum Theil so
spät ansetzen möchte, und dies ist eigentlich das einzige, was
auf die erwähnte Vermuthung führen konnte, es habe mehrere
Azes gegeben: wir sahen oben, dass Maues, der früheste König
dieser Klasse, genau den Demetrius und Apollodot copirt. Für
diese griechischen Könige ist aber etwa 150 v. Chr. einerseits
(bei Demetrius) wohl der späteste, bei Apollodot aber etwa
der früheste Termin. Die Copien des Maues können kaum
lange nach ihren Vorbildern geprägt sein, dies lehrt erstens die
Erfahrung bei ähnlichen Vorkommnissen, zweitens der gute Styl.
Lassen wir daher den Maues bis um 100 v. Chr. regieren, dann
den Azes folgen, so käme als spätester Termin für Azes, der,
wie die Masse der Münzen allerdings zu lehren scheint, lange
regierte, doch höchstens 40—30 v. Chr. heraus; aber die schlech-

---

1) Mit Ausnahme des Kadphises u. s. w. S. unten. Ueber die Sinha-Könige
s. am Schluss.

testen seiner Münzen sind so roh, dass man sie gern noch mindestens 50 Jahre später setzen möchte. Auch die arsacidische
Drachme des von Azes wohl nicht allzuweit chronologisch ent-
fernten Yndopheres hat ein spätes Aussehen, ein vielleicht noch
späteres die des Sanabarus, welche den späten Arsacidenmünzen
mit der Tiara sehr ähnlich ist.

Aber wer vermag bei diesen halbbarbarischen letzten Ueber-
bleibseln einstiger hellenischer Cultur im fernsten Osten zu sagen,
was in der künstlerischen Ausführung, in der Schrift u. s. w.
alles auf Rechnung der weiten Entfernung von Culturländern
kommt, und was ein sicheres Zeichen wirklich später Zeit ist.

Ein Resultat ist das freilich nicht, aber der Wahrheit wird
mehr durch resultatlose Untersuchung, als durch kühne und
schliesslich doch werthlose Hypothesen gedient [1].

Wir sahen oben, dass einer der spätesten griechischen Herrscher nach der sicheren, allgemein geltenden Annahme Hermaeus
war, dass sich ihm genau ein König, der sich im Genitiv auf den
nicht ganz verwilderten Stücken *Κοζουλο Καδφιζου* nennt, anschliesst, dessen früheste Münzen vielleicht die sind, welche Hermaeus' Titel und Namen etwas entstellt mit dem wunderlichen
Vorsatz ΣΥ nennen, deren Rückseite aber genau die lange arianische Inschrift der Münzen dieses K a d p h i z e s zeigt. Nun besitzen wir eine grosse Menge völlig im Styl und Typus von allen
anderen bisher betrachteten Münzen abweichender von einem
βασιλεὺς βασιλέων σωτὴρ μέγας οοημο Καδφισης; diesen Münzen
schliessen sich dann als völlig ähnlich die der weiter unten zu
besprechenden Turushka-Dynastie an.

---

1) Sehr beachtenswerth, aber doch auch unsicher sind zwei Vermuthungen. —
Cunningham glaubt in dem König »Moga« einer Inschrift den Maues zu erkennen.
(»Muasa« lautet wie ich glaube seine arianische Aufschrift). Lassen leugnet dies;
seine Datirung der Inschrift passt freilich kaum zu Maues. Nach neuerer An-
nahme herrschte Moga zur Turushkazeit, Jahr 78 der Samvataera. — Ferner:
Lassen vermuthet Yndopheres' (Gondophares') Name in dem Chinesischen Utheulao,
Utolao, den er um 90 v. Chr. ansetzt.

Die Münzen des »Ooēmo Kadphises« sind offenbar die späteren, also hat man sich gewöhnt, den *Καδφίζης*: Kadphises I., den Ooēmo Kadphises aber Kadphises II. zu nennen. Man wird also, wenn auch diese Zahlen I und II ganz unsicher sind, doch wegen der Namensgleichheit die Münzen des Kadphises von Hermaeus trennen und an die Spitze der Reihe: Ooēmo Kadphises und Turushkadynastie setzen.

Schwer unterzubringen ist ein König *Καδαφες* mit unerklärten griechisch geschriebenen Titeln: *κοζολα καδαφες χορανσυ ζαϑου*; bei dem *χορανσυ* hat man an *κοίρανος* gedacht, das Sigma ist aber stets deutlich. Ueber die andere Erklärung des **XOPAN** soll gleich gesprochen werden. Das an den Sy-Hermaeus auf Kadphises' Münzen erinnernde **CY** und die Titel- und Namenform **KOZOΛA KAΔAΦEⵑ**, die mit *Κοζουλο Καδφιζου* sehr übereinstimmt, berechtigen uns hier diesem sonst ganz dunkeln »Kadaphēs« einen Platz zu geben. Wunderlich ist die grosse Aehnlichkeit seines oft nicht schlecht gearbeiteten Kopfes mit denen der ersten römischen Kaiser, für mein Auge namentlich mit Augustus' Kopf auf den häufigen Denaren des Gaius und Lucius, nur trägt der Baktrier ein Diadem, keinen Kranz. Natürlich darf man aus solchen rein zufälligen Aehnlichkeiten keine Schlüsse machen.

Eine ganz von den bisherigen Münzen abweichende zusammengehörige Reihe eröffnet also der sogenannte »zweite« Kadphises, der *βασιλεὺς βασιλέων σωτὴρ μέγας ὀοημο Καδφίσης*. — Hier, wie schon bei den vorher genannten Münzen sind nach den Forschungen der Indologen mancherlei Anknüpfungspunkte an vorhandene Ueberlieferungen möglich; in einzelnen Worten der Aufschriften dieser und der später zu besprechenden Turushkamünzen: **XOPAN, KOPAN, OOHMO**, das in der arianischen Aufschrift der Rückseite mit »hima« wiedergegeben ist, hat man Völkernamen erkannt, deren Namen ebenso oder ähnlich in der einheimischen Literatur erhalten sind. Es wären dies also Analogien zu dem **ΣΑΚΑ ΚΟΙΡΑΝΟΥ**, allerdings anders gestellt, doch hat man auch das *κορανο* als verderbt aus *κοιράνου* erklären wollen, was durchaus nicht unwahrscheinlich wäre.

Nach den angeführten Erklärungen der Indologen ist also das *Οοημο*, arianisch Hima, der von den Chinesen »Hieumi« genannte Stamm der »Jueïtchi«, Hima. Das *κορανο* der Turushkamünzen und das *χοραν* der Kadaphesmünze wird, gemäss der arianischen Legende des Kadaphes: »khashanasa« für den Volksstamm der Kushan oder Kashan gehalten. — Ich habe kein Recht über diese Deutungen mitzusprechen, aber gesagt muss werden, dass dem *κορανο* ganz sicher das *κενοραν* auf den Münzen des unzweifelhaft derselben Dynastie angehörenden Ooēr entspricht, also sicher ein a n d e r e s, also je nach dem Herrscher w e c h s e l n d e s Wort.

In Kadphises (II.) erkennt man den von den Chinesen »Kieutsieukio« genannten König, dessen Regierungszeit nach Lassen's Angabe (II², 815) etwa von 24 v. Chr., bis nach Christus anzusetzen ist. Ihm gleichzeitig, zum Theil von ihm verdrängt, regiert bereits die Dynastie der T u r u s h k a - Könige, und zwar, nach den einheimischen Schriftstellern der angeblich e r s t e derselben, H u v i s h k a. Der Schauplatz dieser, wie überhaupt fast aller indo-griechischen Reiche ist die Indusgegend, bis etwa zum Ganges hin.

Von den drei überlieferten Namen dieser Turushkakönige, welche nach indischen Berichten (Lassen, p. 823) so aufeinander folgen:

Huvishka		Ooerki
Gushka	hat man	
Kanishka		Kanerki

mit höchster Wahrscheinlichkeit wieder erkannt[1]; Ooerki und

---

[1] Den »Gushka« hat man nicht mit einem der Münzpräger identificirt. Es bliebe für ihn nur der Ooer Kenorano übrig.

Kanerki oder Kanerku lauten die Namen der Könige auf den Münzen. Ebenso erkennt man in dem aus Inschriften bekannten nach Kanishka herrschenden Vâsudeva (dessen Inschriften z. Th. aus Mathura an der Jamuna stammen) ganz unzweifelhaft den früher irrig **BAΛANO** u. s. w. gelesenen König **BAZOΔHO** der Münzen. Balano oder Balan ist also nicht, wie noch Lassen (p. 862) annimmt, ein vom Bazodēo verschiedener König, sondern nur eine irrige Lesung der in schlechten Formen geschriebenen Umschrift *Baζoδηo*.

Wir wollen vom numismatischen Standpunkte die Sache untersuchen. Zunächst sehen wir vom Ooemo Kadphises ab. Dass die Namen Huvishka dem Ooērki der Münzen, Kanishka dem Kanērki (und Kanērku), Vasudeva aber dem Bazodēo entsprechen, kann wohl keinem Zweifel unterworfen sein. Kanērki, also vielleicht = Kanirki, ist, wenn man bedenkt, wie leicht *s* und *r* wechseln, fast genau Kanishka, ebenso ist Ooērki, also vielleicht = Ooïrki gleich Huvishka. Bazodēo und Vasudeva sind einander aber so gut wie völlig gleich.

Dass also die Beziehung der Münzen auf die Turushka-dynastie sicher ist, beweisen auch überlieferte Einzelheiten. So wird Kanishka als ein mächtiger, grosser Monarch geschildert, dessen Name noch in dem der Stadt Kanekpura in Kashmira erhalten sein soll: seine vielen Münzen, Gold und Kupfer, beweisen seine grosse Macht. Kanishka bekehrt sich zum Buddhismus: seine Münzen sind deutliche Zeugnisse dieses Buddhismus, auf einer derselben erscheint der bisher nicht richtig gelesene Name und die wohlbekannte stereotype Figur des Buddha selbst; die Namensform ist **BOYΔO**, wie fast alle Götternamen dieser Münzen regulär auf **O** endend, wie ich unten zeigen werde. — So sicher auch die Beziehung der Münzen auf die Dynastie der Turushka ist, so gewiss geben uns schon die Münzen selbst den Beweis, dass die Aufeinanderfolge dieser Könige so, wie sie früher angenommen wurde, unmöglich ist. Ueber diese Dynastie

der Turushka's sind wir aber auch durch Inschriften gut
unterrichtet. Auf mehreren arianischen Steininschriften, theils
im Indusland, theils in Mathura au der Jamuna gefunden, werden uns die Brüder Kanishka, Huvishka, Vasudeva als in
dieser Reihe aufeinanderfolgende Könige genannt und zwar mit
Hinzufügung der »Samvat«-Jahre[1]), nach Thomas' Zusammenstellung vom Jahre 1876 und Dowson's kurz vorhergehender:

	Jahre der Samvataera
Kanishka	8 — 33
Huvishka	38 — 51
Vasudeva	5(?) und 44 — 98[2]).

Ueber die Aera sind noch Controversen, die der Specialforscher in den bezeichneten Arbeiten nachlesen mag; jedenfalls
gehört die ganze Reihe, wie auch auf numismatischem Wege
gezeigt werden soll, einer späten, nachchristlichen Zeit an. Die
Jahreszahl 5 bei dem letzten Herrscher ist bei der Lückenhaftig-
keit der Inschrift unsicher. — Ein höchst bedeutender Fund von
Goldmünzen dieser Könige in Peschawer beweist uns, ver-
glichen mit dem was wir sonst von ihnen wissen, wie weit sich
ihr Reich ausgedehnt: etwa vom Ganges (s. oben) bis in die
Indusländer.

So sicher nun auch die Resultate aus den Inschriften sein
mögen, scheint es mir doch nicht ganz überflüssig auch den
Beweis für die angegebene Reihenfolge aus den Münzen hier-
herzusetzen, welchen ich bereits niedergeschrieben, ehe ich diese
Inschriften kennen lernte.

Völlig klar ist die Reihe auch trotz der Inschriften nicht,
da ein aus den Münzen wohlbekannter König, Ooēr, in diesen
fehlt. —

---

1) J. As. Soc. N. S. VII[II] p. 376 von Dowson und J. As. Soc. N. S. IX[I]
(1876), Artikel von Thomas p. 8. Vgl. auch dasselbe Journal IX[II] p. 211 ff. über
den grossen Fund von Peschawer.

2) D. h. die Jahre nicht als Regierungsdauer, sondern jede Inschrift trägt ein
Jahr als Datum.

Die aus dem Charakter der Münzreihe völlig klare Aufeinanderfolge der Könige ist diese:

Kadphises (II.)		Kadphises (II.) gleich-
Kanerku	und nicht:	zeitig mit Ooerki,
Ooerki		Kanerku,
Bazodeo.		Bazodeo.

Ein fünfter König, Ooēr Kenorano scheint hinter Kanerku
oder Ooerki regiert zu haben.

Die numismatischen Gründe zu dieser Anordnung, welche
man auch angenommen hat, so lange man nicht die schriftliche
Ueberlieferung mit hineinzog, sind folgende. Die Münzen des
Kadphises (II.) zeigen gleich den folgenden »Turushka«-Mün-
zen diese Neuerungen: es treten — was seit Eukratides nicht
vorkam — häufige, reine Goldmünzen auf (attische Doppelstateren, Stateren u. s. w.); der König, meist in ganzer Figur, ist
auf rohe barbarische Art mit hoher Mütze, unmässig grossen
Stiefeln und allerhand sonstigen, dieser Münzreihe gemeinsamen
Insignien geschmückt. Auch ein gemeinsames, monogramm-
artiges Symbol ☖ und ähnlich, ist dieser gesammten Münzreihe eigen. Die bisher fast immer rein griechischen Götter
werden durch indische, wie Siwa u. s. w. verdrängt, wenn
auch, wie wir später sehen werden, für den »iranischen« Sonnengott auf Kanerki's griechisch sprechenden Münzen noch ΗΛΙΟC
vorkommt. Alle diese Eigenthümlichkeiten der ganzen, von allen
übrigen indo-griechischen Münzen völlig verschiedenen, sich untereinander aber ganz ähnlichen Reihe, sogar im Monogramm oder
Symbol völlig übereinstimmend, scheinen zunächst mit der Annahme, Kadphises habe den ersten Turushkaherrscher bekriegt
und aus einem Theil seiner Länder gejagt, nicht recht zu stimmen.
Auch die Uebereinstimmung der Königs- (oder z. Th. Völker-)
Namen: OOHMO, OOHPKI, OOHP deutet doch eher auf ge-
meinsame Abstammung, nicht auf feindliche Dynastien. Ich

möchte also weit eher glauben, dass man eine so völlig sich von allen anderen unterscheidende Reihe so ganz gleicher Münzen mit so ähnlichen Wörtern, Geprägen, Symbolen einer und derselben Dynastie und demselben Lande zuschreiben muss.

Der erste Präger derartiger Münzen — um nicht conjicirend »der Begründer dieser Dynastie« zu sagen — ist nun sicher Kadphises. Seine Münzen sind meist grösser, weit sauberer in der Arbeit als die der übrigen. Ferner haben sie sämmtlich griechische Sprache auf der Hauptseite und arianische auf der Rückseite.

Sein Nachfolger muss Kanērku gewesen sein. Zuerst haben seine Münzen griechische Sprache, die arianische fällt fort; diese Stücke, obgleich bereits kleiner und schlechter gearbeitet als des Kadphises Münzen, sind, wie schon Wilson hervorhob, die künstlerisch besseren dieses Königs. Dann tritt plötzlich eine grosse, zwar nationale, aber recht barbarische Neuerung ein: die erobernden skythischen Könige (denn das scheinen doch jene Kadphises und Turushka's zu sein) verdrängen zunächst die indische Sprache und Schrift, dann aber auch die griechische Sprache, und schreiben nun ihre eigene, allerdings wohl der indischen verwandte Sprache auf ihre Münzen, aber in der wahrscheinlich Jedermann verständlichen griechischen Schrift. Dies thut zuerst Kanerku. Der $\beta\alpha\sigma\iota\lambda\varepsilon\grave{v}\varsigma$ $\beta\alpha\sigma\iota\lambda\acute{\varepsilon}\omega\nu$ $K\alpha\nu\acute{\eta}\varrho\varkappa o\nu$ [1]) heisst nun $\varrho\alpha o$ $\nu\alpha\nu o$ $\varrho\alpha o$ $\varkappa\alpha\nu\eta\varrho\varkappa\iota$ $\varkappa o\varrho\alpha\nu o$. Auch die Aufschrift HΛIOC, welche nur auf einem Stück mit $\varrho\alpha o\nu\alpha\nu o$ u. s. w. erscheint, macht bald bei derselben Figur dem einheimischen, aber griechisch geschriebenen Namen MIOPO u. s. w. Platz. — Dass die neue Königsumschrift am Anfang die Titel enthält, wie Radscha di Radscha, rex regum, ist nicht zu bezweifeln.

---

[1]) Dies ist also doch wohl der Nominativ. Man darf den König daher nicht »Kanerke« nennen.

Der angebliche Vorgänger des **Kanerku** soll nun nach
älterer Annahme **Ooerki sein**, dessen in der Form der griechischen Buchstaben ganz rohen, im Gepräge meist unkünstleri-
schen Münzen mit den merkwürdigen Ausnahmen griechischer
Götter mit indisirten oder »turushkisirten« Namen: **HPAKIΛO**
Herakles und **CAPATTO** Serapis (J. A. S. N. S. IX^{II} p. 213) nie
rein griechische Sprache zeigen. Dies ist stylistisch und nach
den uns von den Münzen selbst deutlich genug gegebenen sprachlichen Gesetzen unmöglich. Mag auch hervorgehoben werden,
dass Ooerki, der sich ganz wie Kanerku in seiner späteren Zeit
titulirt: ϱαο νανο ϱαο Οοηϱχι χοϱανο (alle anderen Lesungen
sind falsch), häufig das Brustbild auf seine Münzen setzt, was
Kadphises oft, Kanerku aber selten thut, — der Charakter seiner
Münzen, die stets die von Kanerki zuerst eingeführte einheimische
Sprache mit griechischen Lettern, dieselben Titulaturen, in den
schlechtesten, hinter denen des Kanerki weit zurückstehenden,
griechischen Lettern tragen — alles beweist numismatisch sicher,
dass Ooerki hinter Kanerki geprägt und geherrscht haben
muss. — Dass um diese Zeit auch der nur Kupfermünzen prägende ϱαο νανο ϱαο οοηϱ (auch οηϱ) χενοϱανο (alle anderen Lesungen sind falsch) regiert haben muss, geht sicher aus dem
Charakter seiner Mürzen hervor.

Der letzte, die schlechtesten Formen der griechischen Buchstaben anwendende, seinem Aussehen nach völlig einem asia-
tischen Radscha gleichende König[1] ist der erst in neuester Zeit
richtig gelesene, aber schon bei Wilson abgebildete, nicht häufige Bazodeo: ϱαο νανο ϱαο βαζοδηο χοϱανο. Dass man dieses
hier nun zum letzten Mal auftretende χοϱανο einerseits als Land-
oder Volksname, andererseits aber als χοιϱάνου der Saka-Münze
entsprechend erklärt, ist oben gesagt. Die so viel ich sehe von

---

[1] Für mich waren in dieser Hinsicht die zu der grossen Dr. Jagor'schen
Sammlung gehörenden Photographien derartiger Dynasten von höchstem Interesse.

mir zuerst aufgefundenen Kupfermünzen dieses »Bazodēo«, des »Vâsudeva« der Inschriften, in Menge im Berliner Münzcabinet vorhanden, zeigen nur höchst selten lesbare griechische Buchstaben und gehen in die roheste Barbarei über: es sind die letzten, rohesten Münzen der Turushkakönige.

Bazadēo ist der letzte König, der uns einen griechisch geschriebenen Namen hinterlassen.

Ihm folgt eine lange Reihe entarteter, barbarischer Goldmünzen, welche, die Typen der Turushkakönige nachahmend: *Hf.* stehender König, *Rf.* OKPO Siwa mit dem Stier, nur missverstandene und ungeschickte Nachbildungsversuche der griechisch geschriebenen Inschrift geben: *ραο ναυο ραο* ist bisweilen noch erkennbar, bisweilen ist es aber nur ein ewiges Wiederholen von *ροο, ορο* u. s. w. Es war völlig verfehlt, in diesen fast auf jedem Exemplar anders lautenden Barbareien Namen zu suchen, wie Baraoro u. s. w.

Einige dieser letzten barbarisch-griechischen Stücke zeigen eine ganz neue Eigenthümlichkeit: einen offenbar sassanidischen Einfluss. Die Arbeit wird sorgfältig und sauber, die Tracht des Königs ist völlig sassanidisch, die Köpfe gleichen genau, nur in kleinen, sorgfältig gearbeiteten Verzierungen am Kopfputz ein wenig abweichend, denen des Sassaniden Sapor I., 238—269 n. Chr. Hier haben wir also einen sicheren chronologischen Anhaltepunkt. Wenn Kadphises (II.) wirklich etwa von 24 v. Chr. an regiert hätte, so wäre schon mit dem vierten Herrscher nach ihm, dem Bazodeo (denn die unmittelbare Aufeinanderfolge: Kadphises, Kanerku, Ooerki (dann Ooer), Bazodeo ist sicher), die leidlich cultivirte Münzprägung zu Ende gewesen und nun hätte sich das Ausprägen der verwilderten Goldmünzen mit missverstandenen Nachahmungen griechischer Legenden und Turushka-Typen bis in die Zeit des Sassaniden Sapor I. hingezogen! Dazu ist aber die Anzahl jener rohen Goldmünzen zu gering, ja das ganze Factum ist unwahrscheinlich: setzen wir Kadphises' Tod um 30 n. Chr., nehmen wir für Kanerku eine sehr lange Regierung an, bis 100 n. Chr.[1]), für Ooerki bis 150, für den Ooer bis 180, für den seltneren Bazodeo bis 200, so bliebe immer noch ein recht langer Zeitraum bis zu Sapor: auch spricht die grosse Gleichförmigkeit aller Münzen der Turushka's gegen eine fast 200jährige Dauer ihrer Herrschaft, der Münzcharakter ändert sich in einer so langen Zeit viel mehr und behält nie eine derartige Gleichförmigkeit in Styl und Gepräge.

Hiermit stimmen nun durchaus die Inschriften, die den Kanerku vom Jahr 8 bis etwa 33, den Ooerki bis 51, den Bazodeo schon gleichzeitig mit Ooerki und bis 98 der »Zeitrechnung« regieren lassen. — Vielleicht dürfen wir also, den Münzen und Inschriften folgend, die ganze Kadphises-Turushkaherrschaft etwas weiter hinauf, näher an den Sassaniden Sapor heranrücken[2]).

Mit den letzten, meist schüsselförmigen, oft aus schlechtem Metall geprägten Goldmünzen, welche sassanidischen Einfluss zeigen, schwindet fast jede Spur des Griechischen aus Indien; die indischen Münzen behalten noch die roh nachgeahmten Typen der Turushkakönige bei, aber die Sprache und Schrift und jede Spur eines künstlerischen Einflusses scheint verschwunden.

Dass die in letzter Zeit so berühmt gewordenen, meist wie die Goldmünzen der Turushka's in Peschawer, im Induslande, also in Kanerku's und seiner Brüder Reich, gefundenen, einen entschieden griechischen Einfluss bekundenden buddhistischen Steinskulpturen[3]) jener letzten Zeit der Ueberbleibsel

---

1) Dies ist eigentlich kaum möglich. Kanerku ist stets bärtig, kann also höchstens wohl 60 Jahre regiert haben.

2) Dass man in den Grabhügeln jener Gegend Münzen des Kadphises (II.) und Kanerku mit Denaren des M. Antonius, Caesar und Augustus zusammen gefunden hat (Ritter, Die Stupa's u. s. w. p. 254 f.), hilft wenig. Römisches Silbergeld ging durch die ganze Welt und erhielt sich lange im Verkehr.

3) Theils im Original, theils in Photographien im Berliner Museum.

hellenischer Cultur in Indien angehören, scheint mir sicher; die Aehnlichkeit der Werke mit den Darstellungen auf den Münzen des Kadphises, besonders aber des Kanerku u. A. ist nicht zu verkennen; gewiss gehören die Skulpturen nicht der guten griechischen Zeit an: sie sind b u d d h i s t i s c h, der indische Charakter überwiegt und verdrängt die klassischen Formen, wie auf Kadphises' und den Turushkamünzen allmählich klassische Mythologie und die klassischen Götternamen schwinden, um dem Buddha und den indischen Göttern Platz zu machen.

Ich gebe hier die Reihe der griechisch schreibenden baktrisch-indischen Könige mit u n g r i e c h i s c h e n Namen nach der im Vorstehenden entwickelten, von der allgemein geltenden, übrigens, von einigen Zusätzen abgesehen, nur wenig verschiedenen Anordnung mit den wenigen, muthmasslich zu bestimmenden Jahreszahlen:

1) Ranjabala (griech. **PAZY** oder ähnlich).
2) Maues. Noch vor 100 v. Chr.

Die Azes-Reihe.

3) Azes. Nachfolger (und Sohn?) des Maues.
4) Azes und Aspavarma, sein Strategos.
5) Azes und Aspapatis, sein Strategos.
6) Azilises, Zeitgenosse des Azes.
7) Vonones und Azes.
8) Vonones und Spalahara.
9) Vonones und Spalagadama, Sohn des Spalahara. — Dieser ist identisch mit Spalyris.
10) Spalirisus. a) als Königs-Bruder. b) als König.
11) Spalirisus und Azes.
12) Spalyris (oder Spalyrios), Königs-Bruder. Sein arianischer Name ist Spalagadama, Sohn des Spalahara.

13) Arsaces, δίκαιος (Num. Chron. XIX, p. 62).

14) Arsaces, θεός, Unicum in Berlin.

15) Yndopheres, auch Gondophares und ähnlich.

16) Sanabarus, des Yndopheres Zeitgenosse (Nachfolger?)
in derselben Gegend. Identisch mit Μάμβαρος,
Ἀκάβαρος des Peripl. mar. Erythr.? Späte Arsacidenzeit.

17) Abdagases, Bruderssohn des Gondophares.

18) Abdagases, mit abweichender Umschrift der Rückseite
Num. Chron. XIX, p. 62: »Sub-Abdagases Sasan«.

19) Zeionises.

20) Unbestimmt mit dem Titel: maharagasa mahatasa
kashatarakuyala (Berlin).

21) Pacores.

22) Orthagnes, mit Gondophares' Namen auf der Rückseite,
arianisch.

23) Heraos, König der Saka.

24) Soter megas.

25) Yrcodes.

Die Kadphises- und die Turushkareihe.

26) Kadphises (I.) mit Hermaeus-Typen.

27) Kadaphes.

28) Kadphises (II.). Augustus' Zeit? Später?

29) Kanerku oder Kanerki. Erstes Jahrhundert n. Chr.?

30) Ooerki.

31) Ooer Kenorano.

32) Bazodeo.

33) Verwilderte.

34) Verwilderte, mit sassanidischem Einfluss. Um die Zeit
des Sassaniden Sapor I., 238—269 n. Chr.

Hier, zum Schluss muss ich, wenn auch den bestehenden Ansichten der Indologen völlig entgegen, eine Münzklasse aus dem Bereich der griechisch-indischen Denkmäler verbannen. Eine äusserst zahlreiche, meist aus Silbermünzen bestehende Reihe indischer Königsmünzen, von völlig national-indischer, unkünstlerischer, meist barbarischer Ausführung und folgenden Typen: Königskopf (mit Schnurrbart), *Rf.* meist Symbol &, darunter Wellen, giebt uns »in schönen und gleichförmigen Devanâgarî-Buchstaben« (Lassen) Namen und Titel einer grossen Reihe von Königen, der Sah-Dynastie der Sinha-Könige, nach Thomas (J. A. S. XII. 1850 p. 1—72) vierzehn, nach Newton sogar dreiundzwanzig:

1) Iswara Datta
2) Rudra Sah I.
3) Asa Dama
4) Dama Sah

u. s. w., der letzte heisst Swami Rudra Sah IV. Die Titel dieser Könige, in langer Inschrift, enthalten u. a. die Satrapenbezeichnung: »Kshatrapasa«.

Die Köpfe dieser Münzen nun haben griechische Umschriften, wie beschaffen, werden wir gleich sehen; eine derselben hat man für den Namen des baktrischen Königs Dionysius gehalten. Nach Thomas' Annahme regierten diese Könige von 157 v. Chr. an, Lassen (II². 929) ist sogar geneigt, sie schon als Satrapen des Euthydemus herrschen zu lassen.

Für den Münzkenner ist aber diese Bestimmung völlig unmöglich. Die Münzen sind so schlecht, roh und spät, in Form der Buchstaben — auch der indischen, so völlig von allen antiken verschieden, die ganze Reihe scheint sich so deutlich als eine Art Fortsetzung der schlechten Silberdrachmen des ΥΡΚШΔΟΥ zu documentiren; ja, die sich unmittelbar an die Sinha's eng anschliessenden Münzen der Gupta-Könige mit ganz

ähnlichen Typen scheinen mir sogar den Feueraltar der Sassaniden nachzubilden (s. Thomas' Tafel 1. c.), dass ich die ganze
Reihe für sehr spät, lange nach Christus geprägt, halten muss,
schon aus rein numismatischen Gründen.

Und nun das »griechisch« der Hauptseite!

Der zweite König, Rudra Sah, soll den Namen seines
Oberkönigs Dionysius auf seine Münze gesetzt haben! Thomas
giebt diese Inschrift so: ΛΙΟΛΥΙΖΙΥΙιΙΛ. Wenn man viele
Abbildungen und Originale dieser Münzen sieht, wird man bald
völlig klar über den Character dieser Sorte von griechischen
Umschriften. Als Beweis gebe ich hier eine sehr deutliche Münze
der Berliner Sammlung von Viswa Sinha [1]) (neunter König) und
eine andre des Rudra Sah, desselben, der angeblich
des Dionysius Namen auf seine Münzen schrieb:

Wir haben also hier etwa .Λ٩ΙΤΙΛ., und bei Rudra Sah:
NIVVI; andre Münzen (der 8. und
10. König) haben nach Thomas ΙΙΥΙΙΟΙΙC und
ΙΙΟΙΙCSΙϽΙΟΙΙ u. s. w.
Wer sich praktisch mit den Münzen abgiebt, erkennt sofort, mit
was wir es hier zu thun haben: es sind wüste plagia barbaro-
rum, unverstandene und unsinnige Nachmalereien griechischer
Buchstaben, ohne jeden Sinn und Verstand, die vielleicht dem
ΥΡΚШΔΟΥ ihr Dasein verdanken. Der Werth solcher Inschriften ist gleich Null, und aus solchen Barbareien und unverständigen Strichen vernünftige griechische Namen lesen zu wollen ist eben so irrig wie das Bestreben die willkürlichen Striche

---

1) Von mir bestimmt; es ist auch für den Nichtindologen leicht nach Thomas'
vortrefflichen Abbildungen diese Münzen zu bestimmen. — Der Rudra Sah ist von
Hofrath Pertsch bestimmt.

unsrer mittelalterlichen Wendenpfennige lesen und deuten zu
wollen. So geläufig dem Numismatiker diese unendlich häufige
Erscheinung corrumpirter, sinn- und werthloser Legenden ist,
so gross ist das Unheil, welches Deutungsversuche dieser Art
Inschriften immer und immer wieder verursachen.

Ich kann also die meiner Ueberzeugung nach sehr späten
Münzen der Sinha-Könige mit sinnlosen, aus griechischen
Vorbildern entstandenen Inschriften und Strichen, aber völlig
correcter indischer Umschrift der Rückseite nicht in den
Bereich meiner Betrachtungen ziehen.

Wenn ich es im Vorstehenden versucht habe, eine nur auf
das monumental Sichere zurückgeführte Uebersicht der baktrischen und indo-griechischen Herrschaft zu geben, nicht für
Indologen und Specialforscher bestimmt, sondern für jeden, der
für eine der wunderbarsten Episoden der Geschichte Interesse
hat, so gut ich es als blosser Münzgelehrter und als Laie in
den indischen Sprachstudien konnte, so muss ich ausdrücklich
um die Nachsicht derer bitten, welchen die indischen Sprach-
und Geschichtsstudien nahe stehen. Ich weiss wohl, wie Vieles
mir entgangen sein mag und wie sehr ein vollständiger philo-
logischer Apparat nöthig ist, wenn man Geschichte schreiben
will. Aber ich fand, dass die fast einzigen Denkmäler jener Ereignisse, die Münzen, über welche ich ein Urtheil zu haben glaube,
bisher keineswegs in allen Punkten richtig benutzt und erkannt
waren, und dies bewog mich, auf etwaige andere Arbeiten über
diesen Gegenstand nicht zu warten und das, was ich bieten
konnte, nicht zurückzuhalten.

DIE NACHFOLGER

ALEXANDERS DES GROSSEN

IN BAKTRIEN UND INDIEN.

II.

MÜNZENVERZEICHNISS

MIT EINLEITENDEN BEMERKUNGEN.

II.

Die Münzen.

Die literarischen Grundlagen der vorliegenden Bearbeitung der baktrischen und indogriechischen Numismatik sind besonders die beiden letzten ausführlichen Verzeichnisse von Cunningham (Alexander's successors etc., Num. Chron. N. S. Vol. VIII, IX, X, XII, XIII) für die griechischen und Prinsep's, von Thomas vermehrtes in Prinsep, Essays on indian antiquities ed. Edw. Thomas Bd. II, London 1858 p. 171 ff., unvollständig abgedruckt im Num. Chron. Bd. XIX, für die ungriechischen Könige. Ausserdem aber mussten stets die früheren Werke berücksichtigt und benutzt werden, zunächst Wilson's Ariana antiqua, Grotefends, Lassen's Werke (beide Ausgaben seiner indischen Alterthumskunde; wichtige Abweichungen) u. s. w. Zahlreiche Aufsätze in den neueren Bänden des Num. Chron. enthalten vieles noch nicht in jenen grossen Verzeichnissen vorhandene, ebenso mehrere Bände des Journal of the Asiatic soc. und die Archaeological surveys of India, von Cunningham herausgegeben; für die Münzen der Turushka's sind besonders wichtig die Bände VII und IX des Journ. of the As. soc., in letzterem, von 1877, ein Aufsatz von Thomas über den Fund von Peschawer. Dass zu meiner Arbeit alle mir zugänglichen Werke, selbst die fleissige und gelehrte Historia regni Graecorum Bactriani von Bayer (Petersburg 1738) benutzt wurden, versteht sich von selbst.

6

Die zweite Grundlage meiner Arbeit sind die in vielen Hunderten mir vorliegenden Originale und Abdrücke: die namentlich durch die Ankäufe Guthrie, Prokesch, Gansauge jetzt höchst bedeutende Berliner Sammlung, welche eine Fülle merkwürdiger und von mir aufgefundener neuer Sachen enthält, ferner der mehrere hundert Stück umfassende Vorrath der Herrn Rollin und Feuardent; auch einzelne Privatsammlungen entbielten manches; ferner eine grosse Anzahl von Abdrücken: aus London, Petersburg, Paris.

Ich gebe die griechischen Könige nach der in meiner historischen Uebersicht mitgetheilten und begründeten Ordnung:

1) die chronologisch sicherstehenden,

2) die übrigen Könige alphabetisch, des bequemen Findens wegen,

3; die ungriechischen nach den sich von selbst ergebenden Gruppen.

Alle Gewichte sind in Grammen wiedergegeben, die Grössen sind die der in aller Händen befindlichen, bequemen und einfachen Scala Mionnets. Die arianischen Inschriften gebe ich wo es irgend möglich war in der Originalform, arianisch, was so viel ich weiss seit Wilson und Grotefend, also seit einer Zeit nach der sich so unendlich vieles geändert, noch nirgends geschehen ist. Nur wo Lesungen zweifelhaft sind und wo mir weder Originale noch Abdrücke noch genaue Abbildungen zu Gebote standen, gebe ich die vorgefundene Transscription [1].

Wieviel neues ich gefunden, wo ich der vorhandenen Literatur gefolgt bin, wo ich selbständig auftrete u. s. w., ist aus meiner Arbeit selbst ersichtlich.

So sehr auch eine solche Arbeit ihr Entstehen den ausser-

---

1) Ich transscribire nach Cunningham's und der meisten andern Gelehrten Vorgang. Also das dsch, ǵ, gebe ich durch j u. s. w. In meiner historischen Uebersicht ist an einigen Stellen eine abweichende Form, die ich nach dem hier gesagten zu ändern bitte.

ordentlichen vorliegenden Leistungen der englischen Gelehrten verdanken muss, das kann ich versichern: eine Compilation ist meine Arbeit nicht.

Die von mir gegebene Schrifttafel ist die Cunningham's, mit ganz geringen Zusätzen, und nicht sprachwissenschaftlich, sondern für den bequemen Gebrauch und schnelles Finden, worauf nach meiner Erfahrung das meiste ankommt, alphabetisch geordnet.

Ich gebe kurz einige einleitende Bemerkungen.

1. Form und Metall der Münzen.

Die Form der baktrischen Münzen ist rund und viereckig. Viereckige Kupfermünzen (bisweilen aus einem Barren an zwei Seiten herausgehauen) beginnen wahrscheinlich schon mit einer baktrischen Prägung Alexanders des Grossen, dann mit Pantaleon und Agathokles, Demetrius, Eukratides u. s. w. und dauern bis in die Zeit des Azes, Spalirisus, Spalyris u. s. w., hinein. Viereckige Silbermünzen sind seltener, bei Apollodot und Philoxenus. Das Metall der baktrischen Münzen ist Gold, ganz rein, Silber, zuerst sehr rein, unter den späteren Königen sich verschlechternd, zu Azes' Zeit oft schon das schlechteste Billon; gut wieder bei den ziemlich seltenen Silbermünzen der Turushka's, bisweilen bei Yrkodes. Pantaleon und Agathokles prägen kupferne runde stark mit Nickel gemischte Ganz- und Halbstücke.

Die grösste Anzahl der baktrischen Münzen ist von Kupfer.

2. Sprache und Schrift.

Die Sprache ist zuerst griechisch, dann griechisch und indisch, ganz ausnahmsweise rein indisch, bei den griechischen Königen. Agathokles prägt rein indische Kupfermünzen mit arianischen Buchstaben, Pantaleon und derselbe Agathokles haben auf andern Münzen griechische und indische Pali-Aufschrift. Die übrigen

Könige seit Eukratides haben fast sämmtlich auf der Vorderseite
Griechisch, auf der Rückseite Indisch (Tochtersprache des Sanskrit, nach Lassen) mit einer von rechts nach links gehenden,
gewöhnlich »arianisch« genannten Schrift, die mit der Zendschrift
gleichen Ursprung hat, sich durch schöne wohlgeformte Buchstaben auszeichnet und im wesentlichen immer gut und klar
bleibt, sehr selten verderbt, selbst in den Zeiten wo die griechische Umschrift oft schon Barbareien und Fehler zeigt. Die
einheimische Schrift wird nicht mehr angewendet seit Kanerku,
dafür tritt reines Griechisch auf, um bald wieder der einheimischen Sprache, aber mit griechischen Lettern geschrieben, Platz
zu machen. Das Ende dieser Prägungen sind verwilderte mit
unverständigen griechischen barbarisirten Lettern geschriebene
Stücke.

3. Der Münzfuss.

Von dem baktrischen Münzsystem ist schon oben in der
historischen Uebersicht die Rede gewesen. Ich habe gezeigt, wie
für die Geschichte jener Reiche die bisher, wie es scheint, nirgends geahnte richtige Benennung der Münzen von allergrösster
Wichtigkeit ist: ich meine den Uebergang des attischen Fusses
(Tetradrachme von 17,2, Drachme und Obol) mit rein griechischer
Schrift zum reduzirten Fuss (Tetradrachme von fast 10 Grammen
und Drachme von fast 2,5), mit griechischen und arianischen
Umschriften.

Der Indier Sophytes mag nach irgend einem einheimischen Gewicht geprägt haben (3,76, also ungefähr eine attische
Drachme) [1].

Zunächst prägten also die Griechen in Baktrien attisch, Gold
und Silber; ein Phänomen der Münzprägung ist das berühmte

---

1) S. über die indischen Gewichte und Münzfüsse die gelehrte Abhandlung
Cunningham's im 13. Bd. des Num. Chron. N. S.

Zwanzig-Stateren-Stück in Gold von Eukratides, in Paris. Unter Eukratides trat der neue, reduzirte Münzfuss ein.

Hier Proben der attischen und der reduzirten Gewichte, sowie der Gewichte der späteren Reihen.

Sophytes   3,76

Attischer Fuss.

	N	Æ Tetradr.	Drachme	Obol
Antiochus II.		16,85	4,02	
Diodot	8,37 (Stater)	16,6	4,27	
		16,65 (schlecht)	4,2	
Euthydemus	8,36 (Stater)	16,59	4,01	
		16,47	4,05	
		16,45		
Demetrius		16,91	3,3 (schlecht)	0,69
		16,69		
Euthydem II.		16,94	4,01	
		16,75		
Pantaleon		16,07 (schlecht)		
Agathokles		16,91	4,24	
		16,8		
		16,79		
		16,78		
Antimachus Deus		16,93	halbe Drachme	0,3 (Er-
		16,91	2,05	haltung?)
Eukratides	168,05 (20 Stater)	17,1 u. s. w.	4,15	0,67
			4,12	0,65
			4,92 (barbarisch)	
Plato		16,72 (nicht gut)		
Heliokles		16,93	4,02	
		16,78	3,95	
Antialcides		16,65 (2 Löcher)		

Reduzirter Fuss.

	Tetradrachme	Drachme
Eukratides		2,23 (schlecht erhalten)
Heliokles	9,46	2,3 (nicht gut)
Amyntas	8,29 (schlecht)	2,27
Antialcides		2,46
		2,45
		2,43
Antimachus nicephorus		2,46
		2,45
Apollodotus	9,87	2,39
		2,36
Apollophanes		2,39
Archebius	9,59	2,29
	9,55	
	9,42	
Artemidorus	8,29	2,39
		2.33
Diomedes		2,15 (schlecht)
Dionysius		2,33
Hermaeus	9,91	2,42
	9,39	
	9,23 (nicht gut)	
Hermaeus und Kalliope		2,33
Hippostratus	9,59	
	9,52	
	9,33	
Lysias		2,47
		2,39
Menander	9,46	2,49
	9,39	2,48
Nicias		2,33
Philoxenus	9,78	2,39
Strato	8,68	2,2 (nicht gut)
	8,64 (nicht gut)	
Strato II.		2,39 (schlechtes Silber)
Telephus		2,11 (nicht gut)

	Tetradrachme	Drachme
Theophilus		2,33
Zoilus		2,42
		2,39
Maues	9,81	
	9,26	
	8,85 (beschädigt)	
Azes	9,71	2,47
	9,65	2,45
	9,63	2,43
	9,42	2,41
	9,41	2,4
	9,27	
Azilises	9,5	1,92 (nicht vollkommen)
	9,39	
	9,14	
Vonones		2,35
Vonones u. Spalagadama		2,46
Spalirisus		2,23 (nicht vollkommen)

Attische Drachmen nach dem Vorbild der Arsaciden.

Yndopheres	3,73
Sanabarus	3,8
	3,43
	3,17 (nicht vollkommen).

Attische Tetradrachme vom Gewicht der spätesten Arsaciden.

Heraos	11,95

Attisches Gewicht der Kadphises-Turushkarejhe.

	Doppelstater	Stater	Viertelstater	Halbe Drachme.
Kadphises	15,87	7,91	1,98	
Kanerku		7,97	2,0	
		7,95		
Ooerki		8,06	2,1	2,08
		7,99	2,0	2,03
		7,97		
Bazodeo		8,12		
		8,02		

Jeder wird sehen, dass es gradezu unmöglich ist die reduzirten Tetradrachmen und Drachmen für attische Didrachmen und
halbe Drachmen zu halten. Das Normalgewicht der attischen
Tetradrachme ist 17,46, der Didrachme also 8,73; die angeblichen
baktrischen Didrachmen wiegen aber immer mehr als 9 (ausser
wenn sie beschädigt sind), bisweilen 9,91, meist etwa 9,5; ebenso ists mit den sogenannten Halbdrachmen. Wie viel Unheil
man mit sogenannten »Durchschnittsgewichten« angerichtet hat,
wobei alle abgeriebenen Münzen mit eingerechnet werden, ist
den Münzgelehrten bekannt. Friedlaender hat über diese Ge-
wichtsfrage das allein richtige gesagt[1]: »Eine der ersten Regeln
bei Wägungen ist, dass man nicht Durchschnittsgewichte annehm-
men soll, bei denen die schlechten Exemplare miteingerechnet
werden, sondern dass man die schwersten Gewichte allein be-
achten und eher noch ein wenig zugeben muss, da Abnutzung
und Oxydation fast immer einige Verringerung des Gewichts be-
wirken.« Ueberwichtige Stücke sind ganz seltene Anomalien
(vor dem dicken, das Gewicht natürlich vergrössernden Oxyd-
Ueberzug hat Friedlaender ebenfalls mit Recht gewarnt), die
grosse Sammlung Prokesch enthielt auch nicht ein einziges ganz
vollwichtiges Tetradrachmon von Athen. Und nun gar die Zeit
der Diadochen und der aus ihren Satrapien hervorgegangenen
Reiche! Die attischen Tetradrachmen u. s. w. der Diadochenreiche
bleiben fast immer unter dem regulären Gewicht, also nach den
gegebenen Proben werden wir getrost allermindestens die höchsten Gewichte der reduzirten Tetradrachmen: 9,91 und der
Drachmen: 2,49 als Normalgewicht annehmen können, wenn
auch meist etwa 9,5—9,6 das Gewicht ersterer ist. Schon die
Drachmengewichte 2,47—2,49 leiten uns auf ein Tetradrachmon
von 10 Grammen hin[2].

---

1) Berliner Blätter für Münz- u. s. w. Kunde II, 167.

2) Danach ist das vorn in der historischen Uebersicht gesagte zu verstärken.
Nicht 9,5 sondern wohl sicher 10 Grammen ist das Normalgewicht.

Da die Einführung dieses Münzfusses statt des attischen gleichzeitig mit Einführung der arianischen Schrift auf der Rückseite verbunden ist, also mit einer Concession an die indische Bevölkerung, so ist auch das neue Gewicht sicherlich eine solche nationale Concession: es mag ein vorgefundenes einheimisches sein.

Unter Azes wird die Tetradrachme bereits häufig zum schlechtesten Billon, wie die Denare der spätesten römischen Kaiserzeit; so bleibt es bei Yndopheres, Abdagases; schliesslich ist es nicht mehr zu unterscheiden, ob wir Silber- oder Kupfermünzen vor uns haben. — Arsacidisch, also attisch, sind die griechischen Drachmen des Yndopheres und Sanabarus, auch die Tetradrachme des Heraos. — Das Vorhandensein von Ganzstück und Halbstück aus nickelhaltigem Kupfer bei Pantaleon und Agathokles ist eine Entdeckung der englischen Gelehrten; sonst ist das Gewicht der Kupfermünzen zu schwankend, um die ihnen von Cunningham gegebenen Benennungen zu rechtfertigen; ich glaube die Grössen und Gewichte dieser Kupfermünzen sind nur ganz ungefähr innegehalten; es war, wie z. B. auch bei den Bosporanern, nicht Werthstück, sondern Vertrauensgeld, wie das Papiergeld.

Die Turushkakönige und der Eröffner dieser Reihe, Kadphises, haben wieder rein attisches Gewicht, Doppelstater, Stater, Viertelstater und halbe Drachme. Ich sehe keinen Grund, an den römischen Aureus bei den Stateren zu denken; der attische Stater u. s. w. war ja seit den Diadochen überall üblich, auch in spätester Zeit, bei den Bosporanern, wird immer so geprägt, freilich immer schlechter. Bei den Turushka's bleibt das Metall gut, erst die verwilderten Münzen haben auch schlechtes Metall.

Die Silbermünzen des den Arsaciden etwas ähnlichen Yrkodes sind zu schwankend im Gewicht, oft auch von schlechtem Silber, so dass sich nichts bestimmtes über den Münzfuss sagen lässt.

4. Die Darstellungen der Münzen.

Die Münzen tragen wie alle griechischen Königsmünzen meist den Kopf der Könige **stets** mit Diadem (die Ausnahme bei Heliokles ist erwähnt) und mannigfachen andern Kopfbedeckungen: Elephantenfell, macedonischer Hut κανσία, Helm u. s. w., auf der Rückseite meist die gewohnten hellenischen Götter Zeus, Pallas (meist in der Form in welcher sie auf Münzen des Antigonus von Macedonien erscheint), Herakles, die Dioskuren u. s. w. sowie deren Attribute, aber auch mannigfache andere Darstellungen, Thiere u. s. w. Besonders reich ist Menanders Reihe. Sehr wichtig, weil auf die chronologische Bestimmung bisweilen einwirkend, sind eine Reihe völlig sicher nachzuweisender **redender Wappen**: der Zeus bei Diodot (und Antiochus II.), der indische Löwe bei Pantaleon, der Apollo bei Apollodot, die Artemis bei Artemidor, das Pferd bei Hippostratus, die Artemis Selene bei Maues (Mao die indische Mondgottheit auf späteren Münzen). Bei den späteren ungriechischen Königen erscheinen die Fürsten meist zu Pferde, später stehend, auch beginnen einheimische Gottheiten langsam an die Stelle der hellenischen zu treten, Spuren davon zeigen sich schon bei den Griechen Amyntas und Hermaeus. Doch erst in der mit Kadphises beginnenden letzten Reihe der baktrisch-indischen Könige tritt die **indische** Mythologie in mannigfaltigen Formen auf, nur zum kleinern Theile bis jetzt mit Sicherheit erklärt, aber die gewohnten vielarmigen u. a. indische Gestalten zeigend. Von höchstem Interesse ist die durch die neue Publikation des grossen Goldfundes von Peschawer bekannte Reihe des Königs Ooerki mit hellenischen Göttern in indisirter Namensform, dem Herakles: **HPA KIΛO**, Serapis **CAPAΠO**, oder einheimischen Namen neben hellenischen Göttern: **OANINΔA** = Nike u. s. w. Selbst ein indisches vielarmiges und vielköpfiges Monstrum **OKPA** erscheint als ein deutliches Pantheon **hellenischer** Götter: Zeus (Blitz),

Poseidon (Dreizack), Herakles (Keule). — Unter Kanerku erscheint zuerst B u d d h a (nicht Adi-Buddha), **BOYΔO**, in seiner häufigen, völlig unverkennbaren stereotypen Figur. Die unzweifelhafte Lesung dieser Münzen: **BOYΔO** gegenüber den stets irrigen früheren und den neuerdings sogar ausgesprochenen Zweifeln erwiesen zu haben, ist ein Hauptresultat meiner Arbeit.

5. Der künstlerische Charakter.

Die ersten baktrischen Münzen sind meist ziemlich gut, von kräftigem Styl, den syrischen nicht unähnlich, bisweilen aber noch etwas roh. Schon unter Euthydemus finden wir aber vortreffliche Köpfe, z. B. den ganz ausserordentlich schönen Greisenkopf (das schönste Exemplar in London). Die Münzen des Agathokles, Antimachus, Demetrius, Euthydemus II., auch z. Th. noch Eukratides zeigen uns zuweilen Bildnisse von einer ganz eigenartigen, sich von allen andern griechischen Münzen unterscheidenden, äusserst lebenswahren, derb realistischen Auffassung, die zu den allerbesten Portraitarbeiten gehören, welche wir aus dem Alterthum besitzen, und Zeugniss von der hohen Cultur jener Reiche ablegen. Die späteren griechischen Münzen sind bisweilen noch recht zierlich, z. B. die kleinen Köpfe des Antialcides, doch werden die Darstellungen bald conventionell, handwerksmässig, sogar roh und nachlässig. Die ungriechischen Prägungen sind meist roh; z. Th. gut sind die viereckigen Kupfermünzen des Maues und Azes, ihre andern Münzen aber schon sehr barbarisch; dasselbe gilt von der ganzen mit Azes zusammenhängenden Reihe, auch Yndopheres und sein Anhang zeigt ganz rohen Styl, der nur auf den nach arsacidischem Muster geprägten Stücken etwas besser wird. Die Münzen des Kadphises (II.) und der Turushkakönige zeigen bisweilen die Zierlichkeit, welche oft die Arbeiten barbarischer oder nichtklassischer Völker haben: kleines, sauber ausgeführtes Nebenwerk, Schnörkeleien, dabei aber roheste Vernachlässigung der Anatomie u. s. w.

Die letzten Ausläufer der Prägung, die Goldmünzen mit sassanidischem Einfluss zeigen dieselbe barbarische Zierlichkeit wie die frühen Sassanidenmünzen: feinen, sauber gearbeiteten Kopfputz (Thierköpfe) und rohe menschliche Figuren.

6. Falsche baktrische Münzen.

Der praktischen Numismatik Unkundige pflegen häufig von der Menge gefährlicher Fälschungen baktrischer Münzen zu reden; dies ist aber auf ein Minimum zurückzuführen. Eine wirklich sehr gefährliche Fälschung ist ein Goldstater des Diodot, mit altem Gesicht, von guter Arbeit, aber ganz rohem Zeus mit Adler auf der Rückseite, als Beizeichen über dem Adler Kranz, auf der andern Seite aufwärts gekehrte Lanzenspitze. Diese Münze hat in alle grossen Sammlungen Eingang gefunden, ist im Num. Chron. abgebildet worden, und erst neuerdings, als immer und immer wieder neue Exemplare zum Vorschein kamen, hat man die Fälschung erkannt.

Becker hat mit gewohnter Meisterschaft und offenbar mit mechanischen Manipulationen nach den Pariser Schwefelabgüssen Stempel zu drei Münzen gemacht: Goldstater des Euthydemus, Tetradrachme des Eukratides mit Helm und den Dioskuren, Tetradrachme des Heliokles (rein griechisch) mit Zeus. Von letzterem giebt es Exemplare, in welche der schlaue Betrüger den kleinen Adler (Zeichen der alten zerstreuten Este'schen Sammlung; mit einem Goldblättchen), einschlug. Von Eukratides' Drachme mit Helm und Dioskuren existirt ein guter, offenbar in Indien gemachter Stempel mit fehlerhafter Umschrift: μεγαλυ ευκιλτιαν); von der baktrischen Tetradrachme des Antiochus II. enthielt die Guthrie'sche Sammlung ein mit sehr barbarischen, bestimmt in Indien gemachten Stempeln geprägtes Stück (*Rf.* N über dem Adler), das recht geschickt braun gefärbt ist, aber selbst Anfänger nicht täuschen kann; noch roher sind einige andre indische Machwerke, die nur in Formen ein-

gekratzt und danach gegossen zu sein scheinen, deren Beschreibung gar nicht der Mühe lohnt. Von Azes' Tetradrachme giebt
es leidliche moderne Stempel. Von Kadphises giebt es moderne
Stempel von zwei Goldstücken (der König im Wagen, *Rf.* stehende Figur mit Dreizack und: Brustbild des Königs; *Rf.* Figur
mit Dreizack), ebenfalls sehr schlecht und roh, viel zu gross und
gänzlich ausser dem Charakter der ächten Münzen.

Unendlich häufig sind Abgüsse ächter Münzen, grössten-
theils (wie Guthrie's Sammlung beweist) in Indien gemacht, oft
recht gut.

Dies ist alles was ich von den gefürchteten Massen von
Fälschungen in Erfahrung gebracht und gesehen habe; viel mehr
wird es auch schwerlich sein.

7. Literatur.

Eine vollständige Uebersicht der Literatur soll hier nicht
gegeben werden. Ich führe nur das wichtigste an.

Bayer, Historia regni Graecorum Bactriani, Petersburg 1738.

Eckhel, Doctrina num. vet., der betreffende Abschnitt des
III. Bandes.

Köhler, Méd. grecques des rois de la Bactriane etc., 2 Aufsätze
1822 u. 1823, neu abgedruckt in Köhlers ges. Schriften,
Serapis Bd II.

Raoul-Rochette, Notice sur quelques méd. grecques inéd.
apparten. à des rois de la Bactriane etc. 1834. Dazu
3 Supplemente 1835, 1836 und 1838—44.

Bartholomaei, Notice sur les méd. de la Bactriane in Köhne's
Zeitschr. für Münz- u. s. w. Kunde 1843 und 1846.

Mionnet, Description etc., die betr. Abschnitte im V. Bd. und
VIII. Suppl. Bd.

Grotefend, Die Münzen der griech., parth. und indoskyth.
Könige von Baktrien u. s. w. 1839.

Wilson, Ariana antiqua etc. 1841 mit vielen ausgezeichneten Abbildungen.

Prinsep, Essays on indian antiquities ed. Thomas. London 1858. 2 Bände, die sämmtlichen Aufsätze Prinsep's enthaltend.

Lassen, Indische Alterthumskunde Bd. II (erste Ausgabe: 1849, zweite 1874).

Lassen, Zur Geschichte der griech. u. s. w. Könige in Baktrien u. s. w. 1838.

Müller, C. O., Aufsätze in den Göttinger gel. Anzeigen 1835, 1838 und 1839.

Droysen, Geschichte des Hellenismus, III Epigonen. Bd. I. 1877.

Werlhof, Griechische Numismatik, 1850 S. 243—249 (von Grotefend).

Cunningham, Archaeological surveys of India, besonders Band V, 1875.

Cunningham, Coins of Alexander's successors etc., s. Numismat. Chronicle.

Journal of the Asiatic society (Bengal und Gr. Brit.), darin die Aufsätze Prinsep's, die 1858 von Thomas besonders herausgegeben wurden. Von den andern Bänden besonders wichtig: Bengal Vol. XIV. N. S. Gr. Brit. Vol. VII, IX.

Numismatic Chronicle, besonders wichtig: Bd. XIX, N. S. Bd. II, VIII, IX, X, XII, XIII, XIV, XV.

8. **Die Seltenheitsgrade R—RRRR** haben nur ganz schwankenden Werth; fortwährende neue Funde, oft von vielen hundert Münzen, vermindern die Seltenheiten der Baktrier von Jahr zu Jahr.

I. Grieohische Könige.

Alexander der Grosse.
Prägung für Baktrien oder Indien, um 327—323 v. Chr.

Gewicht

Æ. 4. □ Unbärtiger Herakleskopf .. EΞANΔ... Keule, Bogen,
rechts. Köcher. Oben Caduceus.

Berliner Museum, aus Dannenbergs Sammlung. Aus einem
Barren an zwei Seiten herausgehauen, wie Agathokles'
Münzen. Taf. I, 1.

Sophytes
indischer Fürst im Indusland, Vasall Alexanders d. Gr.
(und Seleucus' I.) Prägung nach 306 v. Chr.

Æ. 3. Unbärtiger behelmter Kopf ΣΩΦΥΤΟΥ Hahn r. Links 3,76
des Fürsten r. mit Kranz. Caduceus.
Nachgebildet Silbermünzen
des Seleucus mit Königstitel,
also nach 306 v. Chr.

Cunningham Num. Chr. N. S. VI, 220. **RRRR.** Taf. I, 2,
nach einem Abguss des Cunningham'schen Exemplars. —
Diese völlig zweifellosen Münzen sind ein Beweis, dass
der Name Sopeithes oder Sophytes wirklich Name, nicht
Titel ist, wie behauptet wurde. (Lassen 2². 170).

Antiochus II. von Syrien.
Baktrische Prägung um 256 oder 250 v. Chr.

Æ. 6½. Kopf mit Diadem r. ΒΑΣΙΛΕΩΣ ΑΝΤΙΟΧΟΥ 16,85
Blitzschleudernder nackter 16,65
Zeus l. mit Aegis. L. unten u.s.w.
Adler. Monogr., wechselnd.

Attisches Tetradrachmon. Berlin, London u. s. w. **RRRR.**
Taf. I, 3. Es existirt ein ganz roher moderner (in Indien
gemachter) Stempel. — In dem soeben erschienenen Catalog der Seleuciden des britischen Museums wird der Kopf
für Diodot gehalten. Ich kenne keine Analogie und glaube,

es ist Antiochus II. gemeint. Dass der Kopf dem Diodot ^{Gewicht} ähnlich ist, kommt daher, dass man in Baktrien wohl Antiochus' Gesichtszüge nicht gekannt hat und sie (ob absichtlich?) dem Satrapen Diodot ähnlich darstellte. Der Zeustypus ist offenbar Diodot's redendes Wappen.

R. 3. Ebenso. London. Drachme 4,02

Diodotus
König von Baktrien, seit etwa 256 oder 250 v. Chr.

N. 4. Kopf mit Diadem r. **ΒΑΣΙΛΕΩΣ ΔΙΟΔΟΤΟΥ** 8,37
Zeus wie vorher, auch der Adler. L. Kranz.

Attischer Stater. Das abgebildete prächtige Exemplar im Besitz der Hrn. Rollin u. Feuardent. Taf. I, 4.
Der fast in allen Sammlungen befindliche Goldstater mit gut gearbeitetem ältlichem Gesicht und ganz roher Rückseite (Beizeichen: Lanzenspitze und Kranz) ist aus modernen Stempeln geprägt. — Der Zeus ist das redende Wappen Diodot's.

R. 7. Gepräge wie vorher, statt des Kranzes der *Rf.* Monogramm. 16,65 schlecht
Attisches Tetradrachmon. London, Berlin u. s. w. Taf. I, 5. 16,6 gut
16,52
Rollin u. Feuardent; 16,6 Grm.

R. 3. Gepräge wie vorher. *Rf.* Zuweilen Kranz und mehrere 4,27
Monogramme. 4,2
Attische Drachme. London u. s. w.
N. *R*. **RRR**.

Euthydemus
Nachfolger der Diodotiden oder des Diodot, Zeitgenosse Antiochus' III.

N. 4. Kopf mit Diadem r. **ΒΑΣΙΛΕΩΣ ΕΥΘΥΔΗΜΟΥ** 8,36
Herakles auf d. Felsen sitzend l., die Keule auf einen dünnen, vor ihm stehenden Felsen stützend. Oben Monogramm.

Attischer Stater. Paris, London (Sammlung Dupré).

		Gewicht
Æ. 6 — 7.	Ebenso.	Ebenso. Monogramm r. bis-	16,59

weilen unten **N**. Rückseite 16,17
von nicht guter Arbeit.

Attisches Tetradrachmon. London, Berlin.

Æ. 4.   Ebenso. Monogramm links.   4,01

Attische Drachme.   Berlin u. s. w.   nicht gut

Æ. 7 — 8. Ebenso, bisweilen der   Ebenso, der Herakles stützt 16,17
Kopf alt, gefurchtes Gesicht,   die Keule auf's Knie, gute 16,15
von schöner Arbeit.   Arbeit. Monogramm rechts,
                               meist Ⱃ

Attisches Tetradrachmon, nicht sehr selten. Taf. I, 6 u. 7.

Schöne Exemplare mit altem Gesicht in London und bei
Hrn. Hoffmann in Paris.

Æ. 4.   Drachme, ebenso.   4,08

Cunningham. Der Abguss eines ähnlichen Stückes mit dem
alten Gesicht in Berlin.

Von den beschriebenen Tetradrachmen giebt es unzählige
Nachahmungen, zuerst leidlich und von ziemlich gutem
Metall, dann aber völlig verwildert, von schlechtem Silber,
der Kopf lockig, wie die vielleicht den Saka-Skythen angehörenden sog. indo-parthischen M. mit Reiter (s. unten
bei Heraos); um den Herakles dann eine Umschrift, welche
orientalischen Charakteren gleicht. In Berlin 25 Stück.

Æ. 6.   Kopf, undeutlich.   **ΒΑΣΙΛΕΩΣ ΕΥΘΥΔΗΜΟΥ**
                                  Stehender Apollo nackt, mit
                                  Strahlenkrone, auf den Bogen
                                  gestützt, in d. R. Pfeil. Aehn-
                                  lich den Seleucidenmünzen.

Wilson Ariana antiqua Taf. II, 1. Wilson führt auch ein
Fragment mit stehender Figur an.

Æ. 6
nickel-
haltig.

Apollokopf r.

Dieselbe Umschrift. Dreifuss in der allen baktrischen Darstellungen dieses Geräthes charakteristischen Gestalt mit langen Fortsätzen der Füsse nach oben. L. Monogr.

Gewichte der Kupfermünzen gebe ich nicht, da hier die Wägungen zu keiner sichern Benennung der Münzen zu führen scheinen.

London u. s. w. Köhler (Serapis) führt ein antik versilbertes Exemplar an. Antike Versilberungen von Kupfermünzen habe ich häufig gefunden bei röm. Medaillons. bei kleinasiatischen Kaisermünzen. Auch bei einer baktrischen *Æ.* ☐ des Eukratides.

Æ. 7.

Ebenso, reines Kupfer.

London u. s. w.

Æ. 4—6. Bärtiger (Herakles-) Kopf r.

Dies. Umschrift. Sprengendes Pferd r.. einmal Monogr.

N. RRRR. *R.* R. *Æ.* RRR.

Demetrius
Sohn des Euthydemus, König von Indien.

R.

Brustbild mit Diadem r.

ΒΑΣΙΛΕΩΣ ΔΗΜΗΤΡΙΟΥ Stehende Pallas mit Lanze, auf den Schild gestützt, von vorn. L. Monogr., r. oben Buchstabe.

15,73

Erhaltung?

Attisches Tetradrachmon. Cunningham's Sammlung.

R. 8. Brustbild r. mit Elephantenfell u. Diadem r.; bald ziemlich jugendlich, bald älter.

Dies. Umschrift. Stehender jugendlicher Herakles v. vorn mit Keule und Löwenfell in der L.; sich mit Weinlaub kränzend. L. Monogr. aus P, K.

16,91
16,89

Attisches Tetradrachmon. Berlin, London u. s. w.

Gewicht

Æ. 4. Ebenso, runder Gegenstempel: Φ**AP** Stehender Herakles.   3,3

Attische Drachme, Cunningham.   scheint nicht gut

Æ. 2. Ebenso, altes Gesicht ohne Gegenstempel. Auf der Rück-   0,69
seite wechseln zwei Monogramme.

Attischer Obol. Berlin, London, v. Rauch's Sammlung u. s. w.

Æ. 8½. Runder Schild mit Gor-   Umschrift wie vorher. Drei-
goneion.   zack, l. Monogr.

Cunningham u. s. w.

Æ. 7. Elephantenkopf r. mit   Umschrift wie vorher. Cadu-
Glocke.   ceus. L. Monogr. ⚕, das
sich so u. ähnlich bei Euthydemus, Pantaleon und Aga-
thokles öfter findet.

London, Cunningham.

Æ. 6. Bärtiges Heraklesbrustbild   Dies. Umschrift. Stehende
r. mit Löwenfell um d. Hals,   Figur, im Jagdkleid, wie Ar-
Keule über der l. Schulter.   temis, v. vorn, mit Stiefeln,
Strahlenkrone; mit der R.
einen Pfeil aus dem Köcher
ziehend, in der L. Bogen.
R. Monogr.

Berlin, Cunningham u. s. w. Cunningham nennt die Figur
Apollo (Strahlenkranz), aber die Kleidung und Bewegung
ist völlig die der Artemis. Ist die Münze (das Pendant
zu der des Demetrius mit stehendem Apollo bei Wilson,
Ariana Taf. II, 1) etwa von Euthydem II.?

Æ. 3. Kopf des Königs mit Dia-   Dieselbe Umschrift. Sitzende
dem, Elephantenfell r.   Pallas mit Lanze u. Schild l.

Cunningham.

Æ. 4. □ **ΒΑΣΙΛΕΩΣ ΑΝΙΚΗ**   .. υτ 𐎹𐎹𐎹 𐎹𐎹𐎹
ΤΟΥ ΔΗΜΗΤΡΙΟΥ Brust-   mâharajasa aparajitasa deme..
bild mit Elephantenfell und   Also wären die letzten Buch-
Diadem r.   staben regulär so: 𐎹 𐎹
Geflügelter Blitz. R. Monogr.

Gewicht

Cunningham. Taf. I, 9. Der Blitz hat genau dieselbe Gestalt wie der in den Händen des Zeus auf. Heliokles' Tetradrachmen.

Æ. RR. Æ. RRR. Æ. arianisch: Unicum.

Euthydemus II.

Sohn (Mitregent?) des Demetrius, nur aus den Münzen bekannt.

Æ. 8½. Jugendliches Brust- **ΒΑΣΙΛΕΩΣ ΕΥΘΥΔΗΜΟΥ** 16,94
bild mit Diadem r. Stehender jugendlicher He- 16,75
rakles von vorn wie auf De-
metrius' Münzen, doch hat er
einen Weinlaubkranz bereits
auf, den andern in der r. Hand
(ein Kranz für den Vater, der
zweite für den Sohn?). L.
Monogr., meist aus **P** und **K**

Attisches Tetradrachmon. Berlin, London u. s. w. Taf. I, 10.

Æ. 5. Attische Drachme, ebenso. 4,01
Cunningham's Sammlung.

Æ. RRR.

Gleichzeitig mit Euthydem II. (Demetrius): Pantaleon,
Agathokles und Antimachus Deus.

Pantaleon.

Æ. 8. Brustbild mit Diadem r. **ΒΑΣΙΛΕΩΣ ΠΑΝΤΑΛΕΟΝ** 16,07,
ΤΟΣ Thronender Zeus l. mit nach d.
Putzen
Scepter. Auf d. R. die drei- 15,03.
gestaltige Hekate mit Fak- Mangel
haft er-
keln. L. Monogr. aus **I**, halten.
Λ, **O** (?), wie vorher bei Demetrius Æ., häufig bei Euthydem, Agathokles.

Attisches Tetradrachmon. Cunningham's Sammlung, einzig.

			Gewicht
Æ. 6 nickelhaltig.	Jugendlicher Bacchuskopf mit Epheukranz r.	Dieselbe Umschrift. Panther r., den l. Fuss nach einem Weinstock mit Trauben erhebend. L. Monogr.	
Æ. 5—6. □	𑀭𑀚𑀺𑀦𑁂 𑀧𑀁𑀢𑀮𑁂𑀯𑀲 »rajine pantalevasa« in Pali-Schrift [1]). Tanzende Figur mit Pluderhosen von vorn, in der erhobenen R. eine Blume (Bacchantin?).	Dies. griechische Umschrift. Indischer Löwe stehend r.	

Das Thier der Rückseite dieser Münze wird gewöhnlich Panther genannt. Es ist aber verschieden von dem schleichenden Panther der runden Münzen mit bacchischen Typen; es ist der ganz naturgetreu dargestellte indische (mähnenlose) Löwe [2]), genau wie auf Menanders und Azes' Münzen. Ich glaube es ist (wie das Pferd bei Hippostratus, der Apollo bei Apollodot und die Artemis bei Artemidorus) das redende Wappen des Pantaleon, λέων, der Löwe. Also hiernach wäre Pantaleon vor Agathokles anzusetzen, vielleicht sein älterer Mitregent (Bruder?).

AR. Unicum. Æ. R.

Agathokles

Zeitgenosse (Mitregent, Nachfolger) des Pantaleon.

1) Erinnerungsmünzen des Agathokles an seine Vorgänger auf dem baktrischen Thron.

AR. 8.	ΑΝΤΙΟΧΟΥ ΝΙΚΑΤΟΡΟΣ Kopf d. Antiochus (II., als des ersten Königs von Baktrien?) mit Diadem r.	ΒΑΣΙΛΕΥΟΝΤΟΣ ΑΓΑΘΟΚΛΕΟΥΣ ΔΙΚΑΙΟΥ Blitzender Zeus mit Aegis l. unten Adler, l. Kranz, r. Monogr.	16,52

Attisches Tetradrachmon wie die folgenden. Cunningham, Unicum. Taf. II.

---

1) Die Pali-Aufschrift geht von links nach rechts, nicht rückläufig wie die arianische.

2) Leo goograteusis. Brehm, Thierleben I, 356.

R. 8. **ΔΙΟΔΟΤΟΥ ΣΩΤΗΡΟΣ** Umschrift und Gepräge wie 16,91
Kopf d. Diodot mit Diadem r.   vorher, auch das Monogr.

Berlin, London, Bartholomaei u. s. w. sehr selten. Taf. II.

R. 8. **ΕΥΘΥΔΗΜΟΥ ΘΕΟΥ** Umschrift wie vorher. Hera- 16,8
Kopf des Euthydemus mit   kles auf dem Felsen sitzend
Diadem r.   l., wie auf Euthydemus' Mün-
zen. R. Monogr. aus Ι, Λ, Ο.

London, Unicum aus Wigan's Sammlung. Taf. II.

2) Agathokles allein.

R. S. Brustbild mit Diadem r.   **ΒΑΣΙΛΕΩΣ ΑΓΑΘΟΚΛΕ** 16,79
ΟΥΣ Stehender Zeus von 16,78
vorn mit Scepter und der
dreigestaltigen Hecate mit
Fackeln auf der R. L. das
bei Agathokles u. a. häufige
Monogr. aus Ι, Λ, Ο.

Attisches Tetradrachmon. Berlin (aus Wigan's Sammlung)
u. s. w. Taf. II, 1.

R. 5.   Attische Drachme desselben Gepräges.   4,21

Abgeb. Wilson Ariana Taf. VI, 4. Cunningham's Sammlung.

R. 4.   Halbe Drachme (?) desselben Gegräges.   schlecht
erhalten
Cunningham's Sammlung.

Æ. 6 Brustbild des jugendlichen   Dieselbe Umschrift. Panther,
mit Nickel Bacchus mit Epheukranz r.,   Glocke um den Hals (?) r.,
vermischt
(nicht *Æ*) Thyrsus über der Schulter.   den l. Fuss nach einem Wein-
stock erhebend. L. das häu-
fige Monogr.

Cunningham beschreibt ein ähnliches Stück, mit anderem
Monogr., als reines Kupfer.

Æ. 4   Wie vorher, Thyrsus statt des Monogramms?
mit Nickel
(nicht *Æ*) Wegen der Farbe findet man diese Nickelhaltigen Stücke
bisweilen irrig als Silber angeführt.

Gewich

_Æ._ 4. ꝕ𐊓𐊲𐊄𐊔 »Hinduja 𐊓𐊌𐊵 𐊳𐊴𐊐 »Akathukrayasa«

last drei- (Hiduja?) same«, König der oder »Akathukreyasa«, Geni-
eckig;
(aus d. Indier. Baum in einer Art tiv des Namens. Symbol,
Barren
gehauen). Umzäunung. Stupa (Grabhügel) genannt.

Taf. II, 3. London, Oxford, Cunningham.

_Æ._ 4—7. □ 𐊄𐊲𐊔 𐊳𐊌𐊐𐊴𐊵𐊾𐊕 ΒΑΣΙΛΕΩΣ ΑΓΑΘΟΚΛΕΟΥΣ
»Râjine Agathuklayasa« in Stehender indischer Löwe r.
Pali. Tänzerin wie auf Pan-
taleon's Münzen.

Taf. II, 2. Nicht selten, von sehr verschiedener Grösse,
meist an zwei Seiten aus einem Barren gehauen.

_Æ._. **RR.** _Æ._. kaum **R.** — Eine unbestimmte Münze _Æ._. 8. □
_Hf._ Satyr, 1. $\beta\alpha\sigma\iota\lambda\epsilon\iota\varsigma$ $\beta\alpha\sigma\iota\lambda\epsilon\omega\nu$ $\Pi\alpha$ . . . $\tau\iota\kappa o\nu$ (?).
_Rf._ »Panther« r. arianische Umschrift, vielleicht dieser
Zeit angehörend (?), s. Mionnet. S. VIII, p. 503.

Antimachus Deus.

1) Erinnerungsmünze an Diodot.

_Æ._ S. ΔΙΟΔΟΤΟΥ ΣΩΤΗΡΟΣ ΒΑΣΙΛΕΥΟΝΤΟΣ ΑΝΤΙ ?
Kopf des Diodot mit Dia- ΜΑΧΟΥ ΘΕΟΥ Blitzender
dem r. Zeus u. s. w. 1. Adler, Kranz.
R. Monogr. aus **A** und **N.**

Attisches Tetradrachmon, in zwei englischen Sammlungen.

2) Antimachus allein.

_Æ._ 8. Brustbild des Königs mit ΒΑΣΙΛΕΩΣ ΘΕΟΥ ΑΝΤΙ 16,93
breitem macedonischen Hut ΜΑΧΟΥ Stehender Posei- 16,91
rechts. don von vorn mit Dreizack u.s.w.
und Palmzweig. R. Monogr.,
wechselnd, bisweilen aus
P und **K.**

Attisches Tetradrachmon. Taf. III, 1. Berlin, London u. s. w.

_Æ._ 5. Attische Drachme desselben Gepräges, wechselnde Monogramme.

London, Berlin (Fragment) u. s. w.

Gewicht

Æ. 3.   Halbe Drachme desselben Gepräges.   2,05
London.

Æ. 1.   Obol desselben Gepräges. Monogr. aus P und K   0,35
Cunningham's Sammlung u. s. w. Abgeb. Wilson Ariana
XXI, 12.

Æ. 5½.   Elephant r.   Dies. Umschrift. Stehende
Nike mit Kranz und Zweig
von vorn auf dem Schiff.

Unicum früher in Cunningham's Sammlung.
Die Gepräge des Antimachus feiern einen Seesieg. Es ist
gar kein Grund das Kaspische Meer als den Schlauplatz
dieses Sieges zu betrachten (Lassen II² 307); nach dem
was wir sonst von diesen Reichen wissen, kann man eher
an das offne Meer, etwa an der Indusmündung, denken.
Man erinnere sich dabei des schönen Typus der viereckigen Kupfermünzen des Maues und Azes: Poseidon
auf einen Flussgott (Indus?) tretend.

Æ. RR. Æ. Unicum.

Eukratides

König von Baktrien und Indien von frühestens 200 bis
spätestens 150 v. Chr. (Die Münzen ohne den Titel μεγάλου sind die ältesten. Beim Verzeichniss so grosser
Reihen verfährt man aber praktisch, wenn man nach den
Metallen und Typen ordnet.)

N. 15.   Brustbild mit Helm, auf   ΒΑΣΙΛΕΩΣ ΜΕΓΑΛΟΥ 168,05
welchem Stierhorn und Ohr,   ΕΥΚΡΑΤΙΔΟΥ Die Dios-
und Diadem r.   kuren zu Pferde mit Lanzen
und Palmzweigen, Sternen
über den Hüten, r. spren-
gend. Unten Monogr.

Attisches Zwanzigstaterenstück, die grösste Goldmünze des
Alterthums. Unicum in Paris. S. Chabouillet, Rev. Num.
1867, 382.

N. 4.   Attischer Goldstater desselben Gepräges.   ?
Früher bei Hrn. Webster in London.

Das Gewicht der folgenden attischen Tetradrachmen
ist bei gut erhaltenen Stücken 16,78 — 17,1.

Æ. 7—8. Brustbild mit Diadem   ΒΑΣΙΛΕΩΣ ΕΥΚΡΑΤΙΔΟΥ
'   rechts.   Stehender Apoll von vorn, in
                        der R. Pfeil, die L. auf den
                        Bogen stützend. L. Monogr.
    Attisches Tetradrachmon. Berlin, London u. s. w.

Æ. 4.   Drachme desselben Gepräges.   ?
Sammlung Abbot.

Æ. 8.   Brustbild mit Diadem.   ΒΑΣΙΛΕΩΣ ΕΥΚΡΑΤΙΔΟΥ
       rechts.   Die Dioskuren wie auf den
                        beschriebenen Goldmünzen.
                        Unten Monogr., bisweilen
                        das bei andern Königen häu-
                        fige aus **P** und **K**
    Attisches Tetradrachmon. Berlin, London u. s. w.

Æ. 4.   Drachme desselben Gepräges.   4,15
Berlin, Cunningham u. s. w.   4,12

Æ. 8. Tetradrachmon desselben Gepräges (also ohne μεγάλου),
doch trägt der König den Helm.
Sehr selten.

Æ. 1. Brustbild mit Helm u. s. w.   Dieselbe Inschrift. Die Hüte   0,67
           rechts.   der Dioskuren mit Sternen u.   u.s.w.
                        zwei Palmzweige, Monogr.
                        unten.
             Attischer Obol.

Æ. 1.   Ebenso, doch Brustbild mit Diadem.   0,65
                                            u.s.w.

Barbarische Nachahmung der Obolen:

Æ. 6. Brustbild mit Helm   **ΒΑΣΙΛΕΩΣ ΕΥΚΡΑΤΙΔΟΥ** 4,92
u. s. w. rechts.   Die Dioskurenhüte mit Sternen und die Palmzweige,
unter den Hüten Monogr.
aus **Δ** und **Η**
Berlin (Prokesch). Diese Münze hat zwar richt'ge Schrift,
ist aber im Gegensatz zu den gutgearbeiteten Silbermünzen
des Eukratides von rohester, barbarischer Ausführung. Es
ist offenbar keine Münze des Eukratides selbst, sondern
von benachbarten Barbaren geprägt. Das Gewicht hat
daher keinerlei Werth.

Æ. 5. Brustbild mit Helm u. s. w.   **ΒΑΣΙΛΕΩΣ ΜΕΓΑΛΟΥ**
rechts.   **ΕΥΚΡΑΤΙΔΟΥ** Die Dios-
kuren r. wie gewöhnlich.
Unten Monogr.
Attisches Tetradrachmon, nicht selten.

Æ. 4.   Ebenso, Drachme.   4,15
4,05
Berlin, Cunningham.

Æ. 8. Brustbild l., bis weit unter   Wie vorher.
die Schultern, vom Rücken
gesehen, nackt, behelmt.
Mit der erhobenen R. einen
Speer werfend.
Attisches Tetradrachmon, sehr selten.

Æ. 1. Stehende Nike r., Kranz   ..**AT**.. unten. Die Dios- 0,45
in der R.   kuren rechts sprengend. schlecht
erhalten
Rechts **Β**
Cunningham, Unicum.

Gewicht

Silbermünze mit arianischer Umschrift.

R. 3. **ΒΑΣΙΛΕΩΣ ΜΕΓΑ** ʾPꓶꓶꓷꓱꓶ ʾPʰꓶꓶ ʾPꓶꓶ 2,23
ΛΟΥ ΕΥΚΡΑΤΙΔΟΥ maharajasa mahatakasa evu- beschä-
Behelmtes Brustbild r. krâtidasa[1]). Die stehenden digt
Dioskuren von vorn, mit Lan-
zen. L. griechisches Monogr.

Drachme des reduzirten Fusses. General Abbot's Sammlung. Die einzige Münze des Eukratides mit arianischer
Umschrift.

Freie barbarische Nachahmung der Eukratidesmünzen (?).

R. 3. ..**ΒΙΖΗΕ**... Brustbild des **ΝΑΝΔ...ΝΛΝΑΙΝ**? Ste-
Eukratides mit Helm, Stier- hender Löwe, r. darüber ∪
horn, Ohr u.s.w. rechts. und Λ

Abgebildet bei Wilson, Ariana XXI, 18.

Kupfermünzen.

a) rein griechisch.

Æ. 3.   Apollokopf r.   **ΒΑΣΙΛΕΩΣ ΕΥΚΡΑΤΙΔΟΥ**
Stehendes Pferd r.

Æ. 2$^{1}/_{2}$. Brustbild des Königs mit **ΒΑΣΙΛΕΩΣ ΜΕΓΑΛΟΥ**
Helm r.   **ΕΥΚΡΑΤΙΔΟΥ** Reiter (ein
Dioskur?) r. mit Lanze.
Beides Unica.

Æ. 5 u. 6.   Ebenso.   Dies. Umschrift. Die Dioskuren zu Pferd wie gewöhn-
lich. R. unten Monogr.
Berlin, Cunningham.

Eine viereckige Kupfermünze mit Brustbild und
Speer. *Rf*. Dioskuren und griechische Umschrift,
welche Thomas und Cunningham anführen und dabei

---

1) t und r einander gleich; die früher angenommene Gestalt des t : ꓶ
scheint irrig, wie das tradatasa, Stratasa u. s. w. beweist.

Gewicht

Mionnet S. VIII, 470 und Köhler's (im Serapis abge-
druckten) Aufsatz anführen, existirt nicht. Es ist eine
Verwechselung mit der zuerst von Köhler publicirten und
nach ihm ganz richtig von Mionnet reproduzirten Tetradrachme mit dem nackten Brustbild.

Æ. 2.□ Brustbild mit Diadem   **BAΣIΛEΩΣ EYKPATIΔOY**
       rechts.   Die Dioskurenhüte u. Palm-
                        zweige. Unten Monogramm
                        . und ⅃
        Cunningham, Unicum.

b) mit arianischer Inschrift der Rückseite.

Æ. 3.□ **BAΣIΛEΩΣ ME**   𐩐𐩐 𐩐 𐩐 māha-
ΓAΛOY EYKPATIΔOY   rajasa evukrâtidasa. Die
Brustbild mit Diadem r.   Dioskurenhüte und Palm-
                        zweige.
        Berlin, Cunningham.

Æ. 4, 5, 6.□ Ebenso, doch behelmt, Inschrift fast immer mâhârajasa, ⋃ und 𝒱 Im Felde der Rückseite Monogramme
und Buchstaben.

Dies ist die gewöhnlichste Münze des Eukratides, von
sehr verschiedener Grösse, oft von guter Arbeit, oft roh
und schlecht. Die angebliche Silbermünze mit diesen
Geprägen und Inschriften bei Wilson (vgl. Lassen, Ind.
Alterthumskunde II² 321) ist nach Cunningham's unzweifelhafter Berichtigung ein moderner Abguss einer Kupfermünze.

Ein mir vorliegendes schönes Exemplar dieser Kupfermünze (*Æ.* 5.□) ist überprägt; ich glaube auf der
Rückseite Spuren der arianischen Inschrift des Antialcides: 𐩐𐩐𐩐, aliki von Antialikidasa, zu erkennen.
Wir besitzen Münzen des Antialcides mit dem Brustbild
des blitzenden Zeus, von derselben Grösse. — Schon der
von Antialcides noch angewendete attische Münzfuss der

Gewicht

Silbermünzen (mit rein griechischer Schrift) und sein späterer Uebergang zum reducirten Fuss mit arianischer Aufschrift der Rückseite beweisen, dass er noch in des Eukratides Zeit hineinreicht. Hier hätten wir nun den sichern monumentalen Beweis, dass Antialcides noch Zeitgenosse des ihn überprägenden Eukratides war.

_Æ._ 3. □ **BACIЄE ... ѠTHP..**   Inschrift und Gepräge wie
ГАТIΔ Behelmtes Brust-   vorher, der Titel mahara-
bild r.   jasa erkennbar.

Berlin (Fox). Diese Münze ist etwas verwildert; der scheinbare Sotertitel statt $\mu\varepsilon\gamma\dot{\alpha}\lambda o\nu$ ist merkwürdig. Ist es vielleicht eine Nachprägung aus später Zeit, wo dieser Sotertitel (vgl. Menander, Apollodot u. s. w.) gewöhnlich war? Es ist aber auf entstellte Inschriften der Art wenig zu geben.

_Æ._ 4—5. □ **BAΣIΛEΩΣ ME**   Gewöhnliche Inschrift. Nike
ГАΛOY EYKPATIΔOY   mit Kranz und Zweig r.
Brustbild vom Rücken ge-   R. unten Monogr.
sehen, nackt, behelmt, in
der R. Speer.

                     Selten.

_Æ._ 4. □ Umschrift wie vorher.   Inschrift wie sonst, doch als
Behelmter Kopf r.   zweites Wort noch רגרירजि
rajadirajasa, König der Kö-
nige. Nike mit Kranz in der
R. und Palme in der L., l.
                     L. Monogr.

Selten, die einzige Münze mit dem Titel Radscha di Radscha.

_Æ._ 4¹/₂. □ Umschrift und Gepräge   ריר ור ᚁ Thro-
wie vorher.   nende Figur von vorn, etwas
l., die R. ausstreckend, in
der L. Zweig; l. ein nur im
Kopf sichtbarer Elephant r.;
r. Dioskurenhut (?) und Monogramm. Unten eine zweig-
artige Verzierung.

102

Taf. III, 4. Die arianische Umschrift dieser sehr seltenen Münze liest Cunningham: Karisiye nagara devata, d. i. der Gott der Stadt Karisi: das letzte Wort erklärt er aber für sehr zweifelhaft. Auf dem Berliner Exemplar sind die sechs ersten Buchstaben völlig deutlich. Der fünfte Buchstabe stimmt nicht ganz mit der regulären Form des n, aber auch mit keiner andern des arianischen Alphabets. Die Figur nennt Cunningham Zeus, doch scheint diese Benennung (wie auch ebenso bei ähnlichen Figuren auf Münzen des Hippostratus) keineswegs sicher.

Die Münze ist als einziges Beispiel einer arianischen Aufschrift, welche keinen Königsnamen sondern den eines Gottes und einer Stadt (?) enthält, höchst merkwürdig, wenn auch leider noch nicht sicher zu deuten. — Eine Stadt »Karisi« ist sonst unbekannt; vielleicht rein zufällig ist eine Namensgleichheit: die »Legenda aurea«, eine im 13. Jahrh. gemachte Legendensammlung, nennt in der Geschichte des Apostel Thomas einen vornehmen Indier »Carisius«[1].

Ein Exemplar Cunningham's ist auf eine viereckige Kupfermünze des Apollodotus (mit stehendem Apoll und Dreifuss) geprägt. Unsere Abbildung ist nach Cunningham und dem Berliner Exemplar gemacht. *N*. **RRRR**. *Æ*. *Æ*. **C**.

Plato
ephemerer König in Eukratides' letzter Regierungszeit, 165 v. Chr.

		Gewicht
Æ. 8. Brustbild mit Helm, auf welchem Stierhorn u. Ohr, und Diadem r., nachgeahmt den Köpfen des Eukratides.	ΒΑΣΙΛΕΩΣ ΕΠΙΦΑΝΟΥΣ ΠΛΑΤΩΝΟΣ Helios im Viergespann von vorn, oben r. Monogr., unten die seleucidische Jahreszahl **PMI**, 147 = 165 v. Chr.	16,72 beschädigt

Attisches Tetradrachmon; Taf. IV, 1. Unicum in London.
Vaux, Numism. Chron. N. S. XV, 1.

---

1) Legenda aurea Jac. a Voragine ed. Graesse 1846. p. 37.

Timarchus

der ephemere Usurpator von Babylonien, 162 v. Chr.,
prägt Tetradrachmen, welche denen des Eukratides mit
behelmtem Kopf und den Dioskuren gleichen, nur statt
Eukratides' Umschrift: $\beta\alpha\sigma\iota\lambda\dot{\epsilon}\omega\varsigma$ $\mu\epsilon\gamma\dot{\alpha}\lambda\upsilon$ $T\iota\mu\dot{\alpha}\varrho\chi\upsilon$ (s. den
Catal. der Seleuciden des Brit. Museum's).

Æ. Unicum, London, überprägt von Demetrius I. von Syrien.

Heliokles

Sohn, Mitregent und Nachfolger des Eukratides.

1) Mit Eukratides und Laodice.

Æ. 5. **ΒΑΣΙΛΕΥΣ ΜΕΓΑΣ ΗΛΙΟΚΛΕΟΥΣ ΚΑΙ ΛΑΟ** 16,75
ΕΥΚΡΑΤΙΔΗΣ Brustbild **ΔΙΚΗΣ** Köpfe des Heliokles
des Eukratides, mit Helm u. seiner Gemahlin Laodice
u. s. w. r. (mit Diadem) r. L. Monogr.,
wechselnd.

Attisches Tetradrachmon; in englischem Privatbesitz,
höchst selten. Taf. III, 5.

Æ. 4. Dieselben Aufschriften und Gepräge. 3,95

Attische Drachme, höchst selten. London (aus Wigan's
Sammlung).

2) Heliokles allein.

Æ. 5. Brustbild mit Diadem **ΒΑΣΙΛΕΩΣ ΗΛΙΟΚΛΕ** 16,93
rechts. **ΟΥΣ ΔΙΚΑΙΟΥ** Stehender u.s.w.
Zeus von vorn mit geflügel-
tem Blitz in der R.; in der
L. Scepter. L. Monogr.,
wechselnd. Bisweilen im
Abschnitt ΠΓ

Attische Tetradrachme. Nicht mehr allzu selten. Dass
das auf einigen Stücken erscheinende ΠΓ Datum einer
baktrischen Aera, von der Unabhängigkeitserklärung
um die Mitte des 3. Jahrh. an gerechnet, sei, wird von
Cunningham vermuthet. Bemerkenswerth ist die völlige
Uebereinstimmung der Gestalt des Blitzes mit dem auf
Demetrius' viereckigen Kupfermünzen.

Æ. 4 — 5. Drachme desselben Gepräges.

Gewicht
4,02

London, Berlin u. s. w. Einige Exemplare ·haben im Abschnitt der *Rf.* ΠΓ, vielleicht die Jahreszahl der baktrischen Aera. Das auf Taf. III, 6 nach dem ganz genauen Abdruck des Londoner Exemplars abgebildete Stück, auf welchem man die seleucidische Jahreszahl ΡΠΓ erkennen wollte, hat ebenfalls nur ΠΓ, wie andre Exemplare, gehabt.

Die Berliner Sammlung besitzt ein mangelhaft erhaltenes überprägtes Stück dieses Gepräges. Man sieht auf der Vorderseite etwa ΚΛΙ·ΛΑ°ΛΙ, also höchst wahrscheinlich ΚΑΙ ΛΑ°ΔΙΚΗΣ, auch scheinen Spuren der beiden Köpfe erkennbar. Leider kann man aber diese Ueberprägung nicht mit völliger Sicherheit erklären.

Æ. 7. Behelmtes Brustbild r. Griechische Umschrift wie vorher. Sitzender Zeus nikephoros l., die L. auf den Speer stützend. ?

Attisches Tetradrachmon, Unicum von Cunningham beschrieben.

Æ. 3½. Drachme desselben Gepräges. ?
Sehr selten.

Æ. 6½. ΒΑΣΙΛΕΩΣ ΔΙΚΑΙΟΥ ΗΛΙΟΚΛΕΟΥΣ Brustbild mit Diadem r. 𐨤𐨫𐨟𐨪𐨱 𐨤𐨿𐨪 𐨤𐨩𐨜𐨂 mâhârajasa dhramikasa heliyakreyasa. Zeus mit Blitz u. s. w. stehend wie auf den zuerst beschriebenen Silbermünzen. 9,16

Tetradrachmon des reduzirten Fusses. Taf. IV, 2. Unicum in General Abbots Sammlung.

Æ. 3. Dasselbe Gepräge, wechselnde Monogramme. 2,3 nicht vollkommen

Reduzirte Drachme. Berlin, London u. s. w

_Æ._ 5. □ Umschrift und Gepräge ebenso.

Umschrift wie vorher, aber der Name endet 𐨀𐨤, kreasa (in der Abbild. sieht man das e nicht). Andre Exempl. mit Heliyakresasa und .. kraasa führt Cunningham an. — Elephant l. Unten Σ

London u. s. w. Ein von Cunningham abgebildetes Exemplar ist auf eine Münze des Strato geprägt, man sieht auf der _Rf._ deutlich den Namen: .𐨀𐨤, Strata(sa).

_Æ._ 5. □ Dieselbe Umschrift. Elephant r.

Dies. Umschrift, doch zeigt die Abbildung Cunningham's einen in seinem Text nicht bemerkten Fehler der Umschrift: das k (oder kr) steht irrig vor dem y, also: 𐨀𐨤𐨫𐨤𐨀𐨤 Es ist dies aber gewiss nur ein Versehen des Stempelschneiders, keine neue Form. — Zebustier r. Unten wechselnde Monogramme und Σ

Sehr selten.

Barbarisirte Kupfermünzen des Heliokles.

Es giebt eine grosse Menge barbarischer Kupfermünzen, grosse und kleine, theils genau die Silbermünzen mit rein griechischer Schrift in den Typen copirend, theils mit einem sonst bei Heliokles soviel ich weiss noch nicht aufgefundenen Pferd als Rückseite. Es war ganz verfehlt in den barbarisirten, verzerrten und unverständigen Strichen der Inschrift neue Königsnamen lesen zu wollen, auch ist es ganz grundlos sie für die ältesten Münzen der Saka-Scythen zu erklären (s. z. B. Lassen, II² 384; Num. Chr. N. S. XIV, 165). Ich beschreibe diese Münzsorte

Gewicht

nicht in jeder mir vorliegenden Variante, weil Detail-
beschreibungen barbarisirter Münzen die Wissenschaft
nicht fördern, sondern nur verwirren[1]).

Æ. 8. Kopf des Heliokles, ganz   Striche die das *βασιλέως*
deutlich, aber roh gearbeitet,   *Ἡλιοκλέους δικαίου* nach-
mit Diadem, r.   ahmen. Stehender Zeus wie
                                auf den Silbermünzen.

            Berlin, Wilson u. s. w.

Æ. 3—7.   Ebenso.   Dieselbe verwilderte Um-
                                schrift, bisweilen das *βασι-*
                                λέως und *δικαίου* ziemlich
                                deutlich. Pferd l. den Vorder-
                                fuss erhebend.

            Berlin, Wilson u. s. w.

Æ. RR.   Æ. RRR.   Barbarisirte Æ. C.

Agathokleia s. Straton.

Amyntas.

Æ. 6½. **ΒΑΣΙΛΕΩΣ ΝΙΚΑΤΟ**   𐤓𐤉𐤔𐤉 𐤓𐤔𐤁𐤀𐤉 𐤍𐤕𐤅𐤏   8,29
ΡΟΣ ΑΜΥΝΤΟΥ Be-   maharajasa   jayadharasa   nicht
helmtes Brustbild mit Dia-   amitasa. Kämpfende Pallas   voll-
dem r.   l. mit Schild u. Blitz, archai-   kommen
                                stisch gezeichneter Kleidung   erhalten
                                (wie die Münzen des Antigo-
                                nus Gonatas v. Macedonien).
                                L. unten Monogr.

       Reduzirtes Tetradrachmon. London, Unicum.

Æ. 4. Umschrift wie vorher.   Umschrift wie vorher. Thro-   2.27
Brustbild mit breitem mace-   nender Zeus nikephoros von
donischen Hut und Diadem   vorn, etwas l., in der L.
rechts.   Scepter und Palmzweig. L.
                                Monogr.

       Reduzirte Drachme, sehr selten.

---

1) Eine wohl ebenfalls hierhergehörige Silbermünze s. unten bei Yrcodes.

Gewicht

Æ. 4. Ebenso, aber Brustbild mit Diadem l., Aegis am l. Arm,   2,1
Speer in der R.
Reduzirte Drachme, Unicum, Cunningham.

Æ. 4.   Ebenso, aber Brustbild mit Diadem r.   2,2
Reduzirte Drachme, sehr selten.

Æ. 5.□ Umschrift wie vorher. Bärtiges Brustbild mit Tiara r., Scepter über der l. Schulter. Es scheint nicht der Kopf des Königs, wie schon der Bart beweist, eher ein Götterkopf (s. d. folgende Münze).

Umschrift wie vorher. Stehende Pallas l., die L. erhebend, im r. Arm Schild und Lanze. L. Monogr.

Æ. 5.□ Umschrift wie vorher. Bärtiger Kopf (so nach der Beschreibung Cunningham's und mit Vergleichung der ganz ähnlichen Münze des Hermaeus) r., offenbar mit Strahlenkrone, wie Helios. Auch dieser Kopf ist nicht der König, sondern wie ich glaube der Kopf desjenigen (indischen?) Gottes, welcher in ganzer Figur mit demselben Kopfputz unter dem Namen ΟΑΔΟ bei Kanerkü erscheint (s. unten), wie man gemeint hat der Windgott.

Ebenso.

Æ. *Æ*. RRR.

Antialcides

Zeitgenosse des Eukratides, um 150 v. Chr. (letzte Regierungszeit desselben), und des Lysias, vielleicht des letzteren Mitregent.

(Vermuthliche Ueberprägung einer Æ.□ des Antialcides durch Eukratides s. oben bei Eukratides.)

R. 9. Brustbild mit Diadem rechts.

ΒΑΣΙΛΕΩΣ ΝΙΚΕΦΟΡΟΥ _{Gewicht} 16,85
ΑΝΤΙΑΛΚΙΔΟΥ Thronen- 2 Löcher
der Zeus nikephoros mit
Scepter von vorn, etwas l.:
links Vordertheil eines Ele-
phanten, den Rüssel nach d.
Kranz der Nike erhebend.
R. Monogr.

Attisches Tetradrachmon. East India Museum, Unicum.

R. 4¹/₂. Brustbild mit macedon.
Hut u. Diadem r.

Ebenso, doch der Elephant l. ?
hält den Kranz der Nike
empor. Umschrift u. Mono-
gramm etwas anders gestellt.

Attische Drachme — was schon die rein griechische
Schrift sowie die Grösse beweist — s. Mionnet, S. VIII,
cab. Révil.

Reduzirte Drachmen.

R. 3¹/₂. **ΒΑΣΙΛΕΩΣ ΝΙΚΗ**
ΦΟΡΟΥ ΑΝΤΙΑΛΚΙΔΟΥ
Brustbild mit Diadem, oder
noch mit Helm, oder mace-
donischem Hut r.

𐨤𐨘𐨁𐨱𐨪𐨗𐨯 𐨗𐨧𐨠𐨪𐨯 𐨀𐨟𐨁𐨩
(auch ↄ als erster Namens- 2,46
buchstabe; bisweilen auch 2,45
ohne Dehnungspunkte) mâ- 2,43
hârajasa jayadharasa atia- u.s.w.
likidasa und antialikidasa.
Zeus nikephoros wie vorher,
nebst Monogr.; der Elephant
halb, bald l. mit Kranz, bald
r. ohne Kranz.

Wichtig ist folgende Varietät:

R. 3¹/₂. Brustbild mit Diadem.
Zeus ohne Nike, mit Kranz.
Der Elephant in ganzer Figur klein l., nach oben, wie
schwebend.

Diese Varietät Unicum in London, die übrigen nicht selten.

Gewicht

Æ. 6 — 6¹/₂. Umschrift wie vor-   Umschrift wie vorher. Die
her. Brustbild des Zeus mit   Hüte der Dioskuren mit Ster-
Gewand, kurzem Haar, r. —   nen, dazwischen zwei Palm-
Blitz in der R.   zweige. R. unten Monogr.

Cunningham, Rollin und Feuardent.

Æ. 5 — 5¹/₂. □ Ebenso, aber von   Ebenso, Monogr. l. oben.
schöner Arbeit, langes Haar,
Diadem.

Berlin; ein vorzügliches Exemplar in Hrn. Güterbocks
Sammlung in Berlin.

Æ. 5. □   Ebenso, kurzes Haar, Monogr. unten.

Cunningham, Berlin.

Æ. 5. □   Ebenso, ohne Arm, der Blitz über der l. Schulter.

Nicht selten. Auf einem von Cunningham abgebildeten
Exemplar steht: mahajarasa statt maharajasa, ein Stempelfehler.

Æ. attisch **RRRR**, reduzirt kaum **R**.   *Æ*. kaum **R**.

Die Kupfermünze des Lysias mit Antialcides' arianischem
Namen auf der *Rf.* s. unter **Lysias.**

Antimachus Nicephorus.

Man nimmt vielleicht mit Recht an, dass dieser immer nach
dem reduzirten Fuss prägende Antimachus der z w e i t e
d i e s e s N a m e n s und von dem Antimachus Deus, Agathokles' Zeit, zu unterscheiden sei.

Æ. 3¹/₂. **BAΣIΛEΩΣ NIKH**   𐊯𐊮𐊠𐊱𐊭𐊴 𐊱𐊮𐊘𐊠𐊣 𐊱𐊭𐊴𐊭𐊰   2,46
ΦΟΡΟΥ ΑΝΤΙΜΑΧΟΥ   mâhârajasa jayadharasa an-   2,45
Nike stehend l., in der R.   timâkhasa. Der König, mit   u.s.w.
Palmzweig, in d. L. Taenie.   Hut und Diadem zu Pferde,
L. Monogr., wechselnd.   r. sprengend.

Reduzirte Drachme, nicht selten.

			Gewicht
Æ. 5. □	Dieselbe Umschrift. Aegis mit Medusenkopf, von vorn, mit sechs Spitzen.	Dies. Umschrift ohne Punkte im Titel. Kranz l. Palmzweig. Unten Monogr.	

Sehr selten.

Æ. kaum **R**. Æ. **RRR**.

Apollodotus

Zeitgenosse des Eukratides (letzte Zeit desselben), nach 165 v. Chr., Ueberprägung einer Kupfermünze des Apollodot durch Eukratides s. oben, die letzte Æ. 4. □ des Eukratides. Die Münzen des Apollodot mit dem Kopf und meist den Titeln Soter und Philopator sind so roh, auch von schlechtem Metall, dass man fast an einen zweiten Apollodot denken könnte und gedacht hat, wofür auch der Name Philopator passen würde.

Æ. 7.	**ΒΑΣΙΛΕΩΣ ΜΕΓΑΛΟΥ ΣΩΤΗΡΟΣ ΚΑΙ ΦΙΛΟΠΑΤΟΡΟΣ ΑΠΟΛΛΟΔΟΤΟΥ** Brustbild mit Diadem r.	[illegible] in schlechten Formen; maharajasa tradatasa Apaladatasa[1]). Archaische Pallas, Blitz schleudernd mit Schild, l. L. und r. Monogramm, das rechts stehende aus arianischen Buchstaben.	9,87

Reduzirtes Tetradrachmon von ungewöhnlich hohem Gewicht. Aeusserst selten.

Æ. 3½.	Ebenso, meist von ganz roher Fabrik, ohne *μεγάλου*. L. Monogr.		2,39 2,36 u.s.w.

Reduzirte Drachme, jetzt nicht mehr selten.

Æ. 3½.	Ebenso, aber nur *βασιλέως σωτῆρος Ἀπολλοδότου*.	Ebenso; r. Monogr., l. arianischer Buchstabe.	2,36
Æ. 3.	Umschrift ebenso, Elephant r. den l. Vorderfuss erhebend.	Umschrift ebenso, doch der Titel tradatasa vor d. Namen. Auch steht mâhârajasa. Zebu-Stier r. den l. Vorderfuss erhebend.	2,00 Berlin Cunningham

---

1) Das d hat beidemal die Form [illegible] im Titel, im Namen diese [illegible].

Gewicht

Selten. Reduzirte Drachme von auffallend niedrigem Gewicht. Das Berliner Exemplar ist aber am Rande etwas abgefeilt.

_R_. 4.□ Ebenso. Unten Buchstaben oder Monogr.	Ebenso. Bisweilen Dehnungspunkte im Titel: mâhârajasa. Zebu r. Unten häufig Buchstaben oder Monogr.	2,₄₃ 2,₄₃ u.s.w.

Reduzirte Drachme. Sehr häufig. Taf. IV, 4.

_Æ_. 8. Dieselbe Umschrift. Apollo mit Gewand, r. stehend, mit der R. nach links den Pfeil haltend und mit der L. die Spitze prüfend; so scheint es nach d. Berliner Exemplaren.	Umschrift ebenso, ohne Punkte. Dreifuss; r. und l. ein arianischer Buchstabe.

_Æ_. 6.□ Aehnlich, doch hält Apoll den Pfeil mit den beiden Händen nach unten. Ohne Monogramm. ·	Ebenso r. Monogr.

_Æ_. 6. □ Aehnlich, doch hält Apollo den Pfeil l., r. den Bogen.	Ebenso.

_Æ_. 3—6.□ Aehnlich, doch der Name vor dem Titel. Apollo nackt, bekränzt, l. den Pfeil, die R. auf d. Bogen stützend.	Ebenso, doch der Name vor dem Titel.

Sehr häufig. Ich glaube nicht, dass Gewichtsunterschiede bei diesen Münzen irgend einen Werth haben, es ist Scheidemünze wie so häufig im Alterthum, auch bei Eukratides' Kupfermünzen, die ebenfalls sehr im Gewicht variiren.

_Æ_. 4.□ Aehnlich, rohe Arbeit. Apoll stützt den Pfeil r. und den Bogen l. auf.

Æ. 4½. □ Dieselbe Umschrift, doch Titel v o r dem Namen auf ^{Gewicht}

beiden Seiten. Apoll sitzend r., Bogen in der R. vor-
streckend.

Æ. 5.□ **ΒΑΣΙΛΕΩΣ ΣΩΤΗΡΟΣ**   Umschrift wie vorher. Titel
_{und} **ΚΑΙ ΦΙΛΟΠΑΤΟΡΟΣ**   v o r dem Namen; r. Monogr.
^{kleiner} **ΑΠΟΛΛΟΔΟΤΟΥ** Apoll
stehend r., die Pfeilspitze
prüfend, wie oben; r. lehnt
an ihm der Bogen.

Berlin u. a. Samml.

Æ. 2½.□ Umschrift verlöscht.   Umschrift ebenso. Kranz-
Apoll stehend, r. sich auf   artig dargestelltes Diadem.
den Pfeil stützend.

Sehr selten.

Æ. 2½.□ Zebustier r.   Dreifuss.

Ob diese von Cunningham dem Apollodot zugeschrie-
bene Münze ihm wirklich gehört, bleibt zweifelhaft, da die
Umschrift beider Seiten nicht mehr vorhanden ist.

Ein *Æ.*□ Apollodot von Azes überprägt s. unten bei Azes.
(Berliner Sammlung.)

R. Æ. **C.**

Apollophanes.

R. 3. **ΒΑΣΙΛΕΩΣ ΣΩΤΗΡΟΣ**   𐨤𐨪𐨟𐨡𐨟𐨯 𐨪𐨗𐨬 𐨨𐨱𐨪𐨗𐨯   2,39
ΑΠΟΛΛΟΦΑΝΟΥ (sic)   in schlechten Formen; maha-
Brustbild mit Helm u. s. w.   rajasa tradatasa apulapha-
rechts.   nasa oder nach Cunningham's
    Text: apuluphanasa. Pallas
    blitzschleudernd wie ge-
    wöhnlich l. — R. Monogr.,
    l. arianischer Buchstabe.

Reduzirte Drachme. — Rohe Arbeit, London u. a. Samml.

R. **RRRR.**

Archebius.

Æ. 6½. **ΒΑΣΙΛΕΩΣ** 𐨤𐨡𐨪𐨙 𐨤𐨪𐨁𐨨𐨯 𐨤𐨱𐨯𐨿 𐨤𐨩𐨡𐨱𐨪 9,42
ΔΙΚΑΙΟΥ ΝΙΚΗΦΟΡΟΥ mâhârajasa dhramikasa
ΑΡΧΕΒΙΟΥ Brustbild mit jayadharasa arkhebiyasa. —
Diadem r. Im Namen ist rkhe ein Mo-
nogramm, das Cunningham
so in seiner Schrifttafel giebt:
⳨. Die Abbildungen zeigen
es so wie ich es zeichne, das
vorzügliche Berliner Exemplar nur so: ⳨. Zeus ste-
hend v. vorn, bekränzt, halb
bekleidet, in der erhobenen
R. Blitz, in der L. Scepter;
l. Monogr.

Reduzirtes Tetradrachmon. Berlin (Guthrie), Cunningham.

Æ. 3½. Drachme, ebenso. 2,29

Æ. 7. Tetradrachme, ebenso, doch behelmtes Brustbild. 9,59

Æ. 3½. Drachme, ebenso.

Æ. 6½. Tetradrachme, ebenso, doch Brustbild mit Aegis und 9,55
Helm l., mit dem r. Arm den Speer schleudernd.

Æ. 3½. Drachme, ebenso.

Alle diese Silbermünzen kennt Cunningham nur in
je einem oder zwei Exemplaren.

Æ. 6. Umschrift ebenso. Nike mit   Umschrift ebenso. Eule von
Kranz und Palme l.   vorn, r. Monogr.

Æ. 5. □ Umschrift ebenso. Bär-   Umschrift ebenso; die Dios-
tiges Brustbild des Zeus (ge-   kurenhüte, mit Sternen, da-
wiss nicht des Königs) r.,   zwischen zwei Palmzweige,
mit Diadem; Scepter über   r. Monogr.
der l. Schulter.

Gewicht

Æ. 6. □ Umschrift ebenso. Ele-   Ebenso, Monogr. unten.
phant r., den 1. Vorderfuss
hebend.

Alle diese Kupfermünzen nur in wenigen Exemplaren bekannt.

R. Æ. **RRR.**

Artemidorus.

R. 6½. **ΒΑΣΙΛΕΩΣ ΑΝΙΚΗ**   𐨤𐨪 𐨤𐨯𐨬𐨱𐨝𐨐 𐨱𐨩 𐨤𐨪𐨟𐨂𐨮 8,29
ΤΟΥ ΑΡΤΕΜΙΔΩΡΟΥ   mâhârajasa apadihatasa (hâ-
Brustbild mit Diadem r.   tasa?) artemidorasa. So nach
Cunningham; seine Abbil-
dungen geben aber eher:
atimidorasa: 𐨪 als zweiter
Buchstabe. Schiessende Ar-
temis l. (redendes Wappen).
Monogramm.

Reduzirtes Tetradrachmon. Unicum in Cunningham's Sammlung. — Von ganz rohem Styl, ebenso die folgenden.

R. 3. Drachme, ebenso ohne Punkte und mit be h e l m t e m Kopf. 2,33

R. 3. Wie das Tetradrachmon.   Umschrift ebenso. Nike mit
Kranz und Palme r.; Mono-
gramm r.

Beide Drachmen Unica in Cunningham's Sammlung.

Æ. 5. □ Dieselbe Umschrift. Ste-   Dieselbe Umschrift; Punkt
hende Artemis von vorn, den   am m des Titels. Zebustier
Pfeil aus dem Köcher zie-   r. Unten Buchstabe und Mo-
hend, in der L. Bogen.   nogramm.

Sehr selten.

R. **RRRR.** *Æ.* **RRR.**

Diomedes.

R. 3. **ΒΑΣΙΛΕΩΣ ΣΩΤΗΡΟΣ**   𐨤𐨮𐨬𐨮 𐨤𐨪𐨜𐨩 𐨤𐨩𐨬𐨂
ΔΙΟΜΗΔΟΥ Brustbild mit   maharajasa tradatasa diya-
Helm u. s. w. r.   medasa. Die stehenden Dioskuren mit Lanzen, von vorn:
r. Monogr.

Unicum, Englische Privatsammlung.

R. 3. Ebenso, Diadem.

Cunningham.

R. 2½. Ebenso. Dies. Umschrift. Die Dios- 2,15
kuren mit Palmen, Speeren etwas
abge-
und Sternen zu Pferd, rechts rieben
sprengend. Unten Monogr.

Reduzirte Drachme. Unedirt, Berlin (Guthrie) Taf. IV, 3.

Æ. 4½.□ Dieselbe Umschrift. Dies. Umschrift. Zebustier
Stehende Dioskuren mit Lan- r. Unten Σ und Monogr.
zen von vorn.

Berlin u. a. Samml.

R. *Æ*. **RR**.

Dionysius.

R 3. **ΒΑΣΙΛΕΩΣ ΣΩΤΗΡΟΣ** ꡀꡇꡝꡞꡤ ꡀꡒꡆ ꡀꡟꡒꡙ 2,33
ΔΙΟΝΥΣΙΟΥ Brustbild in schlechten späten Buch-
mit Diadem r. staben; maharajasa tradatasa dianisiyasa, oder, nach
Cunningham, diunisiyasa,
also der zweite Buchstabe
des Namens so: ꡝ. Blitz-
schleudernde archaisirende
Pallas mit Schild l.; r. Monogramm.

Reduzirte Drachme **RRRR**. In englischen Sammlungen.
— In der Alphabettafel Cunningham's steht: Diyanisiasa,
der zweite Buchstabe also Λ, ya. Dies ist nach Cunningham's Text und Abbildungen aber offenbar irrig.

Epander.

R. 3. **ΒΑΣΙΛΕΩΣ ΝΙΚΗΦΟ** ꡀꡞꡇꡤ ꡀꡒꡙꡆ ꡀꡟꡒꡙ mangel-
ΡΟΥ ΕΠΑΝΔΡΟΥ Brust- maharajasa jayadharasa haft
erhalten
bild mit Diadem r. epadrasa; so Cunningham's
Alphabettafel; sein Text hat:
Epandrasa. Blitzende Pallas
l.; r. Monogr.

Reduzirte Drachme. Unicum, Cunningham.

Gewicht

Æ. 5½.□ Dieselbe Umschrift.   Dieselbe Umschrift, der vor-
Nike mit Kranz u. Palme r.   letzte Buchstabe des Berliner
Exemplars so: ⵣ (dr, Ɛ):
auf Cunningham's Abbildung
dahinter Punkt, also wohl
Epadrâsa. Zebustier, r. Mo-
nogramm.
Berlin u. a. Samml.

Æ. Unic. Æ. **RR.**

Hermaeus.

Æ. 6½. **ΒΑΣΙΛΕΩΣ ΣΩΤΗ**   𐨤𐨗𐨂𐨟𐨿 𐨟𐨪𐨡 𐨤𐨁𐨪𐨆𐨅𐨿 9,39
ΡΟΣ ΕΡΜΑΙΟΥ Brust-   mâhârajasa tradatasa hera- 9,23
bild mit Diadem r.   mayasa (hermayasa nach nicht
Cunningham's Text). Zeus. voll-kommen
bekränzt, thronend von vorn,
mit ausgestreckter R. Im l.
Arm Scepter; l. wechselndes
Monogr.
Reduzirtes Tetradrachmon. Berlin, Cunningham u. a. Samml.

Æ. 3. Drachme desselben Gepräges, die Punkte bei diesen und 2,12
den folgenden Münzen fehlen oft. u. s. w.

Æ. 6½.   Ebenso, aber behelmter Kopf. 9,91
Reduzirte Tetradrachme von ungewöhnlich hohem Gewicht. Unicum in Cunningham's Samml.

Æ. 3.   Drachme desselben Gepräges. 2,00
Cunningham's Samml. Unicum. Erhaltung?

Æ. 3. Dieselbe Umschrift, der   Umschrift und Gepräge wie
König zu Pferd, r. sprengend.   vorher, r. Monogr.
Reduzirte Drachme, Unicum, Cunningham's Samml.

Æ. 2.□ Der König zu Pferd, mit   ..**ΜΑΙΟΥ** im Feld.
Lanze, r. sprengend.
Unicum, Cunningham's Samml. Die einzige Münze mit
rein griechischer Aufschrift.

Gewicht

Æ. 5. □ **ΒΑΣΙΛΕΩΣ ΣΩΤΗ**   Arianische Umschrift wie
ΡΟΣ ΕΡΜΑΙΟΥ Bärtiges   oben. Pferd r., den l. Vor-
Brustbild mit Strahlenkrone   derfuss hebend.
r. Götterkopf, sicher nicht
der König. S. oben bei
Amyntas.

Æ. 5. □ Ebenso, der Kopf mit   Ebenso.
einer Art Tiara. S. oben
bei Amyntas.

Beide Münzen sehr selten.

Æ. 4—6. Dieselbe Umschrift.   Dieselbe Umschrift. Zeus wie
Brustbild von altem Aus-   auf den Silbermünzen, thro-
druck, oft sehr roh, die Buch-   nend. Monogr. l., r. ariani-
staben schlecht, oft □ statt Ο.   scher Buchstabe, wechselnd.

Sehr häufig.

Æ. 4. Ebenso, jugendlich; roh u.   Ebenso, man sieht deutlich
schlecht. Umschrift nicht wie   den Namen: heramayasa und
sonst so: Titel: Name: Anfang des Titels mahara-
→, sondern kreisförmig: jasa; l. und r. griechisches
.. ΗΡΓΣ ΣΡꟼΑΙ□. also   Monogramm.
σωτῆρος Ἑρμαίου, verderbt.

Berlin. Aehnliche Münzen tragen auf der Vorderseite
nach Wilson und Cunningham die verderbte Umschrift der
unten beschriebenen: **ΣΤΗΡΟΣ ΣΥ ΕΡΜΑΙΟΥ.** Die
Rückseite hat nach Cunningham den Titel mahatasa statt
tradatasa. Unser Exemplar hat ganz bestimmt n i c h t das
für jene wahrscheinlich von Kadphizes geprägten, hier
folgenden Münzen charakteristische: στηρος συ ερμαιου,
sondern, zwar in schlechten und fehlerhaften Buchstaben,
aber ganz sicher (σω)τῆρος Ἑρμαίου. Das zweite Wort
des Titels nicht erhalten.

Den Uebergang der regulären Münzen des Hermaeus
zu denen mit συ ερμαιου bildet folgende:

118

Æ. 3. Die fehlerhafte Umschrift
στηρος ου ερμαιου. Brust-
bild wie vorher.

Gewicht

mahârâjasa râjarâjasa ma-
hatasa her(a)mayasa oder
mahârâya rayadirayasa etc.
Nike l. mit Kranz u. Palme.
R. griechisches Monogr.
Cunningham's Samml., selten.

Hier folgen die Münzen des sogenannten Sy-Hermaeus mit derjenigen arianischen Umschrift, welche sich genau ebenso auf den Münzen des Kadphizes (Kadphises I.) findet; nach Cunningham's Abbildungen:

ᛈ⳽ᚺ∪ᛎ ᛈ᛭ᒐ∧ᛋᛏᚺ ᛈᚱᚻᛄᛎᚺ;

nach Berl. Exx.: ebenso ᗱ   ᒍ   sonst ebenso;
also: s d ṭhi m dhr   s g ru? y n sh ku   s s k l ju ku
                    dh   ru?

Kujula kasasa kushana yavu-(ru?)gasa dbr(dh)amaṭhidasa [1].

Die Bedeutung dieser Inschrift ist nach Lassen's auf die wohl unzweifelhaften Lesungen gestützter Deutung:

kujula: Name des Königs oder der Dynastie.

kushana: Volksname des Stammes der Jueïtchi, welchem der König Kadphizes angeblich angehörte.

dhramaṭhidasa: standhaft im Gesetz, was auf Buddhismus deuten soll; dharma heisst Religion.

Das übrige ist unverständlich; zu vergleichen sind die unten beschriebenen von mir aufgefundenen Münzen mit Kameel und Zebu und der Umschrift: maharajasa mahatasa kashanasa kuyala ... (s. unten hinter Zeionises).

Die Münzen sind wie man mit Recht annimmt, unter Kadphizes (I.) als dem Nachfolger des Hermaeus geprägt,

---

1) Wo die Inschrift beginnt, ist unsicher. Sie scheint mit dhamaṭhidasa rechts unten anzufangen. Auf einem Berliner Exemplar steht: dhamaṭhisa.

und zwar werden es die ersten sein, welche er schlug,
nachher hat er statt der zuerst beibehaltenen verderbten
griechischen Umschrift des Vorgängers seine eigene grie-
chisch-barbarische auf die Münzen gesetzt; diese letzteren
s. unten bei Kadphizes. — Die Typen sind:

Æ. 4—6. **ΒΑΣΙΛΕΩΣ ΣΤΗ** Umschrift wie angegeben.
ΡΟΣ ΣΥ ΕΡΜΑΙΟΥ oder Stehender Herakles v. vorn,
noch verwilderter: *στηρς* mit Diadem, die R. auf die
u. s. w. Brustbild mit Dia- Keule stützend, über dem
dem r. l. Arm Löwenfell.

Sehr gewöhnlich.

Æ. kaum **R.** *Æ.* **C.**

Hermaeus und Calliope.

Æ. 3. **ΒΑΣΙΛΕΩΣ** 𐨫𐨱𐨪𐨗 𐨱𐨿𐨪𐨝𐨠 𐨱𐨁𐨪 2,33
ΣΩΤΗΡΟΣ ΕΡΜΑΙΟΥ maharajasa tradatasa hera- Cunningham
ΚΑΙ ΚΑΛΛΙΟΠΗΣ mayasa kaliyapaya. Der 2,33
Brustbilder d. Königs und König behelmt zu Pferde Berlin nicht
der Königin mit Diadem r. r. sprengend; r. Monogr. vollkommen

Reduzirte Drachme; scheint nicht sehr selten. In Berlin
viele Exemplare.

Æ. **R.**

Hippostratus.

Æ. 7¹/₂. **ΒΑΣΙΛΕΩΣ ΣΩΤΗ** 𐨱𐨁𐨥 𐨱𐨿𐨪𐨝 𐨱𐨁𐨪 9,59
ΡΟΣ ΙΠΠΟΣΤΡΑΤΟΥ maharajasa tradatasa hipa- 9,52
Brustbild mit Diadem r. stratasa¹). Stehende Tyche Berlin u. s. w
oder Pronoia l., die R. er-
hoben, im l. Arm Füllhorn;
l. Monogr., r. arianischer
Buchstabe.

Reduzirtes Tetradrachmon. Berlin u. s. w.

Æ. 3. Ebenso, Drachme. 2,33
Cunningham's Samml.

---

1) Die Anmerkung S. 49 (211) über das *str* ist zu streichen.

<table>
<tr><td></td><td></td><td>Gewicht</td></tr>
</table>

Æ. 8. Ebenso, hinter βασιλέως noch **ΜΕΓΑΛΟΥ**.   Dieselbe Umschrift, aber hinter dem tradatasa noch ᲢᲘ.ᲐᲒ ᲢᲘᲗᲔᲣ, auch ohne den Punkt; mahatasa jayantasa[1]), ersteres Wort = μεγάλου; das zweite: »der siegreiche«, ist nicht in der griechischen Umschrift enthalten. Der König zu Pferd r. sprengend, unten Monogr. Im Felde bisweilen kleine arianische Buchstaben.   9,32   u. s. w.

Berlin, u. s. w.   Scheint nicht sehr selten.

Æ. 8.   Ebenso, ohne μεγάλου und mahatasa.   9,2
Reduzirtes Tetradrachmon, Cunningham's Samml.

Æ. 3.   Ebenso, Drachme.   2,33

Æ. 8. Ebenso, Tetradrachme, mit μεγάλου und mahatasa, der König zu Pferd, in ruhiger Stellung. Monogramm und arianischer Buchstabe.   9,33
Wie die Drachme in Cunningham's Samml.

Æ. 6. ☐ Einfache Umschrift nur σωτῆρος. Triton mit zwei Fischschwänzen von vorn, r. Delphin auf der Hand, im l. Arm Ruder.   Umschrift wie die erste beschriebene Münze. L. Monogramm, r. arianischer Buchstabe. Weibliche Figur mit Mauerkrone (?), im l. Arm Zweig, die R. erhebend.

Sehr selten. Cunningham's Samml., Rollin u. Feuardent.

Æ. 5. ☐ Dieselbe Umschrift. Apollo bekleidet, r. in beiden Händen den Pfeil.   Dieselbe Umschrift. Dreifuss; l. Monogr., r. arianischer Buchstabe.

Nachahmung des Apollodot.

Æ. 7.   rund, ebenso.

---

1) So liest Cunningham das letzte Wort. Man würde aber nach den Abbildungen und Originalen jayátasa oder jayatasa lesen.

Gewicht

Æ. 8. □ Dieselbe Umschrift. Thronende Figur von vorn, etwas l., behelmt (?) mit Nimbus in der ausgestreckten R. Kranz mit Taenien (?), im l. Arm Scepter. Man nennt die Figur Zeus, es scheint aber eher Pallas zu sein.

Dieselbe Umschrift, doch vor dem Namen noch »jayantasa«, das y deutlich so: ‚Λ (yâ?). Stehendes Pferd, den Vorderfuss erhebend, l.; l. Monogr. Das Gepräge ist ein redendes Wappen, ἵππος.

Berlin, aus Fox' Sammlung.

Æ. 5. □   Ebenso.

R. Æ. RR.

Lysias

Zeitgenosse (Mitregent?) des Antialcides, um 150 v. Chr.

R. 3. ΒΑΣΙΛΕΩΣ ΑΝΙΚΗ ΤΟΥ ΛΥΣΙΟΥ Brustbild mit Elephantenfell u. Diadem r.

ᛈᛦᛈᛔᛁ ᛈᛁᛢᛈᛁᛦᛁ ᛈᛁᛢᛃᚢ máharajasa apadihatasa lisikasa, auf anderen Exemplaren der vorletzte Buchstabe ᛃ, a, also Lisiasa. Herakles sich kränzend wie auf den Münzen des Demetrius, in der L. noch Palmzweig; l. Monogr.

2,47
u. s. w.

Berlin u. a. Samml.

R. 3.   Ebenso, behelmt und »lisikasa«.

Cunningham.

2,39

R. 3. Ebenso, nur Diadem.

Ebenso, doch Dehnungspunkte: mâhârajasa, apadihâtasa, der Name völlig deutlich »lisikisa«, ᛏᚺ, ki, vorletzter Buchstabe; l. Monogramm, r. Σ

2,12
abgerieben

Berlin, unedirt Taf. IV, 6. Merkwürdig wegen der wohl fehlerhaften Schreibung des Namens.

9

Gewicht

_Æ._ 5. ☐ Dieselbe Umschrift Brust-   Dieselbe Umschrift,   doch
bild des bärtigen Herakles r.,   lisikasa. Elephant r. Unten
über der l. Schulter Keule.   Monogr., zuweilen noch **Σ**.
Nicht sehr selten.

_Æ._   Rund, ebenso.

_Æ._ **RR.** _Æ._ **R.**

Lysias und Antialcides.
Gemeinschaftsmünze oder Prägefehler?

_Æ._ 4. ☐   Ebenso.   Umschrift des Antialcides
(s. oben) maharajasa jaya-
dharasa Atialikidasa. Die
Dioskurenhüte mit Sternen.
dazwischen zwei Palm-
zweige, unten Monogramm
und **Σ**.
Oxford.

_Æ._ Unicum.

Menander.

_R._ 6. **ΒΑΣΙΛΕΩΣ ΣΩΤΗΡΟΣ**   𐤐𐤔𐤋𐤅 𐤐𐤓𐤁𐤓 𐤐𐤓𐤀𐤋𐤅   9,39
ΜΕΝΑΝΔΡΟΥ Brustbild   (so ist Menanders Umschrift
mit Diadem r.   immer, ausser bei einigen
Kupfermünzen; bisweilen
Punkt hinter dem vorletzten,
den beiden ersten, und dem
ersten Buchstaben des zweiten Wortes) maharajasa tradatasa menandrasa (das »nan«
müsste also regulär so sein:
𐤍). Blitzschleudernde archaisirende Pallas mit Schild l.;
l. Monogr.
Reduzirtes Tetradrachmon. Sehr selten.

Gewicht der
Drachmen:

_R._ 3. Ebenso, Drachme. Sehr häufig, bisweilen der Kopf von   2,49
altem Ausdruck. Monogramme und Buchstaben auf der   2,48
Rückseite.   2,43
u. s. w.

Gewicht

Æ. 6.   Ebenso, Tetradrachmon: behelmtes Brustbild.   9,46
Selten, Berlin u. a. Samml.

Æ. 3.   Drachme, ebenso.
Sehr häufig.

Æ. 6. Tetradrachmon, Brustbild l. mit Aegis, speerwerfend.
Sehr selten.

Æ. 3. Ebenso, Drachme; die Pallas zuweilen r., den Schild
nach unten.
Sehr häufig.

Æ. 3.   Ebenso, behelmt.

Æ. 3. Dieselbe Umschrift. Brust- Dieselbe Umschrift. Eule von 2,22
bild der Pallas mit langem vorn, etwas r.: r. Monogr. 2,12
Haar r.
Sehr selten. Berlin u. a. Samml. Ein Exemplar nach Cunningham im Tempel von Mârtland in Kaschmir gefunden.

Æ. 7½. □ Dieselbe Umschrift. Dieselbe Umschrift. Sprin-
Pallaskopf mit langem Haar gendes Pferd r. Unten Mo-
rechts.   nogramm.
. London u. a. Samml.

Æ. 5. □   Ebenso.   Dieselbe Umschrift. Pallas
wie auf den Silbermünzen l.;
l. Monogr.
Berlin, Cunningham.

Æ. 5. □   Ebenso.   Dieselbe Umschrift. Runder
Schild mit Schuppen u. Gor-
goneion (mit der Aegis be-
deckt, wie der Schild der
kämpfenden Pallas auf den
Silbermünzen deutlich zeigt;
l. Monogr.
Berlin u. a. Samml.

Gewicht

_Æ._ 5.□　　Ebenso.　　Dieselbe Umschrift. Stehende
　　　　　　　　　　　　Eule von vorn, etwas r.;
　　　　　　　　　　　　r. Monogr.

Cunningham u. a. Samml.

_Æ._ 3—5¹/₂.□ Ebenso.　　Dieselbe Umschrift. Nike mit
　　　　　　　　　　　　Kranz und Palme r.

Scheint häufig. Berlin (Guthrie) 7 Exemplare von verschiedener Grösse.

_Æ._ 6¹/₂. Dieselbe Umschrift. Be-　Dieselbe Umschrift. Delphin
kränzter jugendlicher Kopf　rechts. Unten zwei Monogr.
r., offenbar nicht der König,
sondern ein Idealkopf mit
fliegendem Haar. Vielleicht
ein Flussgott?

East India Museum.

_Æ._ 5—6.□ Dieselbe Umschrift.　Dieselbe Umschrift. Pallas
Brustbild des Königs mit　mit Blitz u. Aegis (hier nicht
Diadem und Aegis l., mit　　Schild) r.; r. Monogr.
dem r. Arm speerwerfend.

Berlin, Cunningham u. s. w.

_Æ._ 6.□ Dieselbe Umschrift, doch　Dieselbe Umschrift. Stier-
der Name vor σωτῆρος. Ka-　kopf von vorn; l. Θ, r.
meel mit zwei Höckern l.　　Monogr.

Unicum, Sammlung der Asiat. Soc.

_Æ._ 5.□ Dieselbe Umschrift, aber　Dieselbe Umschrift. Drei-
wie gewöhnlich gestellt.　　fuss; l. Monogr.
Stierkopf von vorn.

London u. a. Samml.

_Æ._ 3.□ Dieselbe Umschrift. Ele-　Dieselbe Umschrift. Treib-
phant l.　　　　　　　　　stachel der Elephantenführer
　　　　　　　　　　　　mit einem Widerhaken; l. Δ,
　　　　　　　　　　　　r. Monogr.

Sehr selten, Cunningham u. s. w.

Gewicht

Æ. 3. □ Dieselbe Umschrift. Elephantenkopf r. mit Glocke.

Dieselbe Umschrift. Keule, seitwärts je ein Monogramm (zweimal arianische, sonst griechische) und **A**. Sehr häufig.

Æ. 4. □ Dieselbe Umschrift. Eberkopf, geneigt, r.

Dieselbe Umschrift. Palmzweig, l. Monogr.

Æ. 2. □ Dieselbe Umschrift. Rad von acht Speichen, verziert.

Wie vorher, r. Monogr.

Æ. 5. □ **BAΣIΛEΩΣ ΔIKAIOY MENANΔPOY** Stehende Pallas l. mit Lanze, die R. erhebend, l. lehnt an ihr der Schild.

In der Umschrift statt des tradatasa: ꟼꓩꓧꓤ, dhramikasa (= δικαίου). Mähnenloser indischer Löwe l. sitzend.

Die drei letzten sehr selten.

R. Æ. **C**.

/

Niclas.

R. 3. **BAΣIΛEΩΣ ΣΩTHPOΣ NIKIOY** Brustbild mit Diadem r.

ꟼꓩꓩꞍꟼ ꟼꓩꓡꓩ ꟼꓩꓩ·ꓴ mâhârajasa tradatasa nikiasa. Stehende behelmte Figur l. (der König?), die R. erhebend, in der L. Palmzweig; l. Monogr.

2,33

Reduzirte Drachme.   Cunningham's Samml.

Æ. 5. □ Ebenso, bisweilen die späten Formen **Ш**, **ロ**, **ᑕ**.

Dieselbe Umschrift, ohne Punkte, nach Cunningham's Text. Die Abbildung zeigt jedoch deutlich d. Königstitel ꟼꓥꓩꞁꓴ, maharayasa, der vorletzte Buchstabe ꓥ, nicht j; also das einzige Beispiel dieser Schreibung auf Münzen, sonst aus den Inschriften des Yndopheres u. a. späterer Könige, aus Takht-i Bahi, bekannt. S. die histor. Uebersicht. — Der König zu Pferd, behelmt, r. sprengend. Sehr selten.

R. Unicum. *Æ.* **RRRR**.

Gewicht

Philoxenus.

.R. 6. BAΣIΛEΩΣ ANIKH   ᐩ𐎹ᐩ ᐩ𐎹 ᐩ𐎹 9,78
TOY ΦIΛOΞENOY Brust- mâhârajasa apaḍihatasa phi-
bild mit Diadem r. lasinasa. Auf diesem Exem-
plar hat jedoch das ḍi, wie
Cunningh. bemerkt, irriger-
weise die Gestalt des phi.
ḍi ist so: **ᖱ**; phi so: **ᐩ**.
— Der König behelmt, zu
Pferd, r. sprengend. Unten
Monogr.

Reduzirtes Tetradrachmon. London, Unicum.

.R. 6. Ebenso, doch behelmter Kopf. Richtige Inschrift.

.R. 3.□ Ebenso, die Inschrift der Rückseite ist im Namen deut- 2,39
lich Philusinasa, der zweite Buchstabe: lu, �**ᒣ**. Unten
wechselnde Monogramme.
Berlin, Cunningham u. s. w.; Drachme.

.R. 3.□   Ebenso, doch nur Diadem und Philasinasa. 2,39
Drachme. Berlin u. s. w.

.Æ. 5.□ Dieselbe Umschrift. Ste- Umschrift wie vorher, doch
hende Tyche (oder Demeter) wechselt Philasinasa und
mit Modius l., erhobener R., Philusinasa auf mir vorlie-
im l. Arm Füllhorn; l. Mo- genden Exemplaren. Zebu-
nogramm, wechselnd. stier r., darunter Σ oder ein
arianischer Buchstabe.
Nicht sehr selten.

.Æ. 5.□ Dieselbe Umschrift. Ste- Umschrift wie vorher, doch
hender Helios mit Strahlen- Philasinasa. Nike mit Kranz
krone, die R. ausstreckend, und Palme r.; r. Monogr.
Scepter in der L.
London, Unicum.
.R. RR. .Æ. R.

Strato I.

Zeitgenosse des Heliokles (Cunningham führt eine von Heliokles überprägte Æ. des Strato an).

.R. 6. **ΒΑΣΙΛΕΩΣ ΕΠΙΦΑ** 𐤯𐤓𐤆 𐤯𐤓𐤁𐤓 𐤯𐤉 𐤁 𐤯𐤉𐤓𐤏𐤏 8,6₅
ΝΟΥΣ ΣΩΤΗΡΟΣ (s. unten). Pallas mit Blitz Erhal-tung?
ΣΤΡΑΤΩΝΟΣ Brust- und Schild l.; l. Monogr.
bild r. mit Diadem.

Reduzirtes Tetradrachmon. Cunningham's Samml. Unicum.

.R. 3. Ebenso, Drachme. 2,2

Berlin, London, Cunningham. — Taf. IV, Nr. 5. Sehr selten. nicht gut

.R. 6. Ebenso, behelmter Kopf. 8,6₄

Tetradrachme. London u. a. Samml. sehr selten. mangel-haft

.Æ. 5. □ Dieselbe Umschrift. Ste- Dies. Umschrift, das zweite hender Apoll von vorn, l. den Wort deutlich: 𐤯𐤉𐤁 Drei-Pfeil, die R. auf den Bogen fuss; r. Monogr., l. bisweilen . gestützt, wie auf Apollodot's arianischer Buchstabe.
Münzen.

Berlin, Rollin u. Feuardent u. a. Samml. Cunningham führt vier verschiedene Exemplare an.

Die arianische Umschrift der hier zusammengestellten Silber- und Kupfermünzen ist angeblich mâhârajasa (oder ohne Dehnungspunkte) pratichhasa (= $\dot{\epsilon}\pi\iota\varphi\alpha\nuο\tilde{\upsilon}\varsigma$) tra-datasa stratasa, nach Cunningham. Also müsste der zweite Buchstabe des dem $\dot{\epsilon}\pi\iota\varphi\alpha\nu\dot{\eta}\varsigma$ entsprechenden Titels so sein: 𐤓, ti. Aber auf einer mir vorliegenden Kupfer-münze ist der Buchstabe bestimmt nicht ti 𐤓, sondern so 𐤓, d. i. also ch. Eine Täuschung ist nicht möglich, es ist nicht etwa ein nachlässiges ti: 𐤅, beide Theile des Buchstabens ch ∪ 𐤓 sind getrennt. Auch die Silber-drachme und Cunningham's Abbildung bestätigt das ch. Also heisst es nicht: pratichhasa, sondern prachachhasa. Aus dem Sanskritwort pratyakshasya, welches genau dem

Gewicht

ἐπιφανοῦς entspricht, »vor dem Auge stehend, deutlich
sichtbar«, würde auch, wie mir von sachkundiger Seite
mitgetheilt wird, unbedingt prachachhasa, also wie ich
bereits vorher nur nach der Buchstabenform gelesen hatte,
werden [1]. Also meine Lesung prachachhasa ist die einzig
richtige.

Die frühere Lesung tegamasa ist ganz unmöglich.

Æ. 3. Drachme, Kopf mit Diadem, *Rf.* Pallas wie vorher, 2,00
doch nur mit ΣΩΤΗΡΟΣ und ohne prachachhasa.

Cunningham, Unicum.

Eine andre Drachme mit derselben Umschrift von ganz
roher Arbeit möchte ich wegen der Stylübereinstimmung mit
den sichern Drachmen Strato's II. diesem, dem Sohn, geben.

Æ. 4.□ Dieselbe Umschrift. Brust- Dieselbe Umschrift. Nike mit
bild des bärtigen Herakles r. Kranz und Palme r., l. und
(nicht des Königs als Hera- r. Buchstaben und Mono-
kles), mit Diadem, Keule gramme.
über der l. Schulter.

Selten. Berlin, Cunningham, Rollin u. a. Samml.

Æ. 5.□ Ebenso, doch noch ΔΙΚΑΙΟΥ hinter dem Sotertitel
und 𐨤𐨪𐨨𐨁 dhramikasa = *δικαίου* hinter dem tradatasa.

Sehr selten. London u. a. Samml.

Æ. RRR. *Æ.* RR.

Agathoclea
Gemahlin Strato's (?).

Æ. 4.□ ΒΑΣΙΛΙΣΣΗΣ ΘΕΟ Strato's Umschrift: mahara-
ΤΡΟΠΟΥ ΑΓΑΘΟΚΛΕΙΑΣ jasa tradatasa dhramikasa
Brustbild der Königin oder stratasa. Herakles auf dem
der Pallas, behelmt, mit Felsen sitzend, die Keule auf
Diadem, r. das r. Knie stützend l., wie
auf Euthydem's Münzen; l.
unten Monogr.

---

1) »Prachachhasa (pracachasa = praccacchassa) ist die völlig regelrechte
Präkrit-Umgestaltung des sanskritischen pratyakshasya«.

Cunningham führt nur vier Exemplare an; nach seiner ausdrücklichen Bemerkung ist die Lesung βασιλίσσας, wie auch auf Wilson's und Prinsep's Abbildungen steht, irrig. Das Verhältniss der Agathokleia — vielleicht einer Prinzessin aus Agathokles' Familie — zu Strato ist nicht völlig klar. Man nimmt gewöhnlich an, es sei seine Gemahlin; nach Cunningham wäre sie aus der Familie, welche dem Strato und seiner Dynastie feindlich war, also die Münze wäre wiederum eine Versöhnungs- und Hochzeitsmünze, wie die des Heliokles und der Laodice oder im 16. Jahrhundert die Hochzeitsmedaille der Orsini und Colonna, wo der Bär (redendes Abzeichen der Orsini) die Säule (colonna) umklammert. Aber eine solche Beziehung ist bei Strato und Agathokleia durch absolut nichts zu erweisen. Eher könnte man an eine Regentschaftsmünze denken, etwa bei längerer Krankheit Strato's I., auch könnte Agathokleia als Mutter Strato I. und etwa Tochter des Agathokles während der Minderjährigkeit des Sohnes geprägt haben, oder endlich als Wittwe Strato I. für den minderjährigen Strato II.; doch sind dessen sichere Münzen sehr roh und Agathokleia's Münze recht gut, auch führt Strato I. zwar die Titel tradatasa dhramikasa (σωτῆρος δικαίου), nicht aber Strato II. Das dhramikasa (δικαίου) für einen Minderjährigen, einen Knaben, wäre überhaupt ein sehr unpassender, lächerlicher und geschmackloser Beiname, selbst in schlechter Epigonenzeit würde der servilste Grieche kaum so geschmacklos gewesen sein, ein unselbstständiges Kind, dessen Mutter als Vormünderin regiert, schon δίκαιος zu nennen. Ein Ausweg wäre, ein Verhältniss wie das der syrischen Cleopatra zu ihrem Sohn Antiochus VIII. anzunehmen; sie masst sich, obgleich der Sohn längst selbstständig und erwachsen ist, die erste Stelle auf den Münzen und in der Regierung an.

Gewicht

Also ganz klar ist die Stellung der Agathokleia zu
Strato I. und II. noch nicht; andre Conjecturen über den
kriegerischen Character der Dame und dass sie den Strato
auf seinen Feldzügen begleitet, sind natürlich ganz müssig.
Auf den merkwürdigen Beinamen ϑεότροπος, die sich
zu Gott hinwendende, gottergebene, ist schon vielfach aufmerksam gemacht worden.

Strato II., Sohn Strato's.

Æ. 3. BACIΛEΩC CΩTHPOC   פוּר פּוּצ פּוּרֹר צוּעו   2,33
CTPATΩNOC YIOY   פּוּצ ריהַנַעֹף רٌ

CTPATΩNOC in verwil-   maharaja rajarajasa stratasa
derter Umschrift; zwei mir   putrasa cha sampriyapita
vorliegende Exemplare las-   (vom m sehe ich nichts)
sen die auf Cunningham's   stratasa; priyapita heisst:
Abbildungen schon verderbt   seinen Vater liebend, stra-
erscheinende Umschrift als   tasaputrasa (patrasa? das u
eine völlig unlesbare er-   sieht man nicht, s. unten bei
scheinen. Rohes Brustbild,   den ungriechischen Königen)
unbärtig, mit Diadem r.   ist: Sohn des Strato. Auf
                              mir vorliegenden Exempl.
                              ist das ta im letzten Bei-
                              namen nicht sichtbar. Pallas
                              mit Blitz u. s. w. l., sehr
                              roh. Zuweilen auf einer
                              oder beiden Seiten arianische
                              Buchstaben.

Reduzirte Drachme; sehr selten, doch sah ich im Münz-
handel zwei Stücke, von schlechtem Silber und nicht so
deutlich als Cunningham's Exemplare.

Æ. 3. Drachme desselben Gepräges doch mit BAΣIΛEΩΣ   2,39
ΣΩTHPOΣ ΣTPATΩNOΣ und nur maharajasa trada-
tasa stratasa. *Rf.* l. arianischer Buchstabe, r. Monogr.

Von ebenso roher Fabrik; deshalb möchte ich diese Drachme
eher Strato II. zuschreiben. S. Cunnigham, Taf. XI, 4.

Æ. RRR.

Gewicht

Telephus.

R. 3¹/₂. **ΒΑΣΙΛΕΩΣ ΕΥΕΡΓΕ ΤΟΥ ΤΗΛΕΦΟΥ** Schlangenfüssiger Gigant oder (nach Analogie von Hippostratus' Münze) Triton, die Enden der Fisch- oder Schlangenfüsse in d. Armen haltend, v. vorn.

Ueber die Inschrift s. unten. Helios und Selene stehend, angeordnet wie sonst die Dioskuren, mit langen Sceptern; Helios mit Strahlenkrone, Selene mit der Mondsichel.

2,11

2,0 beide unvollkommen

Reduzirte Drachme. Oxford, bisher Unicum; zwei Exemplare fand ich unter den unbestimmten der Guthrie'schen Sammlung (Berliner Museum). Die arianische Umschrift liest Cunningham: mahârâjasa kalâna-kramasa teliphasa; Lassen will den Beinamen (= εὐεργέτου) parakaramasa lesen; letzteres ist sicher irrig. Es steht auf den Berliner Exemplaren und dem Oxforder bei Cunningham abgebildeten zunächst deutlich der Name und Königstitel: Ϡ✝ᴚᕳ⅂ teliphasa und Ϸᖷꙶᴎ maharajasa. Das zweite Wort lautet auf den Berliner Exemplaren so: Ϸᴜᕋᖷᕳᖷ in schlechten aber deutlichen Buchstaben; dies bestätigt also fast ganz Cunningham's Lesung kalana kramasa, regulär: Ϸᴜ↗ϛᕳᖷ, und nicht Lassen's. — Nach unseren Exemplaren scheint am ersten kalakakramasa zu stehen, der dritte und der erste Buchstabe scheinen identisch, k. Taf. IV, 7, 8.

R. **RRRR.** Nach einer Cunningham gewordenen Mittheilung soll ein Tetradrachmon des Telephus existiren.

Theophilus [1]).

R. 3. **ΒΑΣΙΛΕΩΣ ΔΙΚΑΙΟΥ ΘΕΟΦΙΛΟΥ** Brustbild mit Diadem.

Ϸᕳ✝ᴎ⅄ Ϸᖷꙶϒ Ϸ⅄↗ᴎ maharajasa dhramikasa theuphilasa. Herakles sich kränzend, wie auf Demetrius' Münzen; l. Monogr.

2,33

Reduzirte Drachme. Cunningham's Samml. Unicum.

---

1) Vielleicht hängt mit ihm d. indische Stadt Theophila des Ptolemaeus zusammen.

Gewicht

Æ. 4.□ Dieselbe Umschrift. Bärtiger Herakleskopf r., Keule über der l. Schulter.

Dieselbe Umschrift, doch Punkte unter dem m und h, auch nach der Abbildung theaphilasa (ꓶ statt ꓷ). Füllhorn; l. Monogr.

Unicum in Cunningham's Samml.

Æ. Æ. Unica.

Zoilus.

Æ. 3. ΒΑΣΙΛΕΩΣ ΔΙΚΑΙΟΥ ΙΩΙΛΟΥ Brustbild mit Diadem r.

𐨤𐨹𐨪𐨗 𐨤𐨿𐨪𐨨𐨁𐨐 𐨗𐨱𐨆𐨫 mâhârajasa dbramikasa jhoïlasa. Herakles stehend von vorn, Kranz in der R., einen andern auf dem Kopf, also ähnlich 'dem Euthydem's II.,' doch setzt ihm bei Zoilus eine kleine Nike, l., auf der linken Schulter stehend, den Kranz auf; im l. Arm Löwenfell und Keule: l. Monogr.

2,39

[2,47 mit Henkel]

Reduzirte Drachme. Nur in Cunningham's Samml. und in Berlin. Auf dem Berliner Exemplar sieht das Figürchen eher wie ein kleiner Eros aus, der zu Herakles und dem Epheu- oder Weinlaubkranz (denn auf Euthydem's und Demetrius' Münzen ist es sicher kein Lorbeer) sehr gut passen würde.

Æ. 3. Ebenso ohne die kleine Figur; l. ein anderes Monogr. 2,26 Oxford u. a. Samml.

Æ. 3. Ebenso, aber Z im Namen.

Dies. Umschrift, schlechte Buchstaben ohne Punkte. Pallas kämpfend mit Blitz wie gewöhnlich, l. zu beiden Seiten Buchstaben und Monogramme.

Cunningham's Samml. Sehr selten.

_Æ_. 5½—8. Dieselbe Umschrift, doch **I**. Bärtiger Herakleskopf mit Löwenfell r.

Dieselbe Umschrift, gute Formen. Bogen und Köcher und Keule, im Epheukranz; l. Speer (?), r. Monogr.

Englische Privatsammlung. Fast genau die Typen Alexanders des Grossen, nur bei Alexander unbärtiger Herakles. Die Darstellung im K r a n z zeigt eine merkwürdige Drachme Alexanders in Berlin (Prokesch), ähnliche Typen hat auch Erythrae.

_Æ_. 6. Dieselbe Umschrift, doch **Z** und **Ш**. Apollo stehend r., bekleidet, mit beiden Händen den Pfeil haltend; l. hinter ihm nach oben gehend, wie schwebend, ein kleiner Elephant r.

Dieselbe Umschrift, einmal der erste Buchstabe des Namens j, **ƛ**. Dreifuss; l. und r. arianischer Buchstabe.

Selten. Copie von Apollodot's Münzen.

_Æ_. 6½. ☐ Ebenso, ohne Elephant. Rückseite griechisches Monogramm und arianischer Buchstabe.

London u. a. Samml.

_Æ_. 4. ☐ Elephant r., Umschrift verlöscht.

Dieselbe Umschrift, nicht ganz erhalten. Dreifuss; r. und l. arianischer Buchstabe.

East India Museum.

_Æ_. 2. Ebenso, man sieht **ZШIΛ**

Ebenso, deutlichere Umschrift; l. arianischer Buchstabe.

Englische Privatsammlung.

_R_. _Æ_. **RRR**.

II. Könige mit ungriechischen Namen[1].

Ranjubul,

Ranjabal oder ähnlich, aus der spätesten Zeit der griechischen Herrschaft oder sich unmittelbar anschliessend.

Æ. 3. schlechtes Silber.

BACIΛEϒ
BACIΛEWC
CWTHPOC
PAIϒ

Unbärtiges Brustbild mit Diadem r. Auf einem Exemplar nicht ganz schlechte Arbeit.

ⲢⲎⲟⲓⲋ (auch ⲓ) Ⲣⲧⲓⲓⲍⲓ ⲋⲓ ⲢⲎⲌϒ

chhatrapasa apratihatachakrasa ranja (oder ju) balasa, so auf den besten mir im Abdruck vorliegenden Exempl. des Brit. Mus. Pallas wie auf den Münzen der griechischen Könige l., ziemlich roh; l. und r. ein arianischer Buchstabe. Nur das letzte ch im Titel ist nicht recht deutlich.

Gewicht ohne Werth, weil schlechtes Æ.

Taf. V. Nr. 3. Diese merkwürdigen rohen Münzen, meist ganz verwildert auf der griechischen Seite, wurden in grösserer Anzahl in Mathura und im Ost-Penjâb gefunden, zusammen mit rohen Drachmen des Strato; Ranjubul ist aber nach den neuesten Notizen Cunningham's und den mir vorliegenden Abdrücken nicht, wie man gemeint hat (Lassen, Ind. Alterthk.[2] II, 348), ein Satrap des Strato, wenigstens ist gar kein Beweis dafür da; Cunningham, dem wir die Bekanntmachung der Münzen verdanken, setzt sie etwa in die Zeit des Azes. Die Lesung der meist gänzlich verwilderten Münzen ist auf dem besten Londoner Exemplar wie ich angegeben, auch die Rück-

---

1) Der oder die Könige Kamnaskires und Kamniskires, theils nach syrischem Muster mit unbärtigem Kopf, theils den Arsaciden ganz ähnlich, gehören eher einer parthischen Nebendynasᵗie an. Auch Lucian führt den Kamnaskires als Parther an; aus diesem ist bekanntlich der angebliche Arsacide »Mnaskires« erfunden worden.

seite auf einem Exemplar fast ganz vollständig; die Umschrift der Rückseite ist auf den verschiedenen Stücken
etwas verschieden angeordnet (nicht verschieden in der
Wortfolge, nur in der Stellung: bald von aussen, bald
von innen zu lesen). Cunningham liest nach Vergleichung
mehrerer Exemplare (Archaeol. survey of India 1873, 40 f.):
βασιλέως βασιλέων σωτῆρος ϱαζιοβ, und ergänzt ϱαζιο-
βάλου; und die Rückseite: chhatrapasa apratihatachakrasa
(bisweilen apratichakrasa) ranjubulasa. Die arianische Form
des Namens ist nach dem was Cunningham l. c. nachweist,
wohl ganz sicher, höchstens in den Vocalen variirend[1];
weniger sicher ist die griechische Form des Namens; das
deutliche Londoner Exemplar könnte man am besten βασι-
λεί·[οντων] βασιλέως σωτῆϱος 'Ραζυ[οβάλου] oder ähnlich
ergänzen; die Lesung, wie ich sie gab, ist sicher.

Der Titel Satrap im Arianischen ist wohl nicht in
dem uns geläufigen Sinne zu nehmen, es entspricht dem
Titel »König der Könige« im Griechischen; den indischen
Beinamen übersetzt Cunningham: »invincible with the
discus«.

Einem vielleicht noch späteren König gehört eine
völlig kupferne Münze des Berliner Museums an, die sich
vielleicht den Münzen des Ranjubul anschliesst, doch führt
Prinsep-Thomas (Ess. ind. ant. II. 215. Nr. 7) ein solches
Stück unter Yndopheres an und giebt die arianische Umschrift der Rückseite: rajadirajasa mahatasa godapharasa.

Æ. 2. ... **BACIΛC** .. Bärtiger   Die Pallas, ganz roh, Schrift
       roher Kopf r.   nicht sichtbar; links **Z**,
                             rechts **Ƭ**.

Ⱥ. **RR**, ganz deutliche Exemplare **RRRR**.

---

1) Die Anmerkung p. 94 (209) ist zu streichen.

Gewicht

Maues oder Mauos
um 100 v. Chr.?

a) rein griechisch.

Æ. 7. Elephantenkopf r. mit **BAΣIΛEΩΣ MAYOY** Caduceus, l. unten Monogr.
Glocke.

Von gutem Styl, Copie der Münzen des Demetrius.

b) mit arianischer Schrift auf der Rückseite.

R. 8. **BAΣIΛEΩΣ BAΣIΛEΩN MEΓAΛOY MAYOY** Stehende bekleidete Figur (Zeus?) von vorn, etwas l., den r. Arm ausstreckend, im l. etwas schräg ein mit Taenien verziertes Scepter haltend.

רבורבו סוטרידׁ ץרעש ץיף raja-9,ₛᵢT.[1]) dirajasa mahatasa muasa; 9,₂₆T. man liest maasa, moasa. [8,₅₅ 8,₇ Berlin Alle mir vorliegenden Münzen des Maues (vgl. auch beide beschädigt] Wilson, Ariana p. 314) haben aber ⳙ, also gewiss nicht maasa, sondern moasa oder sogar muasa. Nike mit Kranz und Palmzweig r. — Griechisches Monogr.

R. 8. Dieselbe Umschrift. Zweigespann mit sprengenden Pferden. Der Lenker behelmt, die Figur im Wagen auf den Speer gestützt mit Nimbus (der König?).

Dieselbe Umschrift. Zeus (?) wie auf Hermaeus' Münzen thronend mit Scepter mit drei Spitzen (Dreizack-ähnlich; Poseidon?) Kupfermünzen des Maues zeigen den Poseidon sicher. Monogr.

Prinsep-Thomas.

Privatsammlung.

Æ. 3. ▢ **BAΣIΛEΩΣ MAYOY** Stehender Apoll wie auf den gut gearbeiteten Münzen des Apollodot; l. griechisches Monogr.

maharajasa muasa. Dreifuss wie auf Apollodot's Münzen.

Berlin u. a. Samml.

---

1) Mit T bezeichne ich das Prinsep-Thomas'sche Verzeichniss; s. Einleitung.

Gewicht

_Æ._ □ ebenso, grösser, mit βασιλέως βασιλέων μεγάλου Μαύου. Wilson p. 314 nach Raoul-Rochette.

_Æ._ 5. □ Dieselbe lange Umschrift. Stehende Figur von vorn mit Speer, Halbmond auf dem Kopf, zwei Sterne unten im Feld, zu beiden Seiten je ein Stern; also Artemis Selene (vgl. die Münze des Telephus).

Die lange arianische Umschrift. Nike l.

_Æ._ □ Dieselbe Umschrift. Thronender Zeus (?), an der Seite eine kleine Figur.

Dieselbe Umschrift. Weibliche Figur wie auf der Hauptseite d. vorigen Münze (von Raoul-Rochette »Pallas« genannt, irrig).

Prinsep-Thomas nach Wilson's Citat aus Raoul-Rochette, Allards Sammlung.

_Æ._ 7. Dieselbe Umschrift. Eilende Figur mit Jagdstiefeln, über dem Kopf aufgeblähtes Gewand, offenbar Artemis Selene, worauf auch die Typen der beiden vorigen Münzen deuten.

Umschrift wie vorher, das m u des Namens sehr deutlich. Zebu-Stier l., davor Ả

Berlin (Prokesch). Die Figur der Vorderseite wird von Prinsep-Thomas irrig als Figur »mit Häuten bekleidet« beschrieben.

Wir haben hier eine Reihe theils ganz unzweifelhafter, theils höchst wahrscheinlicher Darstellungen der Artemis-Selene, der Mondgöttin. Schon Raoul-Rochette hat (freilich mit absurder Folgerung daraus) auf den Gleichklang von **MAYOY** mit dem in späterer Zeit so häufig erscheinenden **MAO**, dem Namen der durch Halbmond deutlich charakterisirten Mondgottheit, aufmerksam ge-

macht. Ich glaube man kann diesen glücklichen Gedanken vernünftig anwenden: liegt nicht die Vermuthung
nahe, Maues oder Mauos habe wirklich (wie es ähnlich
viele andre baktrische Könige thun, Apollodot, Pantaleon,
Hippostratus, Artemidor) die Artemis-Selene, indisch **MAO**
(oder ähnlich lautend in seiner, der frühen Zeit) als redendes Wappen geprägt?

Æ. 7.□ Dieselbe Umschrift. Poseidon mit Keule in der L.
und Dreizack in der R. von
vorn mit über dem Kopf auf-
geblähten Gewand, eilend,
etwas l.; l. Monogr. — Ich
halte die Figur für ein Pantheon aus Poseidon, Hera-
kles, Artemis-Selene.

Dieselbe Umschrift; Nike (?)
mit Kranz oder Taenia r.,
Gewand über den Schultern,
keine Flügel; r. arianischer
Buchstabe.

Abgebildet bei Wilson Ariana. Taf. VIII, 10.

Æ. 5¹/₂.□ Dieselbe Umschrift.
Elephant r.

Dieselbe Umschrift. Der mit
untergeschlagenen Beinen
sitzende König, Schwert im
Schoosse.

Berlin u. a. Samml.

Æ. □ Dieselbe Umschrift; männliche undeutliche Figur l.

Dieselbe Umschrift, Löwe r.
Monogr.

Æ. 7.□ Dieselbe Umschrift. Poseidon von vorn, halb be-
kleidet, die L. auf den Dreizack stützend, den r. Fuss
auf einen emportauchenden
Flussgott setzend.

Dieselbe Umschrift. Lang-
gekleidete stehende weib-
liche Figur von vorn, in jeder
Hand einen langen Zweig mit
grossen gezackten Blättern;
l. Monogr.

Von guter Arbeit und anmuthiger Zeichnung. Berlin u. a.
Sammlungen.

Æ. □ Ebenso, Poseidon mit der erhobenen R. Blitz schleudernd (Pantheon aus Zeus und Poseidon?).

Gewicht

Æ. □ Ebenso, doch Poseidon ohne Blitz, statt des Dreizacks
Palmzweig (s. Antimachus).

Æ. 4. □ ...βασιλέων... Poseidon (?) mit Blitz und Palmzweig in ähnlicher Stellung,
l. eine kleine Figur, an den
Palmzweig fassend (?), eher
Nike als der sonst r. er-
scheinende Flussgott.

Dieselbe Umschrift, man
sieht nur ...rajasa maha..
Dieselbe Figur mit d. Blätter-
zweigen.

Berlin. Es scheint sicher Maues, nicht Azes, schon die
bei Azes stets längere Umschrift der Rückseite beweist es,
während Maues auf diesen Stücken immer rajadirajasa
mahatasa muasa hat. Leider unvollkommen erhalten.

Æ. □ Die vollständige Umschrift.
Der König zu Pferd mit langen Diadembändern.

Dieselbe Umschrift, voll-
ständig. Behelmte Figur mit
fliegendem Gewand, Speer
in der L., Kranz (Guirlande,
Taenie?) in der R.

Æ. 6½. □ Ebenso, r.; mit ein-
gelegter Lanze.

Dieselbe Umschrift. Nike
mit langem Palmzweig ste-
hend, l.; l. unten Monogr.

Berlin u. s. w.

Æ. □ Dieselbe Umschrift. Stehende männliche Figur von
vorn, in der L. Keule. Es
ist offenbar der sich kränzende Herakles des Deme-
trius u. s. w., der auch bei
Vonones u. s. w. vorkommt.

Dieselbe Umschrift. Zebu-
Stier r., Monogr.

Eine andre Münze hat ein Pferd auf der Rückseite und
keine arianische Umschrift. (Schlecht erhalten? s. Lassen,
Ind. Alterthk.[2] II, 387.)

Æ. □ Dieselbe Umschrift.
Elephant.

Dieselbe Umschrift. Zebu-
Stier.

10*

_Æ._ 5.□ **BAΣIΛEΩΣ MAYOY** 𐤓𐤉𐤲 𐤓𐤉𐤲𐤵 maharajasa Gewicht
     Pferd r.   muasa. Bogen im Futteral,
                 l. zwei (?) Monogramme.
                 Spuren eines früheren Ge-
                 präges (arianische Schrift?).

Taf. V, 1. Rollin und Feuardent, vermuthlich dasselbe Exemplar des Catologs Rollin und Feuardent Nr. 8255, wo Dreifuss statt Bogen steht, ein leicht möglicher Irrthum.

Diese schöne Münze ist merkwürdig wegen der völlig arsacidischen Typen, die besonders bei Arsaces VI. als Rückseiten seiner Kupfermünzen vorkommen und von dem bisher noch völlig unbekannten baktrischen Arsaces ϑεός (Unicum in Berlin, Taf. V, 2) genau nachgeahmt werden. Ohne weitere Conjecturen zu machen, muss man doch hervorheben, dass diese beiden Stücke weit eher auf arsacidische Abstammung des Maues als auf indoscythische deuten.

_R._ **RR.** _Æ._ **R.**

Azes

unmittelbarer Nachfolger (vgl. die guten _Æ._ □ mit Poseidon und Göttin, genau denen des Maues gleichend) und vielleicht Sohn des Maues (**Y MAY◻**, s. unten). Vielleicht gab es mehrere Azes?

Bei der grossen Menge von Münzen des Azes im Berliner Museum, den vielen Abweichungen und interessanten Einzelnheiten derselben schien es mir besser eine genauere Beschreibung der im Berliner Münzkabinet befindlichen Münzen des Azes zu geben. Ich lasse zunächst kurz das Prinsep-Thomas'sche Verzeichniss folgen und gebe dann, unabhängig davon, ein für den vorliegenden Zweck genau genug gearbeitetes Verzeichniss der Berliner Münzen. Die Monogramme einzeln nachzubilden, hat für den allgemein wissenschaftlichen Zweck meiner Schrift keinen Werth; im Catalog der Berliner Sammlung habe ich natürlich jedes einzelne Monogramm u. s. w. genau wiedergegeben.

I. Prinsep-Thomas' Verzeichniss:

Æ. Tetradrachme βασιλέως βασιλέων μεγάλου ῎Αζου. Der König zu Pferd r.

maharajasa rajarajasa mahatasa Ayasa. Weibliche Figur mit Zweig und Symbol ⨅⨅⨆ (die obere Hälfte des später bei Kadphises u. s. w. erscheinenden Symbols?).

Æ. Drachme, ebenso.

Æ. Tetradrachme *Hf.* ebenso.   *Rf.* Pallas blitzschleudernd l.

Æ. Drachme, ebenso.

Æ. Tetradrachme *Hf.* ebenso.   *Rf.* Zeus mit Blitz u. Scepter.

Æ. Tetradrachme *Hf.* ebenso.   *Rf.* Zeus mit Speer mit drei Spitzen (dreizackähnlich).

Æ. Tetradrachme *Hf.* ebenso.   *Rf.* Zeus mit Speer mit drei Spitzen, blitzschleudernd.

Æ. Drachme, ebenso, in der Haltung des Blitzes variirend.

Æ. Tetradrachme mit Pallas, stehend, die R. ausstreckend (Kranz haltend).

Æ. Drachme, ebenso.

Æ. Tetradrachme *Hf.* ebenso, mit Peitsche in der R.   *Rf.* Stehende Figur mit Speer, eine kleine Nike haltend.

Æ. Drachme, ebenso.

Æ. Tetradrachme *Hf.* ebenso.   *Rf.* Pallas mit Speer r., ohne Helm, die R. ausstreckend.

Billon,   *Hf.* ähnlich.   *Rf.* mit dreispitzigem Speer.

Billon,   *Hf.* ebenso.   *Rf.* Poseidon mit Dreizack von vorn.

Æ. Drachme *Hf.* ebenso.   *Rf.* Pallas mit Speer und Schild, die R. erhebend.

Gewicht

Æ. von Prinsep-Thomas »Drachme« genannt (sonst werden dort die Drachmen immer »Hemidrachmen« genannt). Der König stehend l., die R. erhebend, den Speer schräg über der l. Schulter.	*Rf.* Geflügelte Nike r.
Æ. $6^{1}/_{2}$. □ Poseidon auf den Flussgott tretend.	*Rf.* Göttin mit Blätterzweigen.
Æ. $6^{1}/_{2}$. Der König auf dem Kameel r., in der ausgestreckten R. Kranz	Umschrift nicht ganz erhalten. Yak, der thibetanische Buckelstier, lang behaart, weidend r.

S. die schöne Abb. Wilson Ariana Taf. VII, 6.

Æ. 6. □ Der König mit Lanze zu Pferd r.	Zebustier r.
Æ. 4 — 6. Herakles sich kränzend.	Pferd r.
Æ. 8.　　Elephant r.	Zebustier r.
Æ. 5 und 7. Zebustier r.	Mähnenloser Löwe r. Der Titel hier rajadirajasa.
Æ. 3. □ Löwe r. den l. Fuss hebend. Griechische verderbte Umschrift.	Zebustier l. Man sieht maharajasa... aya(sa). Oben arianischer Buchstabe.

Abgebildet bei Wilson Ariana VIII, 3. Die viereckige Form darf nicht bezweifelt werden, da die Inschriften im Viereck stehen.

Æ. 7.　　Demeter thronend.	Hermes stehend.
Æ. 7 und kleiner. Der König mit untergeschlagenen Beinen sitzend, von vorn.	Hermes stehend.
Æ. Weibliche Figur l. stehend.	Zebustier r.
Æ. Sitzender Löwe, verwilderte Umschrift.	maharajasa ... ayasa. Rohe sitzende Demeter.

Gewicht

_Æ_. klein, wie die Drachme mit Figur, die eine kleine Nike hält (wohl Billon).

_Æ_. Der König zu Pferd, die R. ausstreckend.

Demeter stehend von vorn, den r. Arm ausstreckend, im l. Arm Füllhorn. Die Umschrift hier: maharajasa mahatasa dhamikasa rajadirajasa ayasa.

II. Die Münzen des Azes im Berliner Museum.

Reduzirte Tetradrachmen, z. Th. von schlechtestem Metall.

_Æ_. 7. **ΒΑΣΙΛΕΩΣ ΒΑΣΙ ΛΕΩΝ ΜΕΓΑΛΟΥ AZOY** Der König zu Pferd mit Lanze r., langem Diadem, bisweilen im Feld arianischer Buchstabe. Die Formen der Umschrift zuweilen schlecht: **◻** statt **O**, **◻** statt **B**.

𐨰𐨕 𐨱𐨭𐨀 𐨪𐨗𐨡𐨁𐨪 𐨪𐨗𐨀 9,71
maharajasa rajarajasa ayasa. 9,65
Zeus stehend von vorn, halbbekleidet, bekränzt, in der R. Blitz, die L. auf d. Scepter stützend. Monogramme und arianische Buchstaben. 9,63 / 9,27

_Æ_. 6. Ebenso, viereckiges Omikron. Zuweilen verwildert: **ΒΛΣΛΕΟΣ**; **ZAOY AOAOA** statt _μεγάλου Ἄζου_.

Dieselbe Umschrift doch 𐨪𐨗𐨡𐨁𐨪 rajadirajasa. Pallas stehend r., die R. erhebend, im l. Arm Schild und Lanze, schräg. 9,33 / 8,84

_Æ_. 6½. Ebenso, regelmässige Umschrift, eckiges Omikron.

Dies. Umschrift, doch rajarajasa. Pallas blitzschleudernd links mit Schuppen-(Aegis)-Schild, wie auf Menanders u. s. w. Münzen. 9,42 / 9,41

Bessere Arbeit.

Reduzirte Drachmen, meist besseres Metall.

_Æ_. 3. Wie die Tetradrachmen: stehender Zeus und rajarajasa. 2,43 / 2,41 / 2,4

			Gewicht
Æ. 3. Ebenso, gute Aufschrift.		Umschrift ebenso, doch raja- dirajasa. Stehende Pallas r. mit Schild und schräger Lanze am l. Arm.	2,47
Æ. 3.	Ebenso.	Umschrift ebenso, doch raja- rajasa. Pallas von vorn, die R. erhebend u. an den Helm haltend, am l. Arme Schild.	2,31
Æ. 3.	Ebenso.	Ebenso, doch Pallas l., den l. Arm ausstreckend.	2,36
Æ. 3. Ebenso, doch hält der König r. eingelegte Lanze, l. Peitsche.		Dieselbe Umschrift. Blitz- schleudernde Pallas l.	2,45
Æ. 3. Dieselbe Umschrift, gute Formen, rundes kleines Omi- kron. Stehende halbbeklei- dete Figur von vorn, etwas l., die R. ausstreckend; im l. Arm, etwas schräg, ein Scepter.		Dieselbe Umschrift. Nike mit Kranz und Palmzweig r.	2,24

Dies ist offenbar die letzte *Æ*. des Prinsep'schen Verzeichnisses. Die Figur der Hauptseite ist aber ganz sicher
ein Gott, nicht der König, wie dort steht. Aehnlich ist der
Zeus auf andern Münzen des Azes.

Æ. 6—8.□ Dieselbe Umschrift, gute Formen; kleines run- des **O**. Poseidon mit Drei- zack mit d. r. Fuss auf einen emportauchenden Flussgott tretend.	𐨤𐨣 𐨤𐨪𐨂𐨬 𐨤𐨌𐨪𐨗𐨪 𐨤𐨪𐨂𐨬 maharajasa rajarajasa ma- hatasa ayasa. Göttin v. vorn, in jeder Hand einen Zweig mit grossen zackigen Blät- tern haltend; l. Monogr.

Genau wie die Münzen des Maues.

Ein Exemplar ist überprägt; man sieht vom alten
Gepräge den Titel maharajasa, darunter eine Linie vom
Perlenquadrat. Es ist höchst wahrscheinlich die häufige
Münze des Apollodot, mit Dreifuss im Perlenquadrat. Die

Ueberprägung lehrt wenig, höchstens dass Azes etwa in der Gegend des Apollodot geherrscht habe. Dass er später ist als Apollodot, verstand sich von selbst.

Æ. 6¹/₂. Dies. Umschrift, eckiges   Dieselbe Umschrift. Zebu-
Omikron. Der König zu Pferd   stier r. Monogramm und
r. mit Lanze.   Buchstabe.

Auf einem Exemplar steht das ma in maharajasa auf dem Kopf. Einmal steht rajadirajasa.

Æ. 8¹/₂. Ebenso, rund. — Rundes Omikron und rajarajasa.

Æ. 7. Dieselbe Umschrift, eckiges   Dieselbe Umschrift. Stehen-
Omikron. Thronende Deme-   der Hermes mit Caduceus.
ter mit Modius, Füllhorn u.
Aehren, von vorn.

Ein Exemplar geprägt auf ein Stück der folgenden Münzsorte des Azes mit Elephant oder Löwe und Zebu. Also sind die letzteren Münzen die früheren, die mit der Demeter die späteren.

Æ. 8¹/₂. Dieselbe Umschrift. Zebu-   Dieselbe Umschrift, doch
stier stehend r. Oben und zu   rajadirajasa. Mähnenloser
beiden Seiten Monogramme   Löwe r. Oben Monogr.
und Buchstaben.

Æ. 7. Dieselbe Umschrift. Ele-   Dieselbe Umschrift, doch ra-
phant r. den l. Vorderfuss   jarajasa. Zebustier stehend
hebend. Oben Monogr.   r. darüber Monogramme.

Æ. 6¹/₂. Dieselbe Umschrift. Der   Dieselbe Umschrift. Hermes
König mit untergeschlagenen   stehend von vorn mit flie-
Beinen auf einem Kissen   gendem Gewand, die R. er-
sitzend, v. vorn; im ausge-   hebend, in der L. Caduceus.
streckten r. Arm den Ele-   Monogramme.
phantentreibstachel, in der
L. Schwert in der Scheide,
das wagrecht über den Beinen liegt; l. Monogr.

Diese fünf Gepräge sind häufig.

Bill. 5. Verwilderte
Umschrift:
BΛCI..ΛΛEЩN
BAEΛEЩ..ΛΛ.
Der König zu Pferd
r. die R. erhebend.
R. unten ☿

𐤐Λ𐤉 𐤐𐤁𐤉𐤅𐤉𐤓 𐤐𐤓𐤇ΨΣ 𐤐𐤓𐤋𐤵 𐤐𐤁𐤉𐤋𐤵

maharajasa mahatasa dhamikasa rajadirajasa ayasa,
nicht gute Formen. Stehende
weibliche Figur v. vorn, l.
blickend, die R. erhebend,
im l. Arm Füllhorn; l. und
r. arianische Buchstaben und
Monogramme.

Zuweilen noch wildere Aufschriften der Hauptseite.

Æ. 5. **ΛΛ...И BCΛΛEЩN** Wie vorher.
V MAVⷮ

Gepräge wie vorher, Taf. V, 4.

Æ. 5. **...CΛΛEЩN V MAVⷮ** Ebenso, andrer Stempel.
Ebenso (derselbe Stempel?).

Æ. 5. **..CΛΛEN V MΛOМ** Ebenso.
Ebenso.

Æ. 5. **...NVMΛOM...** Ebenso. Ebenso.

Diese vier Münzen haben ebenfalls verwilderte griechische Aufschriften, doch zeigen sie eine ziemlich constante Eigenthümlichkeit: statt des Namens — der freilich auch auf mir vorliegenden andern Münzen oft arg misshandelt ist, z. B. **AOZZY**, **ZADY** u. s. w. — steht hier **V MAVⷮ**. Wir wissen, dass sich Azes eng an Maues anschliesst, genau in seinen frühesten Münzen (mit Poseidon, Æ.□) den Maues copirt, also ihm sicher unmittelbar folgt. Der Gedanke liegt nun nahe, er habe sich einmal aus irgend welcher politischen Rücksicht ausdrücklich »Sohn des Maues«, Υἱοῦ **MAVⷮ**υ genannt, mit Weglassung seines Eigennamens Azes. Aehnliche Verwandtschaftsbezeichnungen kommen gerade bei baktrischen Münzen vor: so nennt sich Strato II. υἱὸς Στράτωνος, Spalyrios und Spalirisos ἀδελφὸς τοῦ βασιλέως und βασι-

λέως ἀδελφός; der Bruderssohn des Yndopheres, Abda-
gasus: Ἰνδιφέρω ἀδελφιδέως (sic).

Aber es muss ausdrücklich wiederholt werden, dass
die ganze Reihe dieser Azes-Münzen verwildertes
Griechisch zeigt; man muss sich hüten einer ansprechenden
Vermuthung zu Liebe solchen fehlerhaften Aufschriften
urkundlichen Werth beizulegen.

R. Æ. C.

Der Strategos des Azes »Aspabatis« oder »Aspavarma«.

Diese wunderlichen Münzen verdienen eine eingehende
Betrachtung. Eine keineswegs selten vorkommende Münze
des Azes hat auf der Rückseite eine lange arianische Umschrift. Das Gepräge und die griechische Umschrift ist:

Æ. 5. ΒΑΣΙΛΕΩΣ ΒΑΣΙΛΕΩΝ Pallas mit Schild u. Lanze,
ΜΕΓΑΛΟΥ ΑΖΟΥ (auch schräg, am l. Arm, r., die
fehlerhaft ΑΟΖΥ) in R. erhebend. L. das Symbol
schlechten Buchstaben. Der ﱢ, darüber Stern, r. und
König zu Pferd r. mit lan- l. Monogr.
gem Diadem, Bogen im Fut-
teral hinten am Sattel, im
ausgestreckten rechten Arm
Kranz, r. Monogramm.

Angeblich zeigt die arianische Umschrift der Rückseite
zwei von einander abweichende Formen:
Indravarma putrasa aspavarmasa strategasa jayatasa, und
Ind apati putrasa aspabatisa strategasa jayatasa.

Die erste Münze ist von Cunningham, die zweite von
Prinsep (Journ. As. soc. 1859, vol. VII) bekannt gemacht.
Nach mehreren mir vorliegenden Exemplaren zusammen-
gestellt ist die Inschrift so:

ᑭᏏᎩᖲ ᑭᎯᎧᖲᎩ ᑭᎩᐟ ᎯᎧᎦᏅ und unten ᑭᎧᐱᏗ
s g te str s   sp a   s tr pu   dr in   s t y j

also sicher: indr.. putrasa aspa..sa strategasa jayatasa.

Bisweilen sind einzelne Buchstaben ausgelassen, so das te (das übrigens meist als ta ٦ erscheint); dann heisst es also: stragasa statt »strategasa«; ferner steht bisweilen »putra« statt »putrasa«, auch meist »pa« statt »pu«; die ersten Buchstaben sind meist undeutlich: ⟨ ⵙ; auf einem Exemplar waren sie deutlich so: ⵟ ⵗ, also »idra«; der zweite Buchstabe ist oft unsicher, hier aber deutlich »dr«, ⵟ ¹). Also kann man, unter Ausscheidung der kleinen zuweilen vorkommenden Auslassungen und der einen unbedeutenden Variante »idra« statt »indra« als völlig gesichert folgende Lesung annehmen:

indra..putrasa aspa..sa strategasa jayatasa:

Nun aber der zweite Theil des Vaternamens und der Eigenname. Derselbe soll nun bald:

   1) Indravarma putrasa Aspavarmasa, bald

   2) Indrapati putrasa Aspabatisa, sein.

Diese beiden Lesungen, nach denen man bisher zwei verschiedene prägende Personen angenommen (s. Lassen, Ind. Alterthk. ² II, 400) hat, beziehen sich aber auf die identische Inschrift.

Betrachten wir die beiden Lesungen Buchstabe für Buchstabe:

	1.	2.	
in	ⵔ		
dr	ⵟ	(auf Cunningh. Exx. ⵕ, auf mir vor-	
v	٦	p ⵌ	liegenden ∟?)
rm	ⵛ	ti ٦	
pu	ⵌ		
tr	ⵋ		
s	ⵖ		
a	٦		
sp	ⵌ		
v	٦	b ٦	
rm	ⵛ	ti ٦	
s	ⵖ		

1) Vgl. auch Wilson's (Ariana Taf. VII, 17) vortreffliche Abbildung. die umsomehr Werth hat, als Wilson die Inschrift noch nicht entziffert hatte und vom Künstler also nur mechanisch nachbilden liess.

149

Also beide Lesungen sind identisch bis auf drei Buchstaben, von denen der eine je zweimal erscheint. Von
diesen fällt zunächst fort die angebliche Verschiedenheit
des drittletzten: v und b, denn beide Buchstaben sind
nicht von einander zu unterscheiden; die Formen von
b, r, t, v sind überhaupt nie von einander zu unterscheiden. — Der sich zweimal wiederholende Buchstabe,
welchen man nur aus diesen Münzen gefolgert hat, ist
nach Lesung Nr. 1. rm: ⟨ (aus ⟩, r, und ∪, m); dieser
gleicht aber völlig genau einem gemäss jener späten Zeit
etwas geschnörkelten ti, ⟨ (⟩ und ein Strich oben), wie
die Lesung Nr. 2 auch annimmt. Das v und p (dritter
Buchstabe von oben) sind einander nicht ähnlich, wenn
also p wirklich vorkommt, so ist hier ein Unterschied.
Auf mir vorliegenden Exemplaren steht aber niemals p,
sondern stets ⟩, was also entweder v oder b, r, t ist.
Auch Wilson hat ⟩ nicht p. Also sind die Namen

Indravarma Aspavarma und
Indrapati Aspabati

nicht zwei verschiedene Namen, sondern nur verschiedene
Lesungen derselben beiden Wörter. Die Lesung ist also,
soweit sich dies bei der grossen Gleichheit der baktrischen
Zeichen für b, r, t, v behaupten lässt, auf mir vorlie-
liegenden Stücken sicher diese:

Indrava .. putrasa Aspava . sa   u. s. w.
b   b
r   r
t   t

Je nachdem man nun das ⟨ = ⟩, ti, liest oder als
eignen neuen Buchstaben »rm«, heisst dies:

Indrav (oder b, r, t) arma putrasa Aspav (b, r, t) armasa oder
Indrav (oder b, r, t) ati   putrasa Aspav (b, r, t) atisa.

Gewicht

Der Sinn der Inschrift ist also: des Aspavati oder Aspavarma, Sohn des Indravati oder Indravarma, des siegreichen Strategos; denn dass dies »strategasa« das griechische στρατηγοῦ transscribirt, ist wohl nicht zu bezweifeln.

Der Aspabati und der Aspavarma sind also nicht zwei, sondern ein und dieselbe nur verschieden gelesene Person.

Man sieht also, dass Conjecturen über diese angeblichen zwei Namen unnütz sind, ja es steht nicht einmal der eine Name dieser auffallenden, die griechische Königsaufschrift nicht wie sonst übersetzenden Umschrift fest, also wird man alles, was Lassen, Ind. Alterthk.[2] II, 400 sagt, für bedenklich erklären müssen.

Der Name »Açvapati« kommt in der epischen Poesie als Königsname (oder als Titel) vor; auch Alexanders Zeitgenossen Sophytes' Name (oder Titel) wird «Açvapati« transscribirt. Jedenfalls lehren uns seine griechischen Münzen, dass ΣΩΦΥΤΟΥ der Genitiv seines Eigennamens war.

Die politische Bedeutung dieser Prägungen ist nur zu ahnen. Der prägende στρατηγός muss natürlich eine Art militärischer Statthalter des Azes gewesen sein. Æ. C[1]).

Azilises
Zeitgenosse und Mitregent des Azes.

Dass Azilises nicht vor Azes regiert hat, wie Lassen annimmt, beweist nicht nur der Styl seiner Münzen, sondern ganz unwiderleglich das (subaerate) Tetradrachmon und die Drachme mit Azes' Namen auf der einen und Azilises' auf der andern, arianischen Seite.

---

1) In meiner historischen Uebersicht werden Aspabatis und Aspavarma noch getrennt; ich bitte dies nach dem Gesagten zu ändern.

a) Mit Azes.

R. 7. **BAΣIΛEΩΣ BA**
ΣIΛEΩN MEΓA
ΛOY AZOY Der
König zu Pferd mit
Lanze r.

 buy maharajasa rajarajasa mahatasa ayilishasa. Stehende
Figur (Nike apteros?) l., in
der R. einen Gegenstand:
ய, man hat gemeint den
Obertheil des bei Kadphises
u. s. w. erscheinenden Symbols, haltend, im l. Arme
Palmzweig. Im Felde Mo-
nogramme, griechisch und
arianisch.

sub-
aerat

Reduzirte Tetradrachme, subaerat. Grotefend, Die M. der
griech. u.s.w. Könige von Baktrien u.s.w. p. 36 nach
Raoul-Rochette u. a. Lassen beschreibt es als *Æ.*, also
anima subaerati.

R. 3. Drachme desselben Gepräges.
Grotefend l. c.

b) Azilises allein.

R. 6½. Ebenso, doch statt *Ἄζου*
AZIΛIΣOY. Das Sigma bis-
weilen so: **C**. Zuweilen im
Feld arianische Monogramme.

Wie vorher.

9,5
9,14

Berlin u. a. Samml.

R. 3. Drachme, ebenso. 1,92

R. Tetradrachme. Ebenso.
Umschrift wie vorher: weib-
liche Figur mit Kranz und
Palme l.; Monogr.

R. Tetradrachme, ebenso.
Peitsche u. Bogen am Sattel.
Umschrift ebenso, doch rajadirajasa. Stehende Dioskuren auf d. Lanzen gestützt.

Prinsep-Thomas Nr. 3.

Gewicht

R. Tetradrachme, ebenso.   Dieselbe Umschrift. Stehende 9,2
Figur »in Felle gekleidet«,
von vorn, in der R. Speer,
die L. am Schwertgriff.

Prinsep-Thomas Nr. 4.

Æ. □ Dieselbe Umschrift. Stehende   Dieselbe Umschrift; der
undeutliche Figur von vorn,   mähnenlose Löwe r.
den r. Arm ausgestreckt, am
l. Gewand.

Æ. □ Dieselbe Umschrift, der   Dieselbe Umschrift. Zebu-
König zu Pferd.   stier l. oder r.

Æ. □   Ebenso r.   maharajasa mahatasa ayilishasa. Elephant r.; oben
zwei Monogramme.

Abgebildet bei Wilson, Ariana Taf. VIII, 7.

Æ. 5½.   Ebenso.   Dies. Umschrift. Sitzender
Herakles, die Keule aufs
Knie stützend, wie auf Eu-
thydem's u. s. w. Münzen.

Berlin u. a. Samml.

Æ. □ Dieselbe Umschrift; stehende   Dieselbe Umschrift. Figur in
Figur r., im ausgestreckten   enger Kleidung, schleier-
r. Arm Kranz.   artiges Gewand aufgebläht
über dem Kopf, also etwa
Artemis-Selene.

R. Æ. R.

Vonones und Azes.

General Cunningham hat Münzen des Vonones mit
Azes entdeckt und in seinen noch nicht herausgegebenen
Tafeln abbilden lassen (s. Thomas in Prinsep's Essays etc.
II, p. 51).

Vonones und Spalahara, der Königsbruder.

Spalahara ist der Vater des ebenfalls mit Vonones zusammen, dann aber auch allein prägenden Königs-Bruders
Spalyris, arianisch Spalagadama.

Die arianische Umschrift auf mir vorliegenden Drachmen und Kupfermünzen:

ᛈᚱᚢᛂᛏᛈ ᛈᚱᚺᏐᛉ · ᚺᏗᚱᚢᚢ

mâharaja bhra(t)a dhramikasa spalaharasa.

Auf der ähnlichen Münze des Spalirisus steht nicht
bhrata sondern bhraha. S. unten. — Die Form Ὀνώνης
für Vonones ist die auf arsacidischen Münzen stets vorkommende.

R. Tetradrachme. **ΒΑΣΙΛΕΩΣ**   Die arianische Umschrift.
ΒΑΣΙΛΕΩΝ ΜΕΓΑΛΟΥ Zeus mit Scepter und Blitz,
ΟΝΩΝΟΥ Der König zu wie auf Heliokles' u. s. w.
Pferd mit Lanze r.   Münzen.

Prinsep-Thomas Nr. 1.

R. 3.   Drachme ebenso.   2,35
Berlin u. a. Samml.

Æ. 4.□ Dieselbe Umschrift. He- Dieselbe Umschrift. Pallas
rakles sich kränzend, von stehend l. mit erhobenem r.
vorn, wie auf Demetrius' Arm, in der L. Schild. Mo-
u. s. w. Münzen.   nogramm.

Berlin, Rollin und Feuardent u. s. w.

R. Æ. **RR.**

Vonones und Spalagadama, Sohn des Spalahara.

Spalagadama, Spalahara's Sohn ist der sich griechisch
Spalyris (Σπαλύριος im Genitiv) nennende und Kupfermünzen prägende »Königsbruder«.

_R_. 3. Dieselbe Umschrift. Der König mit Lanze zu Pferd r.

𐨤𐨂𐨮𐨤𐨯𐨪 𐨤𐨁𐨤𐨮𐨁 𐨤𐨿𐨫𐨒𐨡𐨯, so auf mehreren Exemplaren deutlich. Man liest: spalaharaputrasa dhramikasa spalagadamasa, d. h. »des gerechten Spalagadama, Sohns des Spalahara«. Es steht aber deutlich: »spalahura (oder spalahora) patrâsa dhamiasa. Zeus wie auf den andern Silbermünzen des Vonones.

Gewicht 2,46

Gute Exemplare dieser Drachme in Berlin; Rollin und Feuardent.

_R_. **RR.**

Spalirisus

Zeitgenosse des Azes und Vonones u. s. w.

a) als Königsbruder.

 Æ

_R_. 3. **BACIΛEШC AΔEΛ ΦOY CΠAΛIPICOY** Der Fürst zu Pferd mit Lanze r.

𐨤𐨟𐨪 𐨤𐨁𐨤𐨮𐨁 𐨯𐨿𐨤𐨫𐨪𐨁𐨮𐨯 maharaja bhrahâ (sic) dhramiasa spalarisasa (spalirisasa?), d. i. »des gerechten Königsbruders Spalirisus«. Zeus wie auf Vonones' u.s.w. Münzen. Monogr.

2,23

Drachme. Unicum, von mir aufgefunden. Jetzt im Berliner Museum. Die Umschrift ist genau wie ich sie angegeben; die Form bhraha für Bruder wird von sachkundiger Seite für berechtigt erklärt.

b) als König.

Æ. 5. □ **BACIΛEШN BACI** ᛫᛫᛫ ᛫᛫᛫ ᛫᛫᛫
ΛEШC MEΓAΛOY maharajasa mahatakasa spa-
CΠAΛIPICOY Der König liriṣasa. Thronender Zeus
stehend l., mit langem Dia- von vorn etwas l., mit Kranz
dem, hinten am Gürtel ein und langem Scepter, die R.
grosser Bogen im Futteral; erhebend.
mit der R. hält er einen kreuzförmigen Gegenstand, wohl
den Elephantentreibstachel.
So ist die Figur völlig deutlich auf mir vorliegenden
Exemplaren. Alle anderen
Beschreibungen irrig.

Taf. V, 6.

Æ. **R.**

c) als König, mit Azes zusammen.

Æ. 3. **BACIΛEШC MEΓAΛOY** ᛫᛫᛫ ᛫᛫᛫ ᛫᛫᛫ 2,34
CΠAΛIPICOY (so aus maharajasa mahatakasa
zwei mir vorliegenden Exem- ayasa. Zeus stehend wie auf
plaren zusammengestellt). den übrigen Silbermünzen
Der König zu Pferd, mit dieser Reihe. Monogramm
Lanze r. und arianischer Buchstabe.

Seltene Drachme. Berlin, Rollin und Feuardent
u. s. w.

Æ. Ebenso. Dieselbe Umschrift. Bogen
und Köcher.

Mir nur aus der Beschreibung bekannt.

Die Lesungen **PΠAΛIPICOY** u. s. w. beruhen wohl
nur auf schlechter Erhaltung.

Æ. **RRR.** *Æ.* Unicum?

11*

Gewicht

Spalyris, arianisch Spalagadama,

der Königsbruder. Zeitgenosse des Vonones, Azes u. s. w.
Sohn des Spalahara.

Æ. $5^1/_2$. □ CΠΑΛΥΡΙΟC ΔΙΚΑΙΟΥ ΑΔΕΛΦΟΥ ΤΟΥ ΒΑCΙΛΕШC Der Fürst zu Pferd, ohne Lanze r.

[illegible] also: spalahurapatâsa (oder spalaho- u. s. w.) dhramiasa spalagadamasa. Herakles sitzend l. wie auf Euthydem's u. s. w. Münzen. Monogr.

Taf. V, 5. Die schon von Wilson richtig gelesene Hauptseite findet sich oft in irriger Lesung; n i e steht *σπαλυριου*, also muss das *σπαλυριος* wohl ein Genitiv von Spalyris oder einer ähnlichen Form sein. — Eine einzige Variante, vielleicht nur einen Stempelfehler giebt der Catalogue d'une collection de méd. von Rollin und Feuardent Nr. 8268: *σπαλυρισιου* statt *σπαλυριος*. — Die arianische Umschrift ist auf allen Exemplaren die ich gesehen, so wie angegeben.

Æ. R.

Arsaces justus.

Æ. 7. ΒΑCΙΛЄΥΟΝΤΟC ΒΑCΙ ΛЄШΝ ΔΙΚΑΙΟΥ ΑΡCΑ ΚΟΥ (so nach Prinsep-Thomas' Verzeichniss. Im Rollin'schen Catalog andre Formen des Sigma, Epsilon und Omega). Der König zu Pferd r. die R. erhebend.

maharajasa rajarajasa mahatasa ashakasa tâdatasa oder tradatasa. Stehende Figur l. in der R. Palmzweig, die L. am Schwert?

Rollin's Catalog Nr. 8296.

Æ. ΒΑΣΙ....ΟΥ ΑΡΣΑΚΟΥ Ebenso.

maharajarajasa .... a... Männliche Figur, l., eine kleine Figur haltend.

Æ. ΒΑCΙΛЄΥΟΝΤΟC ΒΑCΙ ΛЄШΝ ΔΙΚΑΙΟΥ ΑΡCΑ ΚΟΥ Ebenso.

Vollständige Umschrift, wie die erste Münze. Gepräge zerstört.

Von Cunningham zuerst bekannt gemacht. — Leider habe ich nie ein Exemplar dieser Münzen im Original oder Abdruck erlangen können, auch in London fehlt dieser König.

Æ. RRRR.

Arsaces Deus.

Æ. 3. □ **BACIΛΕШC ΘΕΟY** .. **CAKOY** Pferd r. Davor Monogr.	Bogen im Futteral, quer, gekreuzt, Pfeile. Von der gross dargestellten auf syrischen u. baktrischen Münzen häufigen Verzierung umgeben. Es scheint keine arianische Umschrift gestanden zu haben.

Taf. V, 2. Unicum in Berlin (Guthrie). Guthrie dachte an die Saka-Skythen (**CAKOY**), der arsacidische Typus und die Stellung der Inschrift macht aber, wie die Betrachtung der Abbildung lehren wird, die Ergänzung zu **APCAKOY** sicher. Ebenso prägt Maues (s. die Abbildung Taf. V, 1); die Typen ähnlich als Rückseiten bei Arsaces VI. Mithradat I. vorkommend. Ein dem Monogramm unserer Münze ganz ähnliches auf Drachmen desselben Arsaces VI. (Berlin, Prokesch).

Yndopheres,

Yndopherres, Gyndipher., Gondopharus u. ähnliche Formen. — Ein König aus parthischem Geschlecht, aus dem 1. Jahrhundert n. Chr.

Die Geschichte des Yndopheres verdient eingehend betrachtet zu werden; was hier gesagt wird, dient zugleich als Ergänzung des betreffenden Abschnittes in meiner historischen Uebersicht.

Yndopheres ist ein seltenes Beispiel davon, dass aus allmählich sich mehrenden, scheinbar minutiösen Beob-

Gewicht

achtungen und Entdeckungen von Münzen, Inschriften und
Schriftstellernotizen sich endlich eine auf officielle Docu-
mente sicher gegründete Geschichte zusammensetzt, die
in eine kulturhistorisch wichtige Epoche eines weit ent-
legenen Landes deutlichen Einblick gewährt.

Zuerst hatte man nichts als eine Menge Münzen dieses
Königs, die ihr Styl in ziemlich späte Zeit, bald nach den
letzten Azes-Münzen, verwies. Dann kamen die Münzen
des »Bruderssohns des Gyndipher(es), Abdagases« hinzu.
Abdagases ist bei Tacitus ein parthischer Dynast: also
wurde des Yndopheres parthische Abkunft wahrscheinlich. Diese sowie das unmittelbare Angränzen seiner Länder an das Arsacidenreich wird sicher bewiesen durch die
von mir entdeckte genau im Typus und Styl der Arsaciden geprägte rein griechische Drachme des Berliner
Museums. — Die Regierungsdauer des Yndopheres lehrt
uns die arianische Inschrift von Takht-i Bahi bei Peschawer, datirt vom 26. Regierungsjahr des Königs, zugleich
ein Beweis, dass der König in den Indusländern geherrscht
hat. Der arsacidischen Drachme des Yndopheres schliessen
sich ähnliche Stücke eines Sanabarus an, deren roher
Styl sie wohl als später erscheinen lässt; die Köpfe
dieser Drachmen des Sanabarus sind sehr verwandt denen
des Arsaciden Volagases I. mit der Tiara, welche die
Jahre 389 und 390 der seleucidischen Aera, 77 und 78
n. Chr. tragen [1]). Also wird Sanabarus um 80 n. Chr.
geprägt haben, und Yndopheres um 80 n. Chr. gestorben sein.

Die pikanteste, historisch damit völlig stimmende
Nachricht über Yndopheres, Gondopharus u. s. w. haben
aber die englischen Gelehrten in einer Quelle aufgefunden,
an deren Benutzung zu Studien der antiken Geschichte

[1] Nach Prokesch' Bestimmung. — Prokesch' Arsacides Taf. V, 45. S. 64.

wohl schwerlich schon gedacht worden ist. Es ist zu ver-
wundern, dass man von dieser so höchst interessanten
Entdeckung wie es scheint, so gut wie gar nicht Notiz
genommen (Lassen, z. B. übergeht sie ganz).

Die im 13. Jahrhundert von dem Genuesischen Bischof
Jacobus a Voragine veranstaltete Legendensammlung, die
sogenannte legenda aurea oder historia lombardica erzählt
von der indischen Mission des Apostel Thomas (Cap. V,
p. 33 ed. Graesse 1846): »Thomas apostolus cum esset
apud Caesaream apparuit ei Dominus dicens: rex In-
diae Gundoferus misit praepositum Abbanem quaerere
hominem architectoria arte eruditum.« — Thomas folgt
dem Rufe des Herrn, geht als Baumeister nach Indien
und baut dem König einen Palast. Er soll, weil er des
Königs Schätze unter die Armen vertheilt, getödtet werden, der König wird aber durch seinen vom Tode auf-
erstandenen Bruder Gad umgestimmt und demüthigt sich
vor dem Apostel. Der Apostel predigt das Evangelium
und begiebt sich dann »in superiorem Indiam«. Man hat
die ganze Anwesenheit des Apostel Thomas in Indien bezweifelt — mir liegen solche Fragen fern —; aber diese von
dem mittelalterlichen Legendensammler gewiss im wesentlichen gläubig und getreulich aus alten ihm vorliegenden
Quellen wiedergegebenen Thatsachen, weniger die Ereignisse als die diplomatisch genaue Namensnen-
nung desjenigen Königs, der, wie uns die Münzen doch sicher zu lehren scheinen, während
der Zeit der Apostel, also im 1. Jahrhundert
n. Chr. bis in die zweite Hälfte hinein, lange
Jahre (Inschrift von Takht-i Bahi) regierte [1]), beweisen

---

1) Edw. Thomas, dem wir die Notiz über die Legende verdanken (Prinsep,
Essays II, 214), setzt den König früher an; ich habe aber gezeigt, warum
er in's 1. Jahrh. n. Chr. gehören muss.

Gewicht

doch mindestens höchst wahrscheinlich einen merkwürdigen Zusammenhang dieses indischen Königs mit den
ersten Verbreitern des Christenthums. Wie sollte den
ersten Legendenschreibern der aller Cultur entrückte, weit
entfernte indische König sonst so genau dem Namen nach
geläufig sein?

Weitere Schlüsse sind bei jenen von der Sage durch-
webten, vielleicht fast ganz sagenhaften Dingen unstatt-
haft; dass aber Denkmäler und Legendennachricht in Zeit
und Namensschreibung so völlig übereinstimmen, muss
gerade der, welcher die Geschichte jener Länder kritisch
zu betrachten und von unnützen, aus dem Nichts heraus-
geformten Conjecturen zu säubern sucht, mit Nachdruck
hervorheben.

_R_. 4. Bärtiges Brustbild mit
Diadem in reicher Tracht,
den Arsaciden ähnlich, l.

BACIΛEWC BACIΛεWN 3,75
MEΓC (sic) YNΔ◻◘ΦEPHC
AYT◻ₓPAT◻ Sitzender
König, ähnlich dem Typus
der Arsaciden, doch in der
erhobenen R. eine Art kurzes Scepter (Elephantentreibstachel?), hinter ihm die
(flügellose?) Nike, ihn
kränzend.

Drachme von ziemlich gutem Silber, vom Gewicht der arsacidischen Drachmen. Unicum des Berliner Museums,
aus den Unbestimmten der Guthrie'schen Sammlung. Den
Titel Autokrator führt zuerst Tryphon von Syrien, dann

Gewicht

aber auch ein Arsacide auf seinen Drachmen, nach
Prokesch der VIII. Artaban II., nach Gardner der X.
Sinatroices.

Æ. 4—5. □ Der König zu Pferd   Symbol: ⅄, einmal ˌdarin
l., von der vor ihm stehen-   ein kleines Kreuz[1]. Ein
den Nike einen Kranz em-   oder zwei arianische Mono-
pfangend.   gramme.

Berlin. Wilson Ariana Taf. VI, 2 und Taf. XXI, 16.

Die Umschrift der Vorderseite des einen Wilson'-
schen Exemplars ist völlig zerstört.

Die zweite Wilson'sche Münze hat auf der Vorderseite
deutlich oben ΦΑΓ□Υ, also das Ende des Namens. Das
ΜΕΓΑΛ□Υ ist auf der Abbildung (rechts), wie ΜΓΔ□Υ,
dann Γ□Η zu sehen. Das Γ□Η (γον, nicht γον) kann
aber nicht zu dem .. φάϱον gehören, da zwei oder mindestens eine Zeile dazwischen liegt. Prinsep-Thomas lesen
(II, 215, 4) ΒΑCΙΛΕΟ ... ΦΑΡΟΥ (?).

Das Berliner Exemplar zeigt nur undeutliche Umschrift-
spuren auf der Hauptseite.

Die Rückseite des ersten Wilson'schen Exemplars
liest er ꓑꓶꓶꙄ ...ꓶ..ꓵꓶ꙱꙱ maharaja ˌ(rajarajasa) mi-
ramatasa; die Abbildung stimmt damit nicht ganz.

Die Rückseite des zweiten besseren Exemplars bei
Wilson hat: ... ꓑꓤꙶ꙱ Gudapharasa, deutlich. Das vor-
hergehende Wort ist undeutlich (Wilson: jayadharasa,
Prinsep-Thomas: ja....sa; vorher ꓑꓵꙶ꙱ꓶ, apratiha-
tasa, deutlich; vorher geht nach Wilson's Text und Abbildung sicher ꓑꓶꙶ꙱, dhamikasa. Prinsep-Thomas lesen
nur: maha... dhaga... sa.

---

1) Ich brauche wohl kaum vor phantastischen Deutungen dieses Symbols,
das einen Kranz und ein alterthümliches Kreuz Τ enthält, sowie der öfter
erscheinenden andern kreuzartigen Symbole auf Münzen dieses Königs zu
warnen.

Gewicht

Sicher scheint also: dhamikasa apratibatasa gudapharasa. Das Berliner Exemplar hat unten sicher den Namen
.. 𐤏𐤔𐤃, gudapha.. Rechts beginnt die Umschrift, man
sieht ziemlich deutlich: 𐤐𐤉𐤓.𐤓 𐤐𐤉𐤓𐤂𐤅, maharajasa
rajarajasa.

Die runden Billon- und Kupfermünzen des Yndopheres
mit Reiter und vielfach wechselnder Orthographie des
Namens und oft schlechter verderbter Umschrift beider
Seiten sind offenbar gleich vielen ähnlichen des Azes,
heruntergekommene Tetradrachmen.

Bill. 6. **BACIΛEⱮN BA**   𐤐𐤉𐤔𐤃.... 𐤐𐤉𐤂𐤅 𐤍𐤆𐤍𐤆𐤍𐤂𐤅
CIΛEⱮN ΓOⱮΔOΦΛ   maharajarajaraja mahatasa
ΓOY Der König zu Pferd,   ... gudapharasa fast ganz
bärtig, Kranz in der R. R.   deutlich. Stehende Figur v.
das Symbol 𐤙   vorn, halbbekleidet, mit Dia-
     dem, die L. auf den Drei-
     zack stützend, die R. aus-
     streckend (Poseidon?). L.
     und r. Monogr.

Wilson, Ariana Taf. V, 16.

Bill. 6½. ...**ⱮC BACIΛ...OY**   Von der Umschrift ist 𐤐𐤃𐤔𐤃
. : **OΦIPPOY**, also wohl   gudapharasa, deutlich; aus-
βασιλέως βασιλέων μεγάλου   serdem, als Ende der Titu-
u. s. w. Der König zu Pferd   latur: 𐤐𐤓𐤅𐤓𐤙 𐤐... was
l., Kranz in der R., hinter   ich nicht zu lesen wage. —
ihm eine schwebende ihn   Poseidon (?) wie vorher, doch
bekränzende kleine Nike. —   den Dreizack in der Rech-
Der König ist hier und auf   ten. Im Felde undeutliche
andern dieser Reihe auch auf   Monogramme.
den kleinen Darstellungen
deutlich bärtig und mit dem
Brustbild übereinstimmend.
L. das Symbol.

Berlin (Fox). Vgl. zum Typus den Sakakönig Heraos.

Æ. 5. **BACIΛЄШC BACIΛЄШN MЄΓAΛOY YNΔOΦЄP POY** (so nach Prinsep-Thomas). Gepräge wie vorher, ohne Nike, r. das Symbol.

maharaja rajadiraja tradata.. gudapharasa, so nach Prinsep-Thomas. Auf Wilson's Abbildung nur d. Name und maharaja raja.. deutlich. Pallas stehend v. vorn etwas rechts, die R. ausstreckend, im l. Arm Schild und Lanze, schräg. Monogramme.

Wilson, Taf. V, 17 und eine englische Privatsammlung.

Æ. 6. Aehnliche Aufschrift, doch **C** als Sigma, und **Є**; etwas verstümmelt im Titel.

Nicht vollständige Umschrift. Männliche bärtige Figur (der König?) halbbekleidet (was auf einen Gott deutet), r. mit Diadem und Scepter im l. Arm, die R. ausstreckend. Monogramm u. Buchstaben.

Wilson, Taf. V, 18.

Folgende mir vorliegende, im Catalog von Rollin und Feuardent Nr. 8293 nicht vollständig beschriebene Münze ist als rein griechische und wegen des ganz abweichenden Gepräges der Vorderseite merkwürdig.

Bill. 6. ..**CIΛЄШ** ...**A** in zwei senkrechten Linien zu den Seiten einer thronenden bärtigen Figur l., mit erhobener Rechten. Es scheint sicher der König selbst, man kann sogar, wie auch auf einigen der Reitermünzen, das Porträt des bärtigen Yndopheres erkennen.

VИΔOΦЭ℧OV ИIШЭ... **POV**, also wohl μεγάλου, βασιλέων Ἰνδοφέρου. Nike mit Kranz in d. ausgestreckten R. r.; l. **⊣** und r. **Φ**

Unicum im Besitz der Hrn. Rollin und Feuardent. Leider ist die Verderseite nicht vollkommen erhalten.

Gewicht

Æ. 4—7. BACIΛEΩC CΩTH POC VNΔOΦEPPOY Bärtiges Brustbild mit Diadem u. Ohrringen, in reicher Tracht, r.

[illegible] So auf allen Berliner Exemplaren, auch auf den Abbildungen bei Wilson und Prinsep; d. i. also nach Cunningham's Alphabettafel: dradratasa (für tradatasa, σωτῆρος) maharajasa gudapha.asa oder gadapha.asa. Das g oft so: [illegible] oder [illegible]. Nike mit Kranz u. Palme r.

Häufig. Zuweilen Є und Ѡ. Prinsep-Thomas lesen »tradatasa« statt »dradratasa«. Eine gesicherte Erklärung des vorletzten Buchstabens kann ich nicht geben; di kann es kaum sein; ein r ist es bestimmt nicht.

Æ. Kopf, ähnlich dem Pacores und Orthagnes (s. unten) l. Umschrift schlecht erhalten.

maharajasa rajadirajasa (m)ahatasa gudaphara.. Nike m. Kranz. Arianischer Buchstabe und Monogramm.

Prinsep-Thomas Nr. 5. Dies scheint aber identisch mit dem sogenannten Orthagnes, s. unten.

Æ. klein. BACI... BAC...Y Bärtiger Kopf r.

rajadirajasa mahatasa gudapharasa. Blitzschleudernde Pallas, wie bei Menander u. s. w. r.; Monogramme.

Prinsep-Thomas Nr. 7. Merkwürdig, weil diese Münze den Anschluss des Yndopheres an die griechischen Könige und den Ranjubul beweist; s. oben eine ähnliche, undeutliche bei Ranjubul.

Die Münze bei Mionnet S. VIII, 505 mit W+ANHΣ und unbärtigem Kopf, Rückseite Herakles, ist eine verwilderte gewöhnliche des Kadphizes, wie die von Mionnet facsimilirte Umschrift der Rückseite beweist, und kein Yndopheres.

AR. Unicum. Bill. RR. Æ. C.

Gewicht

Die Münzen des sogenannten »Sub-Abdagases Sasan« (Prinsep-Thomas p. 216) sind wohl nichts weiter als eine Varietät des Yndopheres. Mir liegen mehrere Originale vor: es sind Kupfer- oder wohl richtiger Billonmünzen (heruntergekommene Tetradrachmen).

Æ. 5. Völlig verwilderte Um- Halbbekleidete Figur mit Dia-
schrift; z. B. VCꟄ)))V dem r., die R. ausstreckend,
u. s. w. Der bärtige König im l. Arm Scepter (Zeus?
zu Pferd r.; im ausgestreck- wohl nicht der König); l. das
ten R. Kranz. Vor ihm das Symbol ꟿ, Monogramme
Symbol ꟿ und arianischer
Buchstabe. und Buchstaben im Felde.

Die Umschrift ist nach Prinsep-Thomas: maharajasa mahatasa tradatasa ... godapharasa sasasa. Das ausgelassene Wort liest Cunningham (s. Prinsep-Thomas II, 216): deva-hadasa, »gottherzig«. Auf einer Reihe mir vorliegender Originale ist folgendes deutlich: ꟿꟿꟿ im Abschnitt; ꟿ ꟿꟿꟿ ꟿꟿꟿꟿ ꟿꟿ.... .ꟿꟿ also: »mahara... (trada)tasa . vahadasa gadapharasa (oder go- oder gudapharasa) sasasa«. Die Lesung deva-hadasa ist also sehr wahrscheinlich, wenn auch der erste Buchstabe nicht recht wie ein d aussieht. Freilich sind die Formen etwas flüchtig, also ganz sicher ist die Lesung deva-hadasa nicht; völlig gesichert ist der Name des Yndopheres: »gadaphara« (oder go-, gu-) und »sasasa« im Abschnitt. An Abdagases ist absolut gar nicht zu denken, keine Spur von Andeutung seines Namens steht auf den Münzen. Auch das »Sasan« ist willkürlich; ein Name mag das »Sasasa« gewiss sein, aber an den Stifter der Sassaniden ist wohl schwerlich zu denken.

Æ. 5. Ebenso. Umschrift nach Cunningham:
maharajasa saccha dha (ma-
pidasa) sasasa. Zeus nikephoros stehend l. Monogrr.

Von dieser Varietät habe ich nie ein deutliches Exemplar gesehen. Die von Prinsep-Thomas dazu citirte Abbildung: Wilson Ariana, Taf. V, 19 (ebenda Nr. 20 ist nicht diese, sondern die vorher beschriebene Varietät) und die mir vorliegenden Originale zeigen nur Spuren von Aufschrift der Rückseite.

Sicher ist jedenfalls, dass dieser »Godopara Sasa« mit »Abdagases« gar nichts zu thun hat.

_Æ_. **RR.**

Sanabarus,

meiner Ansicht nach vielleicht identisch mit dem indischen König Άκάβαρος oder Μάμβαρος des Periplus mar. Erythr. — Späte Arsacidenzeit, etwa um 80 n. Chr. Zeitgenosse oder Nachfolger des Yndopheres. Seine Drachmen zwar von gutem, vielleicht besserem Silber als die des Yndopheres, aber der Fabrik nach eher später.

_Æ_. 3. Bärtiges Brustbild mit Tiara l. ähnlich der zuerst bei dem Arsaciden des Jahres ΘΠΤ (359 = 77 n. Chr.) erscheinenden; dahinter IJ ΤΤ = ℵכ wie man meint.

BACIΛΕvC MEΓAC CA NABAP❏ um den thronenden König r., mit Tiara, den Bogen haltend, wie die arsacidischen Münzen. Um den Thron herum: ΤꞀΤ ⁻ꞀΤ
r. Ᾱ
Berlin (Prokesch) Taf. V, 7.

3,13

_Æ_. 3. Ebenso, doch nur σαναβα, ohne ϱο. Um den Thron herum: ⁻ΤꞀΤ
Berlin (Prokesch) Taf. V, 8.

3,17
nicht
voll-
kommen

_Æ_. 3. Ebenso, doch über dem Thron ΤIΤ
London.

3,8

S. Thomas, Early armenian coins, Num. Chron. N. S. XI.

Die Buchstaben um den Thron hielt man bisher für das seleucidische Jahr ΓΙΤ (also Γ rückläufig, Τ) 313, und setzte demgemäss den Sanabarus weit früher an als ich (Thomas l. c., danach Gardner, Parthian coinage p. 46). Die Berliner Exemplare beweisen aber das hinfällige dieser angeblichen Jahreszahl. Die Τ und ˥ u. s. w. - Striche erscheinen in grösserer Zahl, eher wie eine Art Verzierung um den Thron.

Der Kopf und seine Tiara scheinen mir ganz offenbar nach späten Arsaciden copirt. Zuerst erscheint diese Tiara, wie bemerkt, im Jahre 77 n. Chr. auf Arsacidenmünzen, das Jahr 77 n. Chr. ist also der früheste Termin für Sanabarus.

Æ. 5. Brustbild wie vorher, etwas andere Tiara. Verderbte Umschrift, etwa βασιλεὺς μέγας

.. ΣΑΝΑΒΑΡΟΥ ... Nike mit Kranz r.

London. S. Thomas l. c. und Prinsep-Thomas p. 215 Anm.

R. *Æ*. **RRRR**.

Abdagases,

Abada.. und ähnlich verderbt in der griechischen Umschrift. — Bruderssohn des Yndopheres; wohl gewiss nicht identisch mit dem parthischen Parteiführer Abdagases (Tac. Ann. VI, 36, letzte Zeit des Tiberius: igitur Sinnaces ... patrem Abdagasem ad defectionem trahit). Ob die Verwandtschaftsbezeichnung auf Abdagases' Münzen ihn als Satrapen oder als Nachfolger des Yndopheres bezeichnet, ist nicht zu entscheiden.

Æ.   ... ΙΛΕШC CШΤΗΡΟC
A.. Brustbild r. dem Pacores (s. unten) ähnlich.

tradatasa maharajasa abdagaṣasa Nike r.

Prinsep-Thomas p. 215 Nr. I aus einer Privatsammlung.

_Æ._ oder Bill. 6. **BAΣI** **ΛΕΥОΝΤОΣ BAΣIΛΕ** **ШΝ Υ ABΔAΓAΣОΥ** meist sehr verderbt, deshalb ist es auch unsicher, ob das **Υ** wirklich etwas wie *υἱός* bedeutet; zuweilen *αβαλγα-σον* u. s. w. Der König, bärtig wie Yndopheres, zu Pferd r. oder l., in der ausgestreckten R. Kranz oder nur die Hand erhebend. Vor dem Pferd das Symbol **Ɏ**, im Feld Monogramme.

֊ʹʈʉʎ ʰʲʈʎu ʰʲʰʈ ֊ʯʸʡ

Gewicht

ga (go, gu)daphara bhrada-putrasa maharajasa abdaga-sasa (oder avdagasasa). Das »maharajasa« ist auf keinem der mir vorliegenden Exemplare dieser Varietät erkennbar. Die Inschrift bedeutet: des Yndopheres Bruders-sohnes, des Königs Abda-gases. — Stehende Figur, halbbekleidet, mit Diadem, r., bisweilen Speer od. Scepter im l. Arm, die R. erhebend.

Berlin, Rollin und Feuardent, Prinsep-Thomas II, Taf. 43, 16 u. s. w.

_Æ._ 5. Verwilderte Umschrift: **...ΕΝОΥ BΛΙΝΕ ΨΝΥ...** Der König zu Pferd l., die R. erhebend. Vor dem Pferde das Symbol und **Ϸ**

Umschrift beginnt links oben: ʰʲʰʈʈʯ .... ʰʲʈʎu also abweichend von den übrigen: maharaja ... pha-rabhradaputrasa, ganz deutlich. Figur wie vorher. Monogramme.

Dies schöne Exemplar der Berliner Sammlung (Guthrie) ist offenbar dasselbe, welches Wilson, Ariana Taf. VI, 1 abgebildet hat.
Varietäten ähnlicher Münzen s. Prinsep-Thomas l. c. Nr. 4 und 4a.

_Æ._ Aehnlich, doch Figur l., kleine Nike haltend. Prinsep-Thomas Nr. 5.

Die folgenden Münzen tragen die Verwandtschafts-bezeichnung auch auf der griechischen Seite:

Bill. und Æ. 6. **BACIΛEY ABA ΔA ΓVNΔIΦEPO AΔEΛ ΦIΔEШC** nach drei Exemplaren bei Prinsep-Thomas. Das abgebildete Berliner hat deutlich .. *ιλεν ἀβαδα γνν-διφ*.. Der König zu Pferd wie vorher r., vor ihm das Symbol.

Umschrift wie die zuerst beschriebene Münze, doch nicht immer deutlich; bisweilen noch tradatasa und dhramiasa hinter dem maharajasa, also *σωτῆρος* und *δικαίου*. Das abgebildete Berliner Exemplar hat deutlich: gadaphara bhradaputrasa und »av« oder »ab« vom Namen. In der Mitte sieht man nur ... ... Figur wie die zuerst beschriebene Münze. Monogramme.

Taf. V, Nr. 9.

Æ. Varietät mit [**IOIΦEPO AΔEΛΦI**] und »tradatasa« vor dem Namen.

Prinsep-Thomas Nr. 2 und 3.

Diese im Wiederabdruck des Prinsep-Thomas'schen Verzeichnisses, im XIX. Bande des Numism. Chronicle, eigenthümlicherweise nicht wiederholten Münzen geben uns die merkwürdige Verwandtschaftsbezeichnung nicht nur arianisch, sondern auch griechisch, mit dem apokryphen Genitiv *ἀδελφιδέως* statt *ἀδελφιδοῦ*, von *ἀδελφιδοῦς*, der Bruderssohn: *βασιλεύ(οντος) Ἀβαδά(σου, γου) Γυνδιφέρο(υ) ἀδελφιδέως*. Das Berliner Exemplar ist schön und deutlich, leider fehlt aber grade das interessante Wort; das **ΓVNΔIΦ** ist völlig sicher, also muss dahinter der Verwandtschaftsgrad gestanden haben.

Æ. und Billon **RR**, mit der griechischen Verwandtschaftsbezeichnung **RRRR**.

Sub-Abdagases-Sasan s. **Yndopheres**, am Ende.

Zeionises.

Æ. oder Bill. (?) 7½. Verwilderte griechische Umschrift. Der König zu Pferd r. in der ausgestreckten R. Kranz, am Sattel Bogen. R. das Symbol

☿

Umschrift s. unten. Stehender Herakles, auf die Keule gestützt, von vorn, von Nike (l.) und einer anderen Figur bekränzt. So ist wohl die Darstellung aufzufassen. Eine Königskrönung ist es schwerlich. L. Monogramm.

. Wahrscheinlich heruntergekommene Tetradrachme, doch auf den beiden Abbildungen Prinsep, Essays II, Taf. 28, 5 und Wilson, Ariana Taf. VIII, 17 als Kupfer bezeichnet. — Von der arianischen Umschrift liest Prinsep unten im Abschnitt: »Jihaniasa«. Dies wäre regulär:

ᐟᏊᏍᏃᏃ;

es steht: ᏊᏃᏍᏝᏌᏌᏀ

Rechts, als Beginn der Umschrift kann man deutlich das ∪, m von maharaja oder manigula (s. unten) sehen. Also wäre der Name eher: »yadihanisasa«. Das h so geformt erscheint genau wie auf der viereckigen Münze desselben Königs.

R. 3. ONNIIΛIY YIOY CA TPAΠ ZEIWNICOY Der König zu Pferd wie vorher. Monogramm.

manigula chhatrapasa putrasa chhatrapasa jihaniasa. Der König stehend, von Demeter einen Kranz empfangend (?).

Drachme aus einer Privatsammlung, nach Cunningham und Prinsep II, 210.

Æ. 6½. YI . ΛIY YIY CA TPAΠ; auf dem Londoner Exemplar nur: Λ . . YIY CATPAΠ deutlich. Zebustier r.; oben das Symbol der zuerst beschriebenen Münze, r. arianisches s.

..gula putrasa chhatrapasa jihanayasa; auf dem Londoner Exempl. nur deutlich: ᏊᏛᏃᏌ ᏊᏝᏠᏁᏌᎷ.., also: ».. gula putrasa chhatrapasa«, in schönen grossen Buchstaben. Der mähnenlose Löwe r.; oben und r. arianische Monogramme.

Gewicht

London; nur ein Exemplar, mir im Abdruck vorliegend, nicht zwei, wie bei Prinsep steht; Prinsep's vollständigere Lesung also nach einem andern Exemplar gemacht.

Æ. 3—5.□ . . . . IIOAAI ... CЄIШHI nach der Abbildung Prinseps (s. Prinsep l. c. II), nach seinem Text: ΛHIZIOAΔI .. ZЄIШNIC Elephant r.

Zebu l., zwei arianische Monogramme. Nach Prinsep's Text nur: mani... (ji)haneasa; die Abbildung giebt aber viel mehr:

also deutlich: manigula patrasa chhatrapa(sa). haniasa. Das h ist wie oben bei der ersten Münze, etwas ungewöhnlich geformt.

Die folgende Münze findet hier ihren Platz nur weil Prinsep-Thomas sie ans Ende des Zeionises setzen; sie gehört wohl aber einem andern noch nicht entzifferten Dynasten der Azes-Reihe an.

Æ. 4.□ Der König zu Pferd, r. Monogr.

Mähnenloser Löwe r. — Monogr.

Taf. VI, 8. Prinsep-Thomas lesen nach Zusammenstellung von 6 Exemplaren:

ΓΑΤΟΥ ΤΟΥ ΧΑΡΑΝШC A.EICA

chatrapasa bhrata daphasa Akasa Putrasa.

Das Berliner Exemplar (Guthrie) ist, wie die genaue Vergleichung beweist, dasselbe Exemplar, welches Wilson, Ariana Taf. VIII, 2 abgebildet hat; es kommt aus der Guthrie'schen Sammlung. Die Umschriften des Berliner Exemplars sind sicher anders als die obige Lesung; man sieht etwa:

12*

ΑΥΑΓΥ.ΑΥΑΜLΕΟΓΑΤΙ, links unten beginnend, u. ᢣᠵᡰ .Υ ..ᠻᠵ .ᠹᢔᠵ, also etwa

(chha)trapasa ... spa .. patrasa?

Man denkt sofort an Spalagadama, den Sohn des Spalahara:

ᠹᢗᡰᠵ᠌᠍ᢓᢗᡟ

spalahorapatrâsa oder ähnlich.

Ob in der Umschrift der Vorderseite etwas wie ... πά-τορος, Nennung des Vaternamens enthalten ist, bleibt unsicher.

Die Schrift und das Gepräge sind nicht barbarisch.

Æ. mit sicherem Namen des Zeionises: **RRRR**.

Æ. mit unerklärter Aufschrift: sieben Exemplare bekannt.

Unbestimmter König,

Titel: maharajasa mahatasa kashanasa kuyala...

Die folgenden bisher noch nie gelesenen Münzen führt man gewöhnlich unter Azes an (s. Wilson, Ariana p. 328 und Taf. VII, 11; Grotefend p. 34 Nr. 129—131). Alle mir vorliegenden Exemplare sind nicht vollkommen, die griechische Seite stets verwildert. Ein sehr deutliches Exemplar — leider der Name des Fürsten in der arianischen Umschrift im Abschnitt undeutlich — welches Herr Prof. Dr. Bühler dem Berliner Museum geschenkt hat, und ein anderes derselben Sammlung geben den Titel fast vollständig und deutlich. Es scheinen zwei verschiedene Varietäten oder vielleicht zwei ganz verschiedene Umschriften dieser Münze zu existiren; vielleicht haben wir es also nicht mit einem sondern mit zwei neuen, bisher noch nicht entzifferten Königen zu thun.

Gewicht

Æ. 5¹/₂—6. Verwilderte griechische Umschrift, etwa ... **ᒥA**
ᐱOY OMOY.., auf einem
andern Exemplar: ... **MOAO**
MV.. Zebustier r.; r. arianisches Monogramm, oben
das Symbol ![Symbol], welches
ähnlich in der Azes-Reihe,
dann bei Kadphises II. u. a.
Taf. VI, 9, 10 häufig ist.

... ᴴᐱᒑᒣᑭᒑᒐᒣᒑ ᒐᒑᒄᑌ ᒄᒑᒐ..
völlig deutlich; das ist also:
(maha)rajasa mahatasa ka-
shanasa kuyala[1]). Im Abschnitt, undeutlich, der
Name. Kameel r.; r. Mono-
gramm, oben bisweilen arianischer Buchstabe.

Man denkt bei der Inschrift sofort an das fast gleiche:
ᒥᒣᒑ ... ᴴᒐᒑ
kujula...kushana des Kadphizes u. des **ᙣY**-Hermaeus und
ᴴᒑᒑ ... ᒑᒣᒐ
khashanasa kuyula bei Kadaphes (s. unten).

Es sind sicher dieselben Titel. Die vorliegenden
Münzen schliessen sich eng an die Azes-Reihe an, wären
also als Uebergang dieser Reihe in die des Kadphizes, ·
Kadaphes, Kadphises (II.) u. s. w. sehr wichtig; das auf
den vorliegenden Münzen erscheinende Symbol findet sich
ebenfalls sowohl bei Azes als bei Kadphises (II.).

Æ. 6. Gepräge wie vorher, auch das Symbol, griechische Umschrift ganz wild. Die arianische Umschrift einmal:
.. ᒣCVᒑᒑ und im Abschnitt ᒑᐱᒐ, das andere mal
ᐯᛕᒐᑌᒐᒑᒣᒑ, also: kaphasa.. als Titel und ..tiyasa
oder ähnlich als Name; also auch hier ganz an das
kaphsasa (bei Kadaphes, sein Name) anklingend.

Leider ist es nicht möglich genaueres zu geben; sicher
ist, dass diese Münzen einem oder zwei neuen, noch unbekannten Königen angehören, aber weder dem Azes noch
dem Zeionises.

Æ. **RRR.**

---

1) So ist wohl die Lesung sicher; danach ist das oben in der histori-
. schen Uebersicht gesagte zu berichtigen.

Pacores.

_Æ._ 5¹/₂—6¹/₂. **BACIΛEYC BA CIΛEШN MEΓAC ΠAKO PHC** Bärtiges Brustbild mit Diadem, langem Haar und reicher Tracht l. ähnlich den Arsaciden, sogar schon etwas an die frühesten Sassaniden erinnernd.

maharajasa rajadirajasa mahatasa pakurasa in verschnörkelten Buchstaben, ערלט רויורל פרלט maharajasa rajadirajasa mahâtasa pakurasa, fast jeder Buchstabe mit einem Häkchen unten versehen. Die Umschrift beginnt l i n k s oben. Nike mit Kranz r. Monogramme.

Pacores ist, wie schon der Name beweist, aus parthischem Geschlecht. Die Aufschrift der Vorderseite ist auf den Exemplaren, welche ich kenne (die Münze ist nicht sehr selten), immer so, nie βασιλεὺς βασιλέων Παχόρης. — Die arianische Aufschrift ist schwer zu lesen, aber ganz sicher. Prinsep-Thomas lesen rajadhirajasa. Auf mir vorliegenden ist di sicher.

_Æ._ R.

Orthagnes (?)

mit Yndopheres' Namen auf der Rückseite; vielleicht überhaupt nur eine Varietät der Münzen des Yndopheres, mit fehlerhafter Schreibung des griechischen Namens. Von viel besserer Arbeit als die Münzen des Yndopheres.

_Æ._ 6. **BACIΛEYC BACIΛEШN MEΓAC OPΘAΓNHC**, doch als »legend corrupt« bezeichnet. Das Berliner Ex. hat ganz deutliche Buchstaben, leider nur βασιλεὺς β... erhalten, vom Namen etwa AΓN . C zu sehen. — Brustbild, dem Pacores ähnlich, doch bessere Arbeit, l. Dahinter Stern.

Unvollständige Umschrift: (maharajasa?) mahatasa gudapharasa.... Das Berliner Exemplar hat deutlich .. ורופ ורשרופ also: gudapharasa (oder . . . esa) gapha... Nike r. mit Kranz und Palme; l. und r. arianischer Buchstabe.

London, Berlin. Taf. V, 10.

_Æ._ **RRRR.**

Heraus, Eraus,

König der Saka-Scythen.

Æ. 8. Brustbild des Königs r. **ΤΥΙΑΝΝΟΥΝΤΟΣ ΗΙΑΟΥ** 11,95
mit Schnurrbart, Diadem; **ΣΑΚΑ ΚΟΙΙΑΝΟΥ** (*τυ-*
ähnlich den Arsaciden. *ραννοῦντος ηράου σάκα κοι-*
ράνου, das **P** wie auf schlech-
ten Arsacidenmünzen wie ein
Jota). Der König zu Pferd r.,
Bogen am Sattel, von der
hinter ihm schwebenden
Nike bekränzt.

Tetradrachmon vom Gewicht der späten Arsacidenmünzen
(heruntergekommenes attisches) Taf. VI, 12. — Dieses
merkwürdige Unicum des British Museum's hat Gardner
im Num. Chron. N. S. XIV, 1874, p. 161 f. erläutert und
bekannt gemacht. Der Typus der Rückseite ist bestimmt
nicht auf Hippostratus zurückzuführen; ein ganz gleiches
Gepräge des von Nike bekränzten Reiters hat eine Münze
des Yndopheres (s. denselben) im Berliner Museum.
Eine Zeitbestimmung dieser Münze des Saka-Königs ist
schwer; die Schrift und der Kunststyl sowie das Gewicht
beweisen seine späte Zeit, wohl frühestens um 100 n. Chr.

Diese Münze bildet offenbar den Anfang einer ganzen
Reihe roher Silbertetradrachmen mit z. Th. orientalischer
Schrift; auch die rohesten Nachahmungen von Euthydemus' Tetradrachmen sind verwandt; ein Theil dieser
Stücke ist von Thomas im X. Bande des Num. Chron.
·p. 139 ff. »Indo-parthian coins« aus Petersburger Sammlungen besprochen worden; Köhler hat zuerst einige derselben bekannt gemacht. Diese mir in galvanischen
Copien vorliegenden Stücke zeigen sämmtlich einen rohen,
meist schnurrbärtigen Kopf, bisweilen behelmt und phantastisch geschmückt, auf der Rückseite einen Reiter und
völlig verderbte griechische Umschrift, in welcher man

Spuren von *βασιλέως* sehen könnte, oder rein orientalische Schrift, über deren Deutung man den Artikel von Thomas nachlesen mag. Ein Kupferstück hat ein Caduceus-ähnliches Symbol auf der Rückseite, ähnlich vielen andern Münzen mit den Arsaciden-ähnlichen Köpfen und dem Symbol des Yndopheres.

Æ. Unicum.

Æ. Æ. von verwandtem Character **RRR**.

Soter magnus.

Dieser König verschweigt seinen jedenfalls ungriechischen Eigennamen.

a) Griechisch und arianisch.

Æ. 5—6 und 2½. **BACIΛEYC** (auch **BACIΛEY**) **BACI ΛEYWN**(sic) **CWTHP ME ΓAC**, auf keinem Exemplar ganz deutlich. Der König zu Pferd r. in der erhobenen R. Kranz; r. das Symbol **Ψ**, welches ähnlich bei Kadphises und dessen Nachfolgern beständig vorkommt [1].

maharajasa rajadirajasa mahatasa tradatasa, nie recht deutlich. Auf einem mir vorliegenden Exemplar steht: **Ƥ.....ᲧᲧƤᲜᲒᲣ**, also fehlerhaft: maharasaja **Ყ═Ო** j.....sa. Stehende bärtige Figur r. mit Diadem (Zeus?), die R. etwas erhebend, in der L. Scepter: vor ihm ein runder Gegenstand mit einer lilienartigen Verzierung oben. Man nennt es einen brennenden Altar; l. Monogr.

Selten. Wilson, Ariana Taf. IX, 20—22. Rollin u. Feuardent.

Æ. Aehnlich, unvollständige Umschriften. Rückseite: stehende Figur l., Speer oder Stab in der L., in der R. Blitz (?).

Prinsep-Thomas Nr. 4, englische Privatsammlung.

---

1) Auch in einer indischen Grotteninschrift. S. K. O. Müller in den Götting. gel. Anz. 1839 p. 324.

b) Rein griechisch.

Æ. 2—6. Die unendlich häufige rein griechische Münzsorte des
König zeigt folgende Varietäten:

1) *Æ.* 6. Brustbild mit Helm, dem Eukratides nachgebildet, l., in der erhobenen Hand Speer oder ein
einer Lanzenspitze ähnliches Geräth; dahinter das
Symbol. Vor dem Kopf arianischer Buchstabe.
Rf. Der König zu Pferd r. in der erhobenen R.
den (kreuzförmigen) Elephantentreibstachel oder
dergl. R. das Symbol. Diese Varietät ist selten.

2) *Æ.* 2—6. Ebenso, aber ohne Helm, nur Diadem,
mit Strahlenkranz, die Lanze bisweilen mit Bändern.
Rf. wie Nr. 1.

Die Umschrift der Rückseite ist zuweilen:

BACIΛEYC BACIAEⱲN CⱲTHP M oder **MEΓA**
und rundes **Є**

Diese Aufschriften sind selten (Berliner Sammlung).

Die gewöhnliche Umschrift ist:

BACIΛEY BACIΛEYⱲN (sic) **CⱲTHP MEΓAC**
oft etwas verstümmelt, auf den kleinen Münzen nach vorliegenden Originalen wegen des kleinen Raumes abgekürzt,
z. B. βασιλευ βασιλευων σωτηρ, ohne μεγας u. s. w. Es
hat keinen wissenschaftlichen Werth alle diese zufälligen
Weglassungen und häufig vorkommenden Fehler, wie
z. B. βασιλευς βασιλευ εν u. s. w. genau zu beschreiben.

Die *Æ.* 5 mit βασιλευ u. s. w. ist übermässig häufig.

Æ. **C.**

Yrcodes

oder Hyrcodes.

Dieser offenbar sehr späte König unterscheidet sich von
allen andern dieser Reihe; seine Münzen kommen aber
häufig in den Fundgegenden der übrigen indo-baktrischen

vor. Der Kopf hat einen etwas arsacidischen Character.
Diese Silberstücke des Yrcodes ,scheinen die Vorläufer und
Muster für die Münzen der Sah-Dynastie der Sinha-Könige
zu sein.

.R. 3. YPKWΔOY, bisweilen · **PAHⴹPOY MAKAPO** und
fehlerhaft. Bärtiges Brust-   ähnlich, bisweilen aber auch
bild mit Diadem r.   ganz anders: **OYKYO ΛHO**
                             u. s. w. Stehende bekleidete
                             Figur v. vorn, in d. R. Speer.

Drachme von sehr variirendem Gewicht: 2,72. 2,37. 1,87
u. s. w. oft von ganz schlechtem Silber; das Gewicht hat
also wenig Werth.

Eine Normalform der Inschrift der Rückseite ist schwer
festzustellen. Man hat vor kurzem Münzen des Ooerki mit
deutlichem Ares auf der Rückseite entdeckt, welche die
Inschrift **PAO PHⴹPO** (ich kann aber das ⴹ nicht sehen
sondern nur **O**) trägt; dies hat man mit dem ϱαη϶ϱο μα-
ϰαϱο des Yrcodes zusammengestellt 's. Thomas, Journ.
As. Soc. Brit. 1877, II. p. 214). An das homerische μάϰαϱ,
selig, als Beiname des Gottes, zu denken wäre zwar nach
Analogie des homerischen ϰοίϱανος, beim Saka-König
Heraus, nicht unmöglich, doch ist es wahrscheinlicher,
dass der Göttername aus der einheimischen Sprache genommen ist.

.R. 2—2¹/₂. Ebenso.   Das **YPKWΔOY** auch auf
                             der Rückseite. Vordertheil
                             eines Pferdes r.

Eine ähnliche Münze von gutem Silber mit unlesbaren
Aufschriftspuren, trägt auf der Vorderseite den nachgebil-
deten Kopf des Heliokles (Rollin und Feuardent, s. oben
bei Heliokles, Nachahmungen). — Diese Münzen des
Yrcodes meist von ganz schlechtem Silber. Gewichte:

Gewicht

1,63. 1,27. 0,79 u. s. w.   Es giebt ganz rohe und wilde Nachahmungen dieser Stücke.

Beide Münzsorten des Yrcodes sind jetzt häufig.

Æ. C.

Kadphizes (»Kadphises I.«).

Nachfolger des Hermaeus.

Æ. 5—6. Genau die Typen der Münzen mit der Aufschrift **ΣY ΕΡΜΑΙΟΥ**, s. oben bei Hermaeus.

Brustbild r..   Stehender Herakles.

Die Umschrift der griechischen Vorderseite ist verderbt. Das Prinsep-Thomas'sche Verzeichniss giebt sie:

ΚΟΡϹΗΛΟ ΚΟΖΟΥΛΟ ΚΑΔΦΙΖΟΥ

Nach vielen mir vorliegenden Originalen und Abbildungen ist es aber nicht möglich, eine definitive Entscheidung über die normale Form dieser Umschrift zu geben. Ich setze einige Hauptvarianten hierher:

ΚΟΡϹ . . ΚΑΔΦΙΖΟΥ

. . ΟΥΛ . ΚΑΔΦΙΖΟΥ ΖΟΡΟΥ (Berlin)

ΚΟΖΟΥΛΟ ΚΑΔΦΙΖΟΥ ΚΟΡΕΗΧ

. ΟϹΟΥΛΟ Κ . . .

ΚΟϹΟΥΛΟ ΚΑΔΦΙΖΟΥ ΧΟΡϹΗ.

Oft ist alles ganz verwildert; einmal steht deutlich ..**ΟΗΜΟ**..(Berlin), wobei man sofort an das **ΟΟΗΜΟ ΚΑΔΦΙϹΗϹ** der Münzen des sogenannten Kadphises II. denkt. — Ich weiss daher nicht, ob man ausser dem meist wiederkehrenden *κοσουλο* oder *κοζουλο καδφιζου* irgend eine Normalform der Umschrift geben darf.

Die ungleich correctere **arianische** Umschrift der Rückseite ist dieselbe wie auf den mit *συ ερμαιου* bezeichneten Stücken, zuweilen ganz vollständig und deutlich: kuyula (bisweilen eher kuyala) kasasa kushana (oder

eher kashana) yavugasa (das v aber ebensogut r) dhra-
matidasa oder dhamatidasa oder phi statt di:

ᛈᛋᚻᚢᛎᛈᛏᛎᛁᚪᚱᛏᚻ ᛈᛈᛏᚻᚦᛃᛎᚻ

So nach mehreren Exemplaren; ein Stück ist fast völlig
deutlich. Es kommen mehrfach kleine Abweichungen vor,
die aber wohl nicht urkundlichen Werth haben, sondern
als fehlerhafte, lüderliche Umschriften zu betrachten sind.
Ueber die Deutung der Inschrift s. oben bei Hermaeus.

Æ. **C.** Sehr gewöhnlich, aber fast nie vollständig.

Kadaphĕs,

verwandt mit Kadphizes und dem oben nach Zeionises
beschriebenen König, wenigstens sind die Titel aller drei
ähnlich lautend.

Æ. 4. **ΚΟΖΟΛΑ ΚΑΔΑΦΕϹ
ΧΟΡΑΝϹΥ ΖΑΟΟΥ**; ζα-
ϑου wird gelesen, ich kann
aber das Θ auf keinem der
mir vorliegenden vielen Exx.
erkennen, nur Ο. Kopf mit
kranzähnlichem Diadem r.,
dem Augustus in späteren
Lebensjahren ähnlich, von
nicht schlechter Arbeit. —
Das Sigma hat immer die beiden verschiedenen Formen.

Sitzende Figur, bekleidet,
auf einem leichten Sessel,
die R. ausstreckend, v. vorn,
etwas r. gewendet. Das Symbol **Υ** (s. oben ähnlich bei
Yndopheres) und arianisches
Monogramm. — Symbol und
Monogr. fehlen zuweilen.

Nicht sehr selten. Die arianische Umschrift der Rückseite ist, mit Vergleichung von Cunningham's Alphabettafel (aber nicht etwa aus dieser ergänzt), aus fünf Exemplaren zusammengestellt:

ᛈᛏᚻᛃᛎᛣ ᛈᛈᛎᛏᚻᚦᛁᛈᛎᚻ ᛈᛏᛎᚪ ᛈᛋᛏᛣ

d. i. nach Prinsep-Thomas: khashanasa yauasa kuyula
(kuyanla?) kaphsasa sachha dhaniphidasa. Wenn »kuyula«
richtig ist, wäre der zehnte Buchstabe regulär so: ᛉ,

y mit u-Strich. Das »phs« in kaphsasa ist ein schönes deutliches Monogramm aus ph und s; das chh hat eine etwas abweichende Form, regulär ist es so: Ɏ

Die Bedeutung ist dunkel, das kaphsasa wird dem καδαφες entsprechen.

Æ. R.

Kadphises

gewöhnlich Kadphises II. genannt, der »Kadphizes« mit Hermaeustypen wäre dann der erste. — Mit Kadphises beginnt die letzte, sich von allen früheren Münzen wesentlich unterscheidende Reihe der griechisch redenden indobaktrischen Könige:

> Kadphises
> Kanerku
> Ooerki (und Ooer)
> Bazodeo.

Die letzteren drei, die aus Inschriften bekannten Turushka-Könige, müssen bis nahe an die Sassanidenzeit heranreichen.

1) Goldmünzen.

Die griechische Umschrift ist fast stets **ΒΑϹΙΛΕΥϹ** (auf den Doppelstateren **Ε**) **ΟΟΗΜΟ ΚΑΔΦΙϹΗϹ**. Die lange arianische der Rückseite hat unbedingt Dowson im wesentlichen ganz richtig gelesen (s. Lassen, Ind. Alterthumsk.[2] II, 808 Anm., doch sind dort einige Wörter der Umschrift ausgelassen): mâhârajasa râjâdhirâjasa sarvaloga iṣvarasa mahiṣvarasa hima kapiṣasa tâdârasa (oder tradatasa), d. h.: des grossen Königs, des Königs der Könige, des Herrschers der ganzen Welt, Kadphises[1]), (vom Stamme der) Hima, des Retters.

---

1) Thomas, Journ. As. Soc. (Brit.) IX (2. Hälfte) p. 211 denkt an die von Solinus und Plinius erwähnte indische Stadt Caphisa, Capissa. Der Stamm ist gewiss derselbe, aber Καδφίσης ist doch sicher Nominativ, Königsname.

Ich gebe die Umschrift aus Vergleichung mehrerer ^Gewicht
Originale, Gold und Kupfer:

ןדֿלחﬨﬞﬠ﬩ﬨﬠﬠﬡﬠﬢ﬩ﬤﬦﬢﬠﬠﬨ﬩ﬥﬠﬨ﬩ﬠﬡﬠﬨ﬩ﬠ

t d tr s ş pi k m hi s r sv hi m s sv i g lo rv s s j r dj j r s j r h m
? t

also ganz wie Dowson, nur der letzte Titel nicht ganz
vollständig und nicht recht sicher; es schien mir bisweilen
לﬢﬢ, sa ga ra, zu lauten; andre Münzen haben den Titel
so: ﬢבּﬡ also dradara(sa) für tradatasa; vgl. eine ähnliche Form oben bei Yndopheres. Kleine Münzen haben
eine kürzere Umschrift. — Die Gepräge sind folgende.

N. 7. Der bärtige König, thro- Die lange arianische Um- 15,87
nend, l., mit Fussbank, hoher schrift. Stehende Figur von
Mütze, Diadem, Stiefeln, im vorn (Siwa genannt) mit Drei-
r. Arm Zweig; r. das Symbol zack, l. blickend, Gewand;
der ganzen Turushkareihe auf den dahinter r. stehen-
Ψ, das so und ähnlich auf den Zebustier gelehnt; r. das
allen ihren Münzen erscheint
(auch in einer Grotteninschrift Symbol ⚇
von Carli findet sich das Monogramm).

Attischer Doppelstater. London, Wilson Ariana Taf. X, 5
und XXI, 17.

N. Doppelstater? Aehnlich, doch der König mit gekreuzten
Beinen, Keule in der Hand, Flammen an den Schultern,
über der Mütze Dreizack.
Prinsep II, p. 213. Unicum, Privatsammlung.

N. 4. Die gewöhnliche griechische Umschrift. Brustbild mit Mütze u. s. w. l., in der erhobenen R. Keule, in der L. einen kleinen Gegenstand (?). Unter dem Brustbild buchstabenähnliche Verzierungen (Flammen?). R. oben das Symbol.

Die lange arianische Aufschrift. Stehende männliche Figur, für Siwa gehalten, die R. auf d. Dreizack stützend, unbärtig, leichtes Gewand um die Hüfte, um den l. Arm Löwenfell (?). — Also vielleicht ein Pantheon aus Herakles und Poseidon, kein Siwa. Am Speer des Dreizacks eine Art Haken oder Beil. Man hat solche Beile in Indien gefunden (s. Lassen, nach einem Aufsatz Wilson's, in dem betr. Abschnitt über Kadphises). L. und r. die beiden Symbole.

7,95

Attischer Stater, Berlin, s. auch Wilson, Ariana Taf. X, 7, 8, 10, 11. Es giebt eine ganz rohe Fälschung.

N. 4. Ebenso, doch scheint unter dem Brustbild noch CIΛЄШ, also βασιλέων zu stehen.

7,91

Stater. Berlin, scheint eine noch unbekannte Varietät.

N. 4. Aehnliche Stater ohne die Schrift unten. Flammen an den Schultern des Brustbilds.

N. 4. Dieselbe Umschrift. Der König in einem Zweigespann im Schritt rechts, mit Mütze u. s. w., im r. Arm Keule. Vor ihm klein der Wagenlenker. Ohne das Symbol.

Rückseite wie vorher.

Stater, sehr selten. Es giebt eine ganz rohe, vergrösserte Fälschung.

N. 4. Brustbild r., Umschrift wie vorher.

Umschrift nicht ganz erhalten. Die Figur auf den Stier gestützt wie auf den Doppelstateren.

Stater, Wilson p. 355. Nr. 6.

N. 2. Dieselbe Umschrift. Kopf
des Königs mit Diadem (und
Mütze?) aus einer Art Fenster
heraussehend r.

ꝓꞤꞪꞀꞂꞀꞀꞀꞀꞁꞃꞂꞃꞌ **Gewicht**
1,98

maharajarajadirajasa kapi-
sasa. Dreizack mit Beil, Griff
u. Haken; l. und r. die beiden Symbole.

Viertelstater. Berlin u. a. Samml.

2) Silbermünzen

des Kadphises giebt es nicht; vgl. die Bemerkung über
eine versilberte Kupfermünze, von Wilson irrig als Silber
bezeichnet, bei Prinsep, Ess. ind. ant. p. 214.

3) Kupfermünzen.

Æ. 8. **BACIΛEYC BACIΛEWN
CWTHP MEΓAC OOHMO**
(zuweilen das **H** wie **K**, daher irrig **OOKMO** gelesen)
KAΔΦICHC, auch im Na-
men oft, wie bei diesem und
d. folgenden Königen häufig,
das **H** wie **K** gestaltet. Der
König mit hoher Mütze, Stiefeln u. s. w. l. stehend, die
Hand über einen kleinen Altar haltend; r. Keule, dar-
rüber das einem Schlüssel
ähnliche Symbol, l. Dreizack
mit Beil ⚑

Die lange arianische Um-
schrift. Figur an den Stier
gelehnt wie auf den Doppelstateren. L. oben das zweite
Symbol mit dem Kreis unten.

Æ. 4. Ebenso, bisweilen, des Raumes wegen, am Ende der
arianischen Umschrift ein Buchstabe weniger.
Die grossen Kupfermünzen oft schlecht und roh, oft
jedoch sauber geschnitten. Die etwas seltneren kleinen
meist noch besser gearbeitet.

N. R. *Æ*. C.

Die Turushka-Könige (Brüder?)

Das Historische s. oben in der Uebersicht. Die Prägung dieser Könige scheint keine sehr grosse Zeit zu umfassen und muss nicht allzulange vor dem Beginn der Sassaniden mit Bazodeo geendet haben, wenigstens ist er der letzte, welcher uns seinen griechisch und correct geschriebenen Namen aufbewahrt hat. — Die Prägungen gehören also frühestens ins erste nachchristliche Jahrhundert und enden vielleicht spätestens um 200 n. Chr.

Kanerku

indisch Kanishka genannt, auf den indisch redenden Münzen Kanerki.

Es ist von Wichtigkeit die zwei Sorten von Münzen: 1) rein griechisch, 2) mit indischer Sprache in griechischen Buchstaben, streng zu scheiden. Wilson (Ariana) beschreibt sehr genau, hat sie auch bei den Metallen ganz richtig getrennt, Lassen giebt sie aber nach Wilson sehr durcheinander. — Ich trenne also beide Sorten; die frühesten sind die auch besser gearbeiteten rein griechischen; eine einzige merkwürdige Goldmünze, mit dem indischen Titel $\varrho\alpha o$ $\nu\alpha\nu o$ u. s. w. auf der Vorderseite und HΛIOC auf der Rückseite, bisher meines Wissens noch nicht beschrieben, bildet den Uebergang.

Der wichtigste Typus dieses Königs ist der Buddha, von mir in der Lesung rectificirt und über die bestehenden Zweifel erhoben; s. d. Beschreibung unten.

Gewicht

1) Griechisch.

N. 4. **BACIΛEYC BACIΛEWN KANHPKOY** Der König, ähnlich dem Kadphises, mit vollem Bart u. s. w. l. stehend über dem Altar opfernd, die L. auf die Lanze stützend.

HΛIOC Stehender Helios l. mit langem Gewand u. Mantel, Strahlennimbus, Diadem, die R. erhebend, die L. am Schwertgriff. L. das schlüsselförmige (von nun an bleibende) Symbol, dessen Formen auf späteren Münzen oft kleine unbedeutende Abweichungen zeigen.

6,82 abgerieben

Attischer Stater, selten. Berlin u. a. S. Abgebildet bei Wilson, Ariana Taf. XI, 16.

Æ. 6.   Ebenso, zuweilen Bogen am Rücken.

Æ. 6. Dieselbe Vorderseite.

NANAIA Stehende weibliche Figur r. mit Nimbus, Halbmond auf dem Kopf, in der R. ein kurzes Scepter(?), das oben einen Hirsch- oder Rehkopf trägt(?). Rechts das Symbol.

Die »Nanaia«, auf den indischen Münzen Nana genannt, ist sicher Artemis-Selene als Pendant zu Helios. Der Halbmond ist zuweilen ganz deutlich; einen Hirsch- oder Rehkopf glaube ich sicher auf den Goldmünzen des Ooerki (s. unten) zu sehen; diese Kupfermünzen haben ihn nicht deutlich erkennbar. — Ich würde glauben, dass man das Wort »Nanaia«, das also auf rein griechischen Münzen neben **HΛIOC** vorkommt, nicht aus dem Indischen erklären, sondern für ein rein griechisches halten muss (s. dagegen Lassen, II, 837). **NANA** ist ein Beiname der Artemis auf einer Inschrift aus dem Piraeus. Das Wort kehrt allerdings wieder in den graecisirten indischen Stadt-, Fluss- und Inselnamen:

Gewicht

Ναναγούνας, Ναυίγαια, Ναυιγηρίς, das *Νάνα* kann aber
sehr wohl (wie **HPAKIΛO**, s. unten im Indischen direct
aus dem Griechischen herübergenommen sein. Dass »Nana«
die »weniger richtige« Form von Nanaia ist, wie Lassen
sagt, ist sicher irrig; die Münzen des Königs mit griechischer Sprache und Schrift haben »Nanaia«, die mit indischer Sprache in griechischen Lettern haben »Nana«, also
ist ·Nanaia« einfach die hellenische, »Nana« aber die bei
den Indern damals gebräuchliche (wenn auch vielleicht
aus dem Griechischen herübergenommene) Form; sie ver-
halten sich also wie »Helios« und »Mioro« zu einander. —
Andere rein griechische Münzen des Kanerku scheint
es nicht zu geben.

2) Griechische und indische Sprache, in griechischen Lettern.

N. 2¹/₂. **PAONANOPAO**   **HΛIOC** Stehender Helios 2,0
Κανηρκι **KOPANO** Brust-   wie oben. L. das Symbol.
bild l. mit Tiara, Speer,
über Wolken oder Ver-
zierungen.

Viertelstater, scheint noch unbekannt. Rollin u. Feuardent.
Dies ist die einzige zweisprachige Münze des Königs.

3) Indische Sprache mit griechischen Lettern.

Ich ordne die grosse Menge dieser Münzen ebenso wie
bei den späteren Königen alphabetisch nach der Rückseite. Die Bedeutung der dargestellten indischen Götter
ist in fast allen Punkten völlig schwankend und wird ganz
verschieden erklärt; ich beschränke mich bei diesem mir
fern liegenden Gebiet auf Andeutungen; nur wo wir ganz
Sicheres wissen und wo hellenische Mythologie und einheimische verbunden erscheinen, bin ich ausführlicher;

13*

die Forschung über die indischen Götter der Münzen, welche bisher nur zu höchst unsichern Resultaten gelangt ist, bleibt den Indologen überlassen (s. besonders Lassen, Ind. Alterthumsk. II., Thomas im Journ. As. Soc. (Brit.) IX, ii. 1877 und von früheren Arbeiten Otfr. Müller's vortreffliche Aufsätze in den Gött. gel. Anz. 1835, 1838 und 1839). — Die Beschreibung der oft überladenen und ihrer Bedeutung nach unbekannten Attribute kann unmöglich mit allen Details gegeben werden. — Die G e w i c h t e d e r G o l d m ü n z e n einzeln anzugeben hat bei diesen langen Reihen keinen Werth. Es ist das gewöhnliche Gewicht des attischen Staters und Viertelstaters, nach mir vorliegenden guten Exemplaren der Stater (N. 4):

Kanerki	7,97
Ooerki	8,06
Bazodeo	8,12

der Viertelstater (N. 2¹/₂) Kanerki 2,0

Ooerki 2,1

Ich habe lange Reihen gewogen und nie irgend wichtige Abweichungen gefunden ausser bei abgeriebenen Stücken, deren Gewicht werthlos ist.

Athro.

N. 4. **PAONANO PAO KA NHPKI KOPANO** Der stehende König am Altar wie auf der griechischen Goldmünze, l., ein hakenförmiges Instrument in der R.

AΘPO Stehende bärtige Figur l. mit Diadem, bekleidet, mit Schwert; in d. ausgestreckten R. Kranz oder Diadem. Daneben das Symbol.

Stater. Wilson p. 366.

N. 2¹/₂. Ebenso, Viertelstater.

N. 2¹/₂. Ebenso, doch auf der *Hf.* nur das Brustbild wie oben bei dem Viertelstater mit Helios.

Wilson p. 367.

Gewicht

Æ. 7.   Wie der Stater, doch nur **PAO KANHPKI**.

Die Beischrift dieser Münzen, Athro, steht auf Ooerki's Münzen neben einem .völlig deutlichen Hephaestos.

Ardochro.

N. 4.   Die lange Umschrift.   **APΔOXPO**, nie αρδοχρο.
Opfernder König wie vorher.   Weibliche langbekleidete Figur r. stehend mit Diadem u. Nimbus, vor sich mit beiden Händen Füllhorn, rechts das Symbol.
Berlin, Wilson u. s. w.

Arooaspo.

N. 4.   Ebenso.   **ΛPOOACΠO**, also wohl αροοασπο, nicht δροοασπο zu lesen. Stehende bärtige bekleidete Figur mit Diadem r. in der erhobenen R. Kranz, mit der L. ein Pferd am Zügel haltend, r., vor dessen Mitte die Figur steht; l. das Symbol.
Berlin u. a. S.

Budo, Buddha.

Der König Kanerku (Kanishka) war Buddhist, wie uns die einheimischen Schriftsteller von ihm berichten. Die ältesten Darstellungen Buddha's sind uns in den Münzen des Kanerku erhalten.

Diese Münzen Kanerki's mit Darstellungen und Aufschriften des Buddha hat Cunningham entdeckt und 1845 im Journ. As. Soc. (Bengal) p. 430 und Taf. 2 bekannt gemacht. Dabei war aber eine gar nicht in die Reihe der Buddha-Darstellungen gehörige Goldmünze mit abgebildet, und die Kupfermünzen, mangelhaft erhalten und

Gewicht

mit z. Th. etwas verderbter Inschrift, waren noch nicht richtig gelesen. In Wilson's Ariana ist ebenfalls eine Sorte dieser Kupfermünzen in zwei Exemplaren schön abgebildet, doch die Bedeutung der z. Th. rückläufigen Inschrift und Buddha's Name noch nicht erkannt. Eine andere Münze der Art ist in Prinsep's Essays I, p. 135 und Taf. VII vortrefflich abgebildet, aber wiederum die rückläufige Inschrift nicht richtig gelesen. Cunningham's noch irrige Lesungen und die von ihm überhaupt irrig der ganzen Buddha-Reihe zugewiesene Goldmünze führten zu zwar gelehrten, aber, da die Inschrift z. Th. missverstanden war, völlig irrigen Erklärungen der Inschrift (s. Lassen, Ind. Alterthumsk. [2] II, 845 Anmerk.). Die scheinbare Unsicherheit aller bisherigen Lesungen dieser Buddhamünzen führte endlich in neuester Zeit sogar zu Zweifeln an der Existenz des Namens Buddha auf diesen Münzen (Thomas im Journ. As. Soc. (Brit.) 1877 IX. 2. Theil p. 231), wenn auch die Figur des Buddha feststand. Erst ein vortreffliches Stück des Berliner Museum's (Prokesch; vom Besitzer nicht erkannt) gab mir Gelegenheit die Richtigkeit von Cunningham's Entdeckung nachzuweisen und sie zu vervollständigen: ich konnte zunächst den Haupttheil der Inschrift, Buddha's Namen, unzweifelhaft feststellen, und mit Vergleichung dieser Münze wurde es sofort leicht, auch die wichtigsten Theile der Inschriften der von Wilson, Prinsep und Cunningham mitgetheilten Münzen festzustellen: das Geheimniss lag einfach darin, dass man nicht erkannte, die Inschriften seien grossentheils rückläufig zu lesen; die rechtläufig geschriebene Berliner Münze löste das Räthsel.

Ich gebe hier, vom Sichern ausgehend, den Beweis meiner Behauptung und beginne mit dem kostbaren Berliner Stück:

Gewicht

Æ. 6½. ϱαο ϰαNHPKI Der opfernde König 1.

....◁ϘΓΟ BOTΔO, der letzte Theil d. Inschrift unter einander gestellt. Thronender Buddha in seiner gewöhnlichen Form, von vorn, mit untergeschlagenen Beinen, Nimbus, Ohrringen (oder langen Ohrläppchen, einer besondern Eigenthümlichkeit Buddha's; beides kommt vor, lange Ohrläppchen und grosse Ohrringe), die Arme in der gewöhnlichen Stellung der Buddha-Idole.

Taf. VI, 1, daneben ein Buddha-Idol. Die Münze ist von einer für die ganze Reihe des Kanerku recht sauberen Zeichnung und Ausführung der Rückseite.

Hier ist also der Name **BOYΔO** völlig deutlich; das übrige nicht, s. weiter unten. — Alle männlichen Götternamen dieser Münzen enden auf **O**, also ist **BOYΔO** die unzweifelhafte Namensform des Buddha. Und dies ist sie auch auf allen andern Buddha-Münzen des Kanerku; ich gebe die Inschriften sämmtlicher:

1) Sitzend, wie die Berl. Münze **ΣΛΟ BOΛΔ**...
   Cunningham l. c. Taf. II, 6.

2) Sitzend, (die Berl. Münze) ...**ϘΓΟ BOYΔO**

3) Stehend, ebenfalls mit langen Ohrläppchen od. Ringen **AKAMΛ DAYOB**
   Wilson, Ariana XIII, 2.

4) Ebenso, kleiner . . . **LⵜKAMA OΔ**...
   Wilson, Ariana XIII, 1.

5) Ebenso (wohl dies. Münze) **ⵜKANA OΔYOBOY**
   Prinsep l. c. Taf. VII.

An der Lesung ist also gar kein Zweifel: es ist überall
BOYΔO, bald recht-, bald rückläufig, bald, wie
auf Nr. 1, ist nur ein Buchstabe (das **Y**) verkehrt gestellt: **Λ**. Als man die Berliner Münze noch nicht kannte,
versuchte man natürlich rechtläufig zu lesen, und dies ist
durchaus zu entschuldigen, da der andere Theil der Inschrift, das . αχαμα oder ähnlich, wirklich rechtläufig steht;
dass recht- und rückläufige Inschriften auf Münzen dieser
Königsreihe neben einander vorkommen, ist bekannt:
OKPO wechselt mit **OꟼⲬO**, auch bei letzterer Inschrift
der *Rf.* steht der Königstitel regulär rechtläufig, also auf
einer Münze recht- und rückläufig; Buchstabenumstel-
lungen lüderlicher Art sind häufig: **KOPⱯNO** statt **KO
PANO** u. s. w

Es fallen also die Lesungen:

OBOΛA CAM (was man **OM BOΔA CAMANA** ver-
vollständigt hat),

OAΔO BOA CAMA A und

OΔYO BOY CAKA NA fort.

Denn statt:

O BOΛA ist zu lesen **O BOΛΔ** = *o βουδ*; statt

OAΔOBOA CAMA A {ist zu lesen, wie deutlich auf den
Münzen steht: **OΔYOᗺ OY**

OΔYO BOY CAKANA CAKANA also *βουδο* rückläufig
u. s. w.

Endlich ist die von Cunningham abgebildete Goldmünze:

Av. 4. Ooerki's (nicht Kanerki's)   Stehende Figur mit erhobe-
Brustbild mit gewohntem   ner R. Strahlennimbus, l.;
reichem Schmuck l., ver-   l. das Symbol. Beischrift
wilderte Aufschrift.   verzerrt: **OꟼBOA**

welche Aufschrift Cunningham **OΔI BOΔ** las, völlig aus
der Reihe zu streichen. Thomas sagt (Journ. As. Soc.

Gewicht

(Brit.) IX, 2. Theil p. 231) mit Recht, die Figur gliche genau der auf Ooerki's Münzen mit der Beischrift **APA ЄIXPO** erscheinenden, auch ist die Münze Cunningham's barbarisirt, auch auf der Vorderseite ganz verwildert, also ist an Buddha nicht zu denken, weder an sein Bild noch an seinen Namen. Ob die Inschrift etwa Spuren eines rückläufigen barbarisirten $\alpha\varrho\alpha\varepsilon\iota\chi\varrho\sigma$ zeigt oder was sie sonst bedeuten soll, ist schwer zu sagen.

Der Nachweis, dass diese Münze nicht hierhergehört und dass auf den anderen Münzen die angeblich v o r Buddha's Namen stehenden Buchstaben bisher sämmtlich irrig statuirt waren, weil man die Münzen von der falschen Seite las und das Ende des Namens für Buchstaben v o r. dem Namen hielt, war wichtig; denn aus den angeblichen Lesungen:

OAΔO BOΔ

OΔYO BOY

OΔI BOΔ

hat man, vom scheinbaren Gleichklang verführt, den so schön zu passen scheinenden Âdi-Buddha gemacht. Âdi-Buddha's, als des höchsten Gottes, Vorstellung ist (Lassen, Ind. Alterthk. II, p. 454) den ältesten buddhistischen Schriften fremd; erst im 10. Jahrhundert n. Chr. ist nach bisherigen Ermittelungen die Vorstellung eines Âdi-Buddha bekannt; diese Münzen des Kanerki boten also nach bisheriger Ansicht plötzlich eine viel ältere Nennung des Âdi-Buddha, aus einem der ersten nachchristlichen Jahrhunderte, und schienen also zu den wichtigsten Denkmälern des Buddhismus zu gehören. Das sind sie auch gewiss; ich glaube aber nicht nur dem epigraphischer Untersuchungen kundigen Leser, sondern jedem Unbefangenen gezeigt zu haben, dass die Phantasie vom Âdi-Buddha, **OΔI BOΔ**, **OΔYO** B*ov* u. s. w.

Gewicht

in nichts zerfällt; irrig hat man theils eine gar nicht
zugehörige barbarische Münze herbeigezogen, theils das,
was einfach βουδο heisst irrig verkehrt οδυοβ gelesen,
ohne auf das stets richtig rückläufig stehende β Rücksicht
zu nehmen, und daraus irrig den Âdi-Buddha heraus-
construirt.

Es steht also nichts vom Âdi-Buddha auf den wenigen bekannten Kanerki-Münzen mit Buddha's Bild, nur
BOYΔO, der Name Buddha's, und ein oder mehrere noch
nicht völlig erklärte Beinamen, Buchstaben vor und hinter
dem Namen, zu denen ich nun übergehe.

Man wollte das hinter dem Namen stehende Wort:
CAMANA, Sanskrit Şramana, lesen; es steht aber nie
CAMANA sondern eher **CAKAMA** oder **CAKANA**, das
K ist völlig sicher. Lassen schlägt vor dies σακαμουνι,
Sanskrit: Şâkjamuni, d. i. Lehrer aus der Familie Şâkja,
Buddha's gewöhnlicher Beiname in alter Zeit, zu ergänzen.
Diese Erklärung ist sehr ansprechend, der Name kann ja
etwas variirt gelautet haben.

Was die vor dem Namen stehenden Buchstaben anlangt, so ist zu wenig erhalten um sicher zu gehen.
Prinsep's Münze hat rückläufig **YO** vor βουδο, denn da
das βουδο rückläufig steht, wird wohl auch das **OY** das
davor in derselben Linie steht nicht als ου, sondern rück-
läufig als υο aufzufassen sein. Bei der Berliner Münze
dachte ich zuerst an **PAO BOYΔO**, König Buddha, was
ja sehr gut möglich wäre; ϱαο steht auch bei andern
Götternamen dieser Münzreihe. Vergleichung mit andern
Münzen machte es mir aber wahrscheinlicher, dass das
Q eher ein schlechtgeformtes **A** ist, das sich häufig so:
A findet und noch schlechter, so steht z. B. statt **NANA**:
N6N6. Der zweite deutlich erkennbare Buchstabe der
Berliner Münze ist so: **Γ**, also wohl ein Gamma. Nun

hätten wir als mögliche Lesung .ΑΓΟ ΒΟΥΔΟ...
Häufig ist auf Ooerki's Münzen die Gottheit ΜΑΝΑΟ
ΒΑΓΟ; sollte der Beiname des Buddha eine ähnliche
Endung haben?

Ich habe hier nur die Pflicht das Feld zu säubern
und die wirkliche Umschrift festzustellen, und glaube dies
gethan und zugleich die hochwichtige älteste Buddha-
Figur und Umschrift auf Kanerki's Münzen für immer
über jeden Zweifel erhoben zu haben[1].

Ich wiederhole nun im Zusammenhang die Beschreibung sämmtlicher Buddha-Münzen des Kanerku mit rich-
tigen Lesungen:

Æ. 7. ϱαο καΝΗΡΚΙ Der ste- ..᙭ϱΓΟ ΒΟΥΔΟ Thro-
hende König l. nender Buddha v. vorn. Das
  Symbol scheint zu fehlen.
  Berlin.

Æ. 7. ΡΑΟ ΚΑΝηϱχι Ebenso .. ΣΛΟ ΒΟΛΔ .. (βουδ)
  Ebenso; l. das Symbol, etwas
  verzerrt.
Cunningham, Journ. As. Soc. (Beng.) XIV (1845) Taf. II, 6.

Æ. 7. ΡΑΟ Κανηϱκι Ebenso DΛΥΟϴ. ΑΚΑΜΛ Buddha
  genau wie vorher, mit den-
  selben Insignien, derselben
  Armhaltung u. s. w., aber
  stehend, von vorn; l. das
  Symbol.

1) Die Rückseite der Berliner Münze ist von guter Arbeit, auch die bei
Wilson und Prinsep abgebildeten sind recht gut, und die Meinung Thomas'
(Journ. As. Soc. IX, 11. p. 231), diese Münzen seien verwildert, »of very
imperfect execution whose legends are absolutely chaotic in the forms and
arrangement of the greek letters« und von Nachfolgern Kanerki's geprägt:
»...by later occupants of the localities in which the earlies coins were
struck« ist bestimmt irrig. Die Münzen gehören zu den besten des Kanerku, die Formen der Inschrift stimmen genau mit andern desselben
Königs, z. B. das Delta ist genau ebenso auf den Kupfermünzen mit dem
Gotte ΟΑΔΟ gestaltet.

Gewicht

Wilson, Ariana Taf. XIII, 2. Weniger vollständig Cunningham l. c. Nr. 7.

Æ. $5^1/_2$. Ebenso, etwas vollständigere Umschrift. ΟΔΥΟΒ ΟΥ . . ΒΟΙΚΑΝΑ Ebenso.

Prinsep, Essay's I. Taf. VII. Wilson, Ariana l. c. Nr. 1, weniger gut.

Alle diese Münzen mit Buddhadarstellungen sind von der äussersten Seltenheit.

Bei der Beschreibung der folgenden Reihe Kanerki's und seiner Nachfolger gebe ich, soweit nicht besondere Abweichungen statt finden, keine detaillirte Beschreibung der sich gleich bleibenden Hauptseiten. Die Umschrift Kanerkis in Gold ist stets *ϱαο νανο ϱαο κανηϱκι κοϱανο*, in Kupfer *ϱαο κανηϱκι*. Das Gepräge in den Stateren und im Kupfer stets der stehende opfernde König, im *N*. oft in der R. einen kleinen Haken haltend, die Viertelstateren haben stets das Brustbild mit Speer in der L. — Das bekannte Symbol auf allen Münzen.

Mao.

N. 4. *Rf*. **MAO** Stehende Mondgottheit l. mit Mondsichel am Rücken; l. ausgestreckte Hand: Blätter(?), r. Peitsche(?).

Æ. 7. **MAO** Die Mondgottheit anders als vorher, die R. ausstreckend, die L. am Schwert. Mondsichel und Gewandung wie vorher.

N. 4. **MAO** Aehnlich, im l. Arm Scepter.

Mioro und ähnlich.

N. 4. **MIIPO** Stehender Sonnengott, wie Helios oben.

Fund von Peschawer. Journ. As. Soc. (Brit.) IX, p. 224.

Gewicht

Æ. 7. MIIPO oder
MIOPO
MIYPO (Berlin)
MYIPO (Berlin)
MЄIPO Peschawerfund [1]. } Ebenso.

Niemals MIΘPO, wie man oft angegeben findet, weil dies so schön zu Mithras passen würde!

Nana.

N. 4. NANA Stehende Artemis-Selene r., genau wie oben Nanaia.
Berlin.

Æ. 7. Ebenso, das A zuweilen missgestaltet wie σ, auch 6.

N. 4. NANA PAO (offenbar »die Königin Nana«). Ebenso.
Peschawer-Fund, Wilson u. s. w. Die Lesung *ναναια ϱαο*, wie Lassen schreibt, scheint ein Irrthum.

Oado.

Æ. 7. OAΔO Laufende bärtige Figur l. Strahlenkrone oder fliegende Haare, mit beiden Händen ein aufgeblähtes Gewand über dem Kopf.
Sehr häufig. Oado ist der Windgott nach allgemeiner Erklärung (vâta im Sanskrit Wind), womit die Darstellung stimmt.

Okro.

N. 4. OKPO Stehende unbärtige Figur l. halbbekleidet, mit vier Armen, darin: kleines Scepter(?), ein kleines Gefäss [aus welchem Flüssigkeit tropft], einen Arm an der Hüfte, einen emporhebend. Rechts ein kleines aufspringendes Reh oder Gazelle, Ziege?
S. unten Ooerki.

---

1) Nur nach Thomas l. c. S. unten dieselbe Beischrift bei einer Artemis, bei Ooerki.

N. $2^1/_2$. **OKPO** Aehnlich, aber weniger deutliche, z. Th. andere Attribute, ohne das Reh.

$\mathcal{E}$. 7. **OKPO** Aehnlich, in den Armen Kranz, kleines Gefäss, ein Arm auf den Speer gestützt, einer herabhängend.

$\mathcal{E}$. 5. Ebenso.

$\mathcal{E}$. 4. **OKPO** Stehende, zweiarmige Figur, die R. auf den Speer stützend.

Okro soll ein Beiname des Siwa sein. Die vierarmige Figur ist sicher ein Pantheon.

Dass ein aus rein griechischen Göttern zusammengesetztes Pantheon bei Ooerki erscheint mit der Beischrift οκρα, werde ich unten bei Ooerki zeigen.

[Onir?]

Bei Wilson ist eine kleine mangelhaft erhaltene Goldmünze mit **OИIP** und einer dem Mioro ähnlichen Figur l. abgebildet und beschrieben. — Taf. XII, 11.

Orlagno.

N. 4. **OPΛAΓNO** Stehende bärtige, bekleidete Figur r. behelmt, auf dem Helm ein Vogel. Die R. auf die Lanze stützend, die L. am Schwert.

In Berlin ein gutes Exemplar. Die Lesung ορδαγνο ist bestimmt irrig. Der Gott ist offenbar ein Kriegsgott. S. die gute Abb. bei Wilson, Taf. XII, 3.

Pharro.

N. 4. **ΦAPPO** Stehende bekleidete Figur r. mit Nimbus u. s. w., die L. auf den Speer stützend.

N. $\mathcal{E}$. C.

Ooerki,

in den indischen Steinschriften Huvishka. Von diesem König giebt es nur Gold- und wenige Silbermünzen.

Höchst merkwürdig ist auf den Rückseiten die Ver-
mischung hellenischer und indischer Mythologie und die
oft ganz leichte, oft aber völlig verändernde Umwandlung
hellenischer Götternamen, so **HPAKIΛO** = Herakles,
AOPO = Hephaestos; diese merkwürdigen Münzen wurden erst durch den grossen Fund von Peschawer bekannt,
welcher viele hundert Münzen des Kanerki, besonders
des Ooerki und Bazodeo enthielt (Journ. As. Soc.
(Brit.) IX. II. 1877).

Die Umschrift der *Hf.* dieses Königs ist **PAO
NANO PAO OOHPKI KOPANO** oft in den schlechtesten Buchstaben, auch zuweilen fehlerhaft.

Das Gepräge: ein überladenes Brustbild mit Tiara,
Nimbus, spinnrockenähnlichem Scepter, Haken (Elephan-
tenstachel), oft Speer u. s. w. linkshin, stets mit Schnurrbart oder gar nicht sichtbarem Bart, im Gegensatz zu dem stets langbärtigen Kanerki. — Sehr
selten erscheint auf Stateren der thronende König in
ganzer Figur. Dieser Typus wird in der Beschreibung
hervorgehoben; wo die Hauptseite nicht angegeben ist,
trägt sie das Brustbild. Eine den Raum wegnehmende
für wissenschaftliche Zwecke unnütze und sehr schwere
Detaillirung der barbarischen überladenen Attribute kann
ich nicht geben Eine Abbildung mag genügen (Taf. VI, 3).
Diese Form des Brustbildes, wie sie unsere Abbildung
giebt, ist die ältere; die offenbar spätere, noch barbari-
schere (s. darüber Thomas in der Beschreibung des Pe-
schawer-Fundes) zeigt die Attribute gehäufter und die
Tiara grösser und verzierter, meist einer Bischofsmütze
gleichend.

Die Gewichte der Stateren gehen wie bemerkt worden bis 8,06 Grm.; die der Viertelstateren bis 2,1.

Gewicht

In der folgenden Beschreibung bedeutet P. den Peschawerfund, dessen Beschreibung und Abbildung im citirten IX. Bd. des Journ. As. Soc. (Brit.) 1877 nachzusehen ist.

Athro.

N. 4. **AOPO** Stehender Hephaestos r., von schöner Zeichnung, bärtig, r. Hammer geschultert, l. Zange, Flammen an den Schultern. L. das auf allen Münzen Ooerki's und der Turashka's erscheinende Symbol.

P.

Araeichro.

N. 4. **APAEIXPO** Dem Sonnengott gleichende Figur l. mit Strahlen-Nimbus, die R. ausstreckend, die L. an der Hüfte.

P. — Mit Recht bemerkt Thomas, dass die oben besprochene angeblich Buddha's Beischrift zeigende Goldmünze (Journ. As. Soc. Beng. 1845) dieselbe Figur zeige; es ist eine wohl nur barbarisirte Münze desselben Gepräges.

Ardochro.

N. 4. **APΔOXPO** Stehende weibliche Figur r., grosses Füllhorn mit beiden Händen.

Häufig, zuweilen die Schrift von unten nach oben.

N. 2½. Ebenso.

Berlin u. a. Samml. — Viertelstater.

Bizago s. Skando.

Zero s. Meiro.

Helios, Mao und eine dritte Gottheit.

N. 4. **HΛΓO HΛAO ИИOЯ IZAH**; im Abschnitt **VANAOX**
Es scheint also zu stehen: ηλιο μλαο ννοβιζαη — χοαναν rückläufig, oder ηλιο μααοννοβιζαη (oder μ). Drei Figuren in einem sorgfältig verzierten Tempel. Helios in der Mitte

ist sicher, die Figur links mit Peitsche wird der Mondgott sein. — Auch hier haben wir wieder ein Beispiel
nur in der Endung indisirter griechischer Götternamen :
ηλιο für ἥλιος. Ob der Mondgott hier wie sonst μαο
(fehlerhaft geschrieben), oder wie auf andern Münzen
Ooerki's μαναοβαγο oder ähnlich heisst, oder ob an das
βιζαγο anderer Münzen zu denken ist, bleibt dahingestellt.
Die Arbeit ist sauber und nicht barbarisch.

Unedirtes Unicum in Berlin (Guthrie) Taf. VI, 3.

Herakilo.

Sitzender König mit unter-   *Rf.* HPAKIΛO Stehender
geschlagenen Beinen, mit   Herakles l. von vortrefflicher
Keule, Scepter, Flammen   Zeichnung.
an den Schultern u. s. w.

P. — Nach der Autotypie im Journ. As. Soc. unsere Taf.
VI, 4. Dies merkwürdige Stück zeigt den griechischen
Götternamen nur in der Endung indisirt.

Komano s. Skando.

Maaseno oder Maageno.

V. 4. MAAΓHNO Stehende Figur von vorn, mit Nimbus, die
R. auf den Speer stützend.

P. — Thomas liest μαασηνο, das σ sieht aber wie
Gamma aus.

Manaobago.

V. 4. MANAOBAΓO Thronende Mondgottheit, Mondsichel
an den Schultern, r. — Vier Arme, darin: Zweig, Kranz,
Zweig mit Früchten (?), den vierten an der Hüfte; die
Füsse auf einer Fussbank.

· P. und Berlin (Guthrie); Wilson Taf. XIV, 9. Thomas
Nr. 17.

Mao.

N. 4. **MAO** Mondgott l, mit Mondsichel an den Schultern, r. Kranz, die L. auf den Speer stützend.

P.

N. 4. Ebenso, doch längere Kleidung, die R. erhoben ohne Kranz, die L. in die Seite gestemmt.

Wilson Ariana Taf. XIV, 6.

N. 4. Dieselbe Inschrift. Mao stehend r., mit Kranz, Schwert, den Scepter im l. Arm, Mondsichel.

P.

Mao und Miiro.

N. 4. **MAO MIIPO** Beide Götter stehend.

P.

Meiro.

N. 4. *Hf.* Der König sitzend, wie bei Herakilo. *Rf.* **ӾIPO** Stehende langbekleidete Artemis r., die R. am Köcher, am Rücken, in der L. grossen Bogen.

P. — Thomas Abb. Nr. 7. Thomas erklärt die Artemis für Nachahmung des bekannten Denars [und Goldmedaillons] des Augustus (letzteres das berühmte Unicum in Neapel), mit der schreitenden archaisirenden Artemis, ich glaube aber dass die Artemis des Ooerki damit nichts zu thun hat. — Die Beischrift liest Thomas **ZЄPO** und denkt dabei an Ceres, was mir völlig undenkbar scheint; es steht deutlich μειρο, μ und ε im Monogramm. Die Beischrift μειρο erscheint nach Thomas auch beim Sonnengott (s. oben μιορο u. s. w.).

Mithra, Mithro steht n i e.

Mioro und ähnlich.

N. 4. **MIOPO** Stehender Sonnengott l. mit Strahlennimbus u. s. w., die R. auf den Speer stützend, die L. an der Hüfte.

P.

N. 4. **MIIPO** Ebenso, bald links- bald rechtshin, mit Kranz,
Schwert, ohne Speer.

Häufig. P. — Berlin u. s. w.

N. 4. **MIPPO** Ebenso, l. die R. ausstreckend.
Berlin.

N. 2½. **MHPO** Ebenso, mit Speer.
Wilson, Ariana Taf. XIV, 10.

N. 4. **MOPO**.
P.

Nana.

N. 4. **NANO** (sic) Stehende Nana (Artemis-Selene) mit Mondsichel an der Stirn, Nimbus und dem Scepter, das in
einen Hirsch- oder Rehkopf endet (ähnlich einem Stecken-
pferd gestaltet), r.

P. — Die Form des **N** sehr nachlässig.

N. 4. **NANA** Ebenso.
Wilson Taf. XIV, 1.

N. 2½ Ebenso.
Berlin, Viertelstater.

Nana und Okro.

N. 2½. **NANA OKPO** Die Götter stehend, einander zugekehrt, Okro hat vier Arme.
Berlin, Viertelstater.

R. 3. Brustbild mit Tiara und **NANA OKPO** Die beiden 2,08
Scepter l., rohe Umschrift, einander zugekehrt stehen- 2,03
die gewöhnlichen Namen u. den Götter, von roher Arbeit.
Titel.
Berlin u. a. Samml. — Halbe Drachmen.

Oaninda.

N. 4. **OANINΔA** Schreitende Nike l. in der ausgestreckten
R. Kranz, im l. Arm Scepter; von ziemlich guter Zeichnung.

14*

P. — Dieses vorzügliche Exemplar des Peschawerfundes ^{Gewicht} beweist, dass das unvollkommene von Cunningham im Journ. As. Beng. 1845 abgebildete nicht **CAMI** (oder **OANI**) **MAO** hat, sondern οανινδα; Cunningham's und die Münze des Peschawerfundes sind identisch.

Okra und Okro.

N. 4. **OKPA** Dreiköpfige Gottheit mit vier Armen, darin, erhoben: Blitz, Dreizack; gesenkt: Keule und undeutlichen kleinen Gegenstand.

P. — Thomas' Tafel Nr. 14. Okro und Okra ist nach Meinung der Gelehrten Beiname des Siwa. — Diese »Okra« ist aber jedenfalls noch stark hellenisch gefärbt, es ist ein offenbares Pantheon aus Zeus (Blitz), Poseidon (Dreizack), Herakles (die gesenkte Keule); das vierte Attribut undeutlich.

N. 4. **OKPO** Linkshin stehende Figur, Verzierung auf dem Kopfe, mit vier Armen; darin: kleinen Stab, kleines Gefäss, aus welchem sie Tropfen ausschüttet oder giesst, einen Arm hebend, den vierten in der Hüfte. L. anspringend ein kleines Reh oder ähnliches Thier; die Gottheit hat Flügel (oder Feuer?) an den Schultern und Jagdstiefeln wie Artemis.

Berlin. Auch hier ist die Figur ein Pantheon. S. oben bei Kanerki.

N. 4. **OKPO** Gottheit mit drei Köpfen und vier Armen; darin, erhoben: Rad; Dreizack, gestützt; gesenkt: Bock, ausgestreckt: kleines Gefäss (Σ). — Die Figur ist unbekleidet (priapisch).

P. — Vgl. Thomas p. 214; der dreigestaltige Siwa; hier ist fast alles griechische aus der Darstellung verschwunden.

Raoreoro oder Raorethro.

N. 4. **PAOPHOPO** Stehender unbärtiger Ares r. mit Helm, Panzer, kurzem Rock, die R. auf die Lanze stützend, die L. auf den Schild gelehnt, der vor ihm am Boden steht.

P. — Thomas liest $\varrho\alpha o\varrho\eta\vartheta\varrho o$, die Autotypie lässt das ☉ nicht erkennen; mit Recht stellt Thomas diese Beischrift des deutlichen Ares-Bildes mit dem $\varrho\alpha\eta\vartheta\varrho o$ oder ähnlich des Yrcodes zusammen.

Riaë oder Ride.

N. 4. **PIDH** Stehende Pallas, genau wie der Ares vorher, nur mit langem Kleid.

P. — Eine Zusammenstellung des $\varrho\iota\alpha\eta$ mit Rhea ist wohl mehr als gewagt, auch hängt diese indische Pallasdarstellung gewiss nicht mit Domitian's Münzen zusammen; ebenso gut kann sie ja den Münzen der kappadocischen oder syrischen Könige entnommen sein. Die Lesung bleibt unsicher: $\varrho\iota\varrho\eta$ ist unwahrscheinlich, $\varrho\iota\delta\eta$ würde ich dem $\varrho\iota\alpha\eta$ vorziehen, da das **A** sonst immer deutlich so ist: **A**.

Sarapo.

N. 4. **CAPAПO** Stehende bärtige Figur l., bekleidet, die R. etwas erhebend, im l. Arm Scepter.

P. — Thomas erkennt wohl mit Sicherheit hierin den Serapis (Sarapis). Auch der Modius ist erkennbar.

Skando, Komaro, Bizago.

N. 4. **CKANΔO KOMAPO BIZAГO** so angeordnet dass
$$\sigma\kappa\alpha\nu\delta o\kappa o \quad \text{und}$$
$$\alpha\varrho o$$
untereinander stehen, dann folgt oben μ, rechts $\beta\iota\zeta\alpha\gamma o$. Die Lesung wird gesichert durch die Viertelstateren, welche die ganze Umschrift im Kreise haben: $\sigma\kappa\alpha\nu\delta o$ $\kappa o\mu\alpha\varrho o$ $\beta\iota\zeta\alpha\gamma o$. Zwei einander zugekehrte unbärtige Figuren mit Speeren und Schwertern, Nimbus u. s. w. stehend.

P. — Berlin. Die *Κόμαροι* sind ein Stamm der Saken _{Gewicht} oder Baktrier; *Κομάρ* heisst das Cap Comorin; also das Wort findet sich mehrfach in Indien.

N. 2½.   Ebenso.

Berlin, Wilson (dort nicht vollständig). — Viertelstater.

Pharro.

N. 4. ϕΑΡΡΟ Stehende unbärtige Figur r. mit kurzem Rock, Jagdstiefeln, Nimbus, Speer mit Bändern oben (Thyrsus?), auf der l. Hand ein Berg (wie die Landesgottheit von Kappadocien den Argaeus hält?) oder Feuer?

P.

N. 2½.   Aehnlich, ohne Bänder am Speer und ohne Berg.

Berlin, Viertelstater.

N. 4.   Dieselbe Umschrift. Die Figur hält einen dem Simpulum ähnlichen Gegenstand.

P. — Thomas p. 215.

N. 4.   Dieselbe Umschrift. Bärtige Figur l. in der R. einen kleinen Beutel(?), die L. auf den Speer gestützt.

Berlin.

N. 4. ϕΑΡΡΡ (sic, mit Schnörkeln) Stehende phantastisch geschmückte Figur r. mit Mantel, Flügeln, in der ausgestreckten R. Blume(?), die L. am Schwertgriff; sie trägt Tiara(?) mit Diadem.

Berlin (Guthrie).

Oroë.

N. 4. ШΡΟΗ Stehende bärtige Figur l. mit Nimbus, langem Gewand, die L. auf den Speer gestützt, die R. wie zeigend.

P. — Weniger gut bei Wilson.

N. C. *Æ*. RR.

Ooer.

Vom Könige Ooer giebt es nur Kupfermünzen. Da von allen andern Königen dieser Reihe: Kadphises, Kanerku, Bazodeo Gold und Kupfer vorhanden ist, vom Ooerki aber nur Gold und vom Ooer wiederum nur Kupfer, liegt natürlich die Vermuthung nahe, beide seien identisch. Lesungen welche den Ooerki dem Ooer nähern, sind aber sämmtlich irrig, und so lange nicht Beweise der Identität da sind, müssen wir den allerdings auch in den Inschriften der Turushka‑Könige gänzlich fehlenden Ooer als vom Ooerki verschieden betrachten; auch sein Titel ist ein anderer:

PAO NANO PAO OOHP KENOPANO

lautet die constante Umschrift des Ooer; bisweilen in schlechtesten Formen, auch etwas verstümmelt, öfter **OHP** statt **OOHP**. Alle andern Lesungen (darunter besonders zu erwähnen das angebliche *οοηρχι χορανο* statt *οοηρ χενορανο*) sind irrig. — Die Rückseite zeigt stets das gewöhnliche Symbol.

Athro.

Æ. 6—7. Thronender König von vorn, die L. erhebend; das Kissen wie zwei emporringelnde Schlangen gestaltet. Umschrift wie angegeben, es bleibt auf allen Münzen dieselbe.

AΘPO in schlechten Buchstaben. Stehende bärtige Figur, in der ausgestreckten R. Kranz, die L. am Schwertgriff.

Berlin. Vgl. Wilson, bei Kanerki Taf. XII, 16.

Æ. 7. Der König auf einem Lager, das r. Bein oben, das andre unten.

Ebenso.

Berlin.

Ardochro.

Æ. 6. Der König auf dem Ele- **APΔOXPO**, auch barbarisch
     phanten r.   αροοχρ; stehende Göttin mit
                  grossem Füllhorn r.
    Berlin, Wilson u. s. w.

Æ. 6. Achnlich, ganz barbarisch, die Figur hält einen Kranz,
Beischrift **ΛOH**; da die *Hf.* in der Inschrift verwildert
ist, hat auch dies λοη keinen Werth.
Wilson, Ariana p. 373, Nr. 20.

Mao.

Æ. 7. Der König thronend v. vorn, wie oben

Æ. 7. Der König auf dem Elephanten r.

Æ. 7. Der König auf einem Lager, das r.
    Bein oben, das andre unten.

             Berlin, Wilson u. s. w.

MAO Die Mondgottheit stehend l. mit erhobenem r. Arm.

Mioro u. s. w.

Æ. 7. Der König auf dem Lager, wie auf
    der vorigen Münze

Æ. 7. Thronender König von vorn u. s. w.

MIOPO Stehender Helios wie gewöhnlich, l.

Æ. 7. Der König auf dem Ele- **MIIPO** Ebenso, ganz ver-
     phanten r.   wilderte Schrift.
             Berlin, Wilson.

Nana.

Æ. 7. Thronender König von **ANΔN** (sic) Stehende Nana
    vorn u. s. w.   rechts.
          Wilson, Taf. XIII, 7.

Okro.

_Æ_. 6 — 7. Der König auf dem **OKPO** Stehende Gottheit v.
Lager. vorn mit vier Armen, darin
wie gewöhnlich das kleine
cylinderförmige Gefäss,
Speer, Kranz u. undeutlicher
Gegenstand.

Berlin; weniger deutlich bei Wilson.

Oëlo?

_Æ_. 6. Der König auf dem Ele- **ꟺHVO** (sic) Stehende Figur
phanten r. l. mit Kranz in der erhobenen
Rechten.

Wilson, Taf. XIV (Nr. 17).

_Æ_. **C.**

Bazodeo,

der letzte König mit lesbarer griechischer Schrift, Vasudeva der Inschriften. Früher schon bekannt aber irrig
gelesen, wurden Münzen dieses Königs durch den grossen
Peschawer-Fund häufiger. — Seine Gewichte gehen bis
8,12 beim Stater.

_N_. 4. **PAO NANO PAO BA** O⊃XO (sic) Stehender, drei-
ZOΔHO KOPANO köpfiger Okro v. vorn, halb-
Opfernder, stehender König bekleidet, in d. ausgestreck-
mit Schnurrbart, in gewöhn- ten R. Kranz, in der L.
licher Tracht, l. Dreizack. Das Symbol erscheint auf allen Münzen
des Königs.

Peschawer-Fund. Thomas' Tafel Nr. 24.

_N_. 4. Ebenso. **OKPO**, auch **OꟼXO**. Okro
wie auf der vorigen Münze,
doch nur ein Gesicht, hinter
ihm l. stehend der Zebustier.

P. — Berlin. Ein besonders schönes Exemplar aus dem ^Gewicht
Peschawer-Fund hat Prof. Dr. Bühler dem Berl. Museum
geschenkt. — Taf. VI, Nr. 5.

$Æ$. $2^1/_2$.   Ebenso, das οκρο recht- und rückläufig.

Berlin und Wilson Taf. XIV, 15. — Undeutliche Umschrift der *Hf.* aber wohl sicher Bazodeo.

$Æ$. 4.   Ebenso ohne κορανο.   Ebenso, rechtläufig.

Rollin u. Feuardent, noch unedirte Varietät, Taf. VI, 6.

$Æ$. 4.   Ebenso mit κορανο.   Ebenso, doch deutlich drei
                                     Gesichter.
            P. — Thomas' Tafel Nr. 26.

$Æ$. 6—$6^1/_2$. Ebenso, selten deut-   Ebenso, nur ein Gesicht wie
   lich, oft verwildert.   es scheint, Schrift nie
                               deutlich.

Bisher unbekannt. Berlin. Einmal ist völlig deutlich
ραο ναυο .. ο βζοδηο(sic), einmal: ... αζοδηο. — Wilson
Taf. XI, die obersten Reihen sind offenbar ebenfalls un-
leserliche Bazodeo-Münzen.

$Æ$. 6. Ebenso, sehr deutlich: Ebenso, doch hält Okro r.
   ραο ... αοβαζοδη.   eine Keule.
           Berlin, Taf. VI, 7.

$Æ$. R. $Æ$. deutlich **RRR**.

Unbestimmt, sich an Bazodeo anschliessend,
vielleicht ihm noch gehörend, mit verwilderter Schrift.

$Æ$. 4. .. **PKO KOPANO** .. König   **APΔOXPO** Thronende Göt-
   wie vorher.   tin von vorn mit Füllhorn im
                        l. Arm, Kranz in der R. —
                              Symbol.
        Wilson Taf. XIV, 19, 20.

Æ. 4—5. Ebenso, meist ganz verwildert, *αροοχρο* u. s. w. Meist
ganz unleserlich.

Wilson, Berlin.

Diese Münzen dienen späteren rein-indischen zum Muster.

Balan

ist kein König, sondern ein verlesener Bazodeo.

Baraoro u. s. w.,

worin man Vararanes erkennen wollte, ist kein König,
sondern verwilderte Umschrift.

Diesen letzten Turushka-Münzen schliesst sich die
grosse Reihe der verwilderten, meist grossen Goldmünzen
mit barbarisirten missverstandenen griechischen Buchstaben an, deren Typus stets der der Okro-Münzen des
Bazodeo (mit Zebu) ist. Die spätesten zeigen den König
in sassanidischer Tracht, dem Sapor I. ähnlich.
S. Wilson, Taf. XIV, Nr. 12, 13, 16, 17. Sehr viele
Exemplare in Berlin.

Zum Schluss noch drei interessante unbestimmbare
Münzen des Berliner Museums:

Æ. 2. Stehende männliche Figur   Weibliche Figur mit Füll-
r., die L. auf die Lanze ge-   horn r. (Ardochro) Schrift
stützt, die R. an der Hüfte.   unlesbar. Links das zweite,
Ueber dem r. Arm Gewand.   bei den spätesten Baktriern
Links das Symbol wie auf   häufige Symbol mit dem
Soter megas' Münzen, rechts   Kreis unten.
ein arianisches ri (oder di
u. s. w.).

Berlin (Guthrie), von ziemlich guter Arbeit; zwei Rückseiten?

Gewicht

Æ. 2½. Stehender Herakles r.   Zeus aëtophorus thronend l.   0,51
mit Keule. — Arianische,   Arianische Schrift, wie di-
deutliche aber nicht lesbare   jani. Gewiss nicht auf den
Inschrift.   König Dionysius deutend,
sondern eher Name d. Zeus.
Die Lesung ergäbe fast genau
eine Transscription von *Διός*
oder dergl.

Rohe Arbeit, aber sehr deutlich; die Götter ganz unverkennbar. Berlin (Prokesch). Taf. VI, 11.

Æ. 3 Indischer Löwe r. Darüber   Herakles stehend von vorn,
ᵈⁱᶜᵏ undeutliche Umschrift und   Keule im l. Arm, sich krän-
Monogr.   zend (?). L. steht unter einander: 𐊗 𐊦 (?)

Berlin (Guthrie). Mit der vorigen verwandt?

Die Abbildungen.

Einen vollständigen Atlas zu geben, war nicht möglich; ich glaube die auf unsern Tafeln gegebenen Proben
einiger besonders wichtigen, charakteristischen sowie
einiger noch unedirten Stücke werden genügen, einen
Ueberblick über die Prägung der Baktrier zu geben. Gern
hätte ich Lichtdruck-Tafeln gegeben, da aber ein grosser
Theil dieser Münzen nur einen schwachen Schein von
Relief hat, der im Gypsabdruck völlig schwindet, habe
ich die andre Methode vorgezogen. Ich glaube dass der
Künstler das Charakteristische recht gut wiedergegeben
hat. Die Abbildungen sind nach folgenden Vorlagen ge-
zeichnet:

O. Original.   A. Abdruck.

Taf. I.

1. Alexander d. Gr. O. Berlin.   5. Diodotus. O. (Rollin u. Feuard.)
2. Sophytes. A. des Cunning-   6. Euthydem. A. Petersburg.
    ham'schen Exemplars.   7. Euthydem. A. London.
3. Antiochus II. O. Berlin.   8. Demetrius. A. Petersburg.
4. Diodotus. O. Berlin (Feuard.).   9. Demetrius nach dem Num. Chr.
                            10. Euthydem II. O. Berlin.

Taf. II.
1. Agathokles. O. Berlin.
2. Agathokles. O. Berlin und Num. Chron.
3. Agathokles nach Num. Chron.
4. Pantaleon nach Num. Chron.
5. Pantaleon. O. Berlin und Num. Chron.
6. Antimachus (Diodot) nach Num. Chron.
7. Agathokles (Diodot) nach Num. Chron.
8. Agathokles (Euthydem) nach Num. Chron.
9. Agathokles (Antiochus) nach Num. Chron.

Taf. III.
1. Antimachus. A. London.
2. Eukratides. A. London.
2a. Arsaces III. O. Berlin.
3. Eukratides. O. Berlin.
4. Eukratides. O. Berlin und Num. Chron.
5. Heliokles und Laodice. A. Petersburg.
6. Heliokles. A. London.

Taf. IV.
1. Plato. A. London.
2. Heliokles. Num. Chron.
3. Diomedes. O. Berlin.
4. Apollodot. O. Berlin.
5. Strato. O. Berlin.

6. Lysias. O. Berlin.
7. 8. Telephus. O. Berlin.

Taf. V.
1. Maues. O. Rollin u. Feuard.
2. Arsaces. O. Berlin.
3. Ranjubul. A. London.
4. Azes. O. Berlin.
5. Spalyris. O. Berlin.
6. Spalirisus. O. Rollin u. Feuard.
7. 8. Sanabarus. O. Berlin.
9. Abdagases. O. Berlin.
10. Orthagnes. O. Berlin.

Taf. VI.
1. Kanerku (Buddha). O. Berlin.
2. Ein Buddhaidol
3. Ooerki. O. Berlin.
4. Ooerki. J. Asiat. Soc.
5. Bazodeo. O. Berlin.
6. Bazodeo. O. Rollin u. Feuard.
7. Bazodeo. O. Berlin.
8. Unbestimmt (s. Zeionises). O. Berlin.
9. Unbestimmt (s. hinter Zeio-
10. nises.) O. Berlin.
11. Unbestimmt (s. ganz am Ende). O. Berlin.
12. Heraos. Num. Chron.

Taf. VII.
Schrifttafel nach Cunningham's letzter Zusammenstellung, des bequemeren Gebrauchs wegen alphabetisch geordnet.

Sachregister.

Namenregister der prägenden Könige.

15

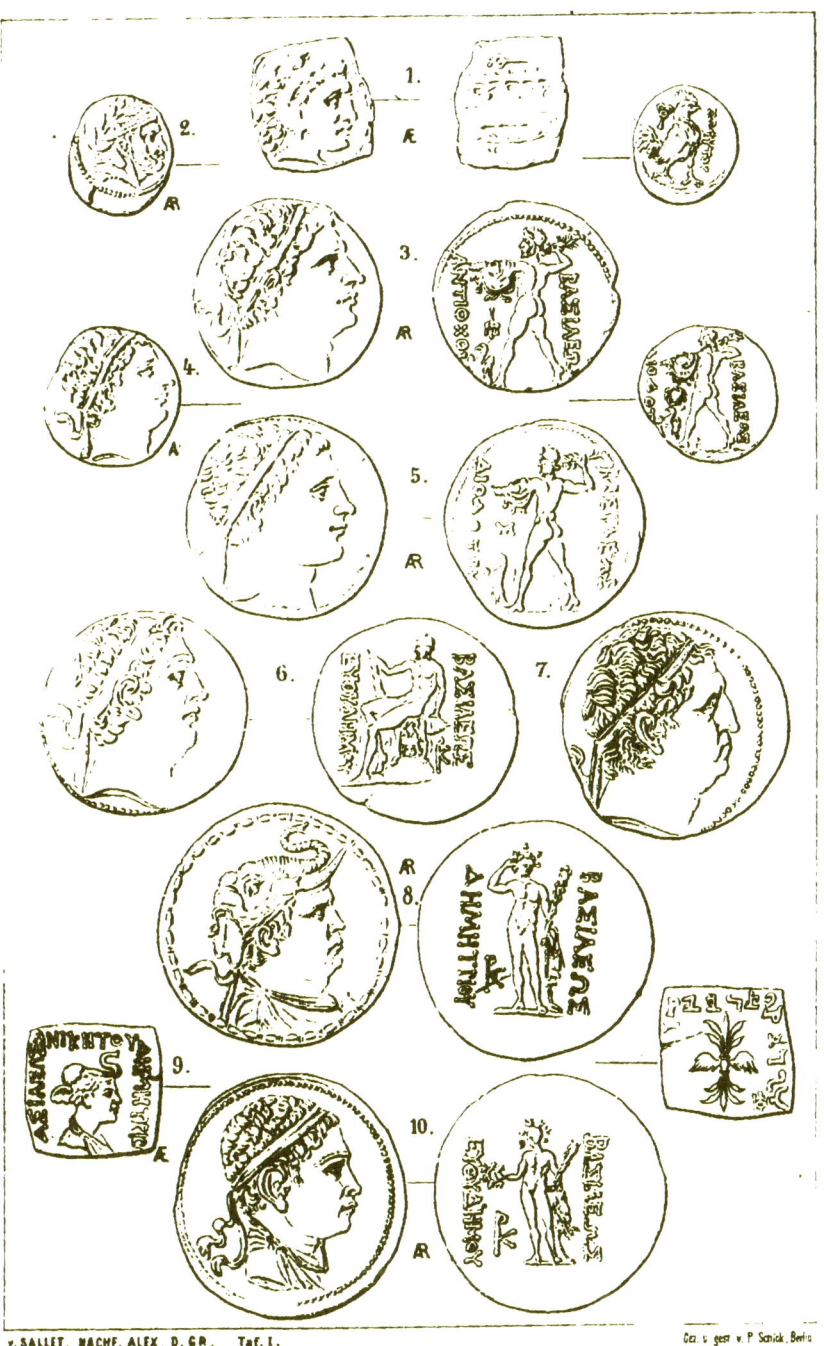

Berlin, Weidmannsche Buchhandlung.

v. SALLET, NACHF. ALEX. D. GR.   Taf. II.

Gez. v. gest. v. P. Schäck, Berlin

Berlin, Weidmannsche Buchhandlung.

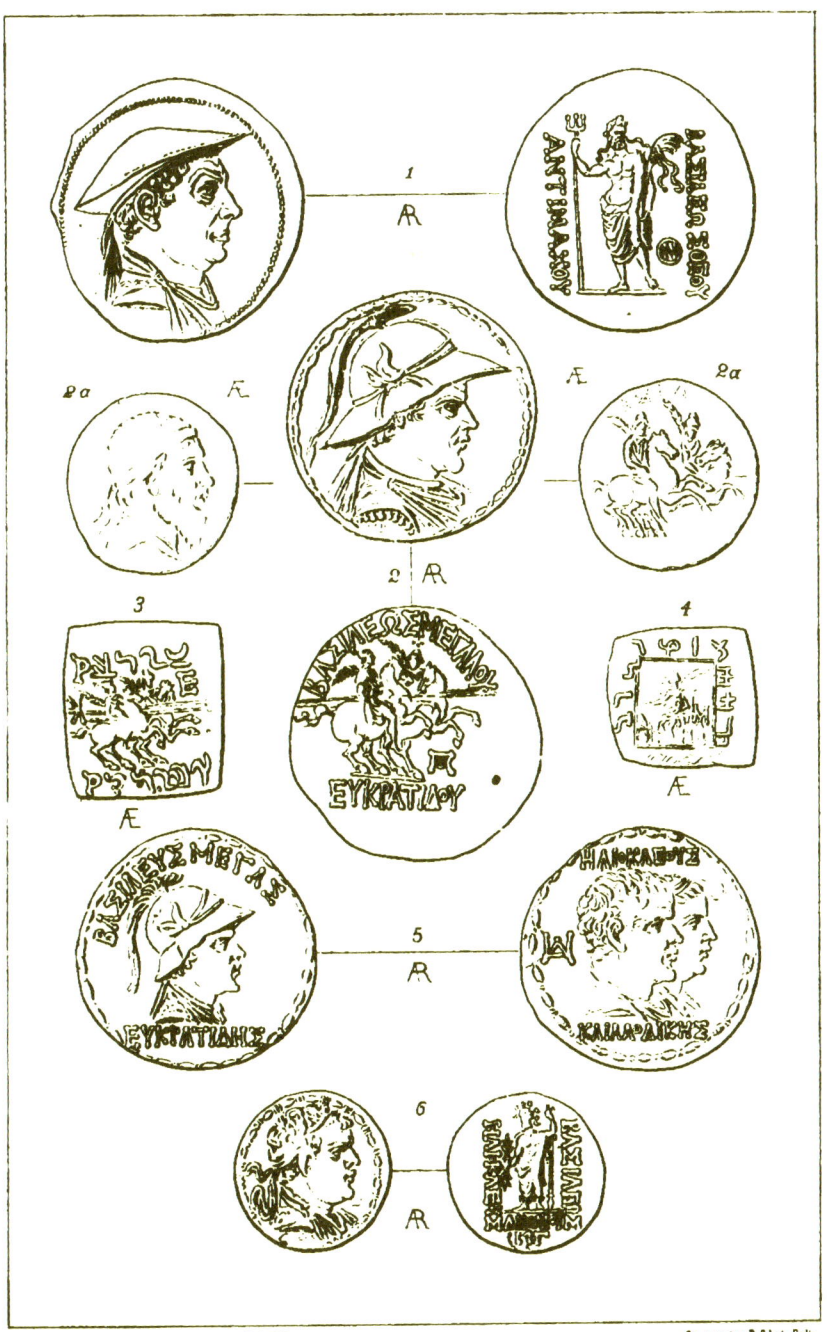

Berlin, Weidmannsche Buchhandlung.

Berlin, Weidmannsche Buchhandlung.

spätere Form.   *spätere Form.*

1) Oft schwer von *l* und *r* zu scheiden.

2) Dieser Buchstabe meist nicht von *r* und *d* zu unterscheiden.

v. SALLET, NACHF. ALEX. D. GR.   Taf. VII.

Berlin, Weidmannsche Buchhandlung.

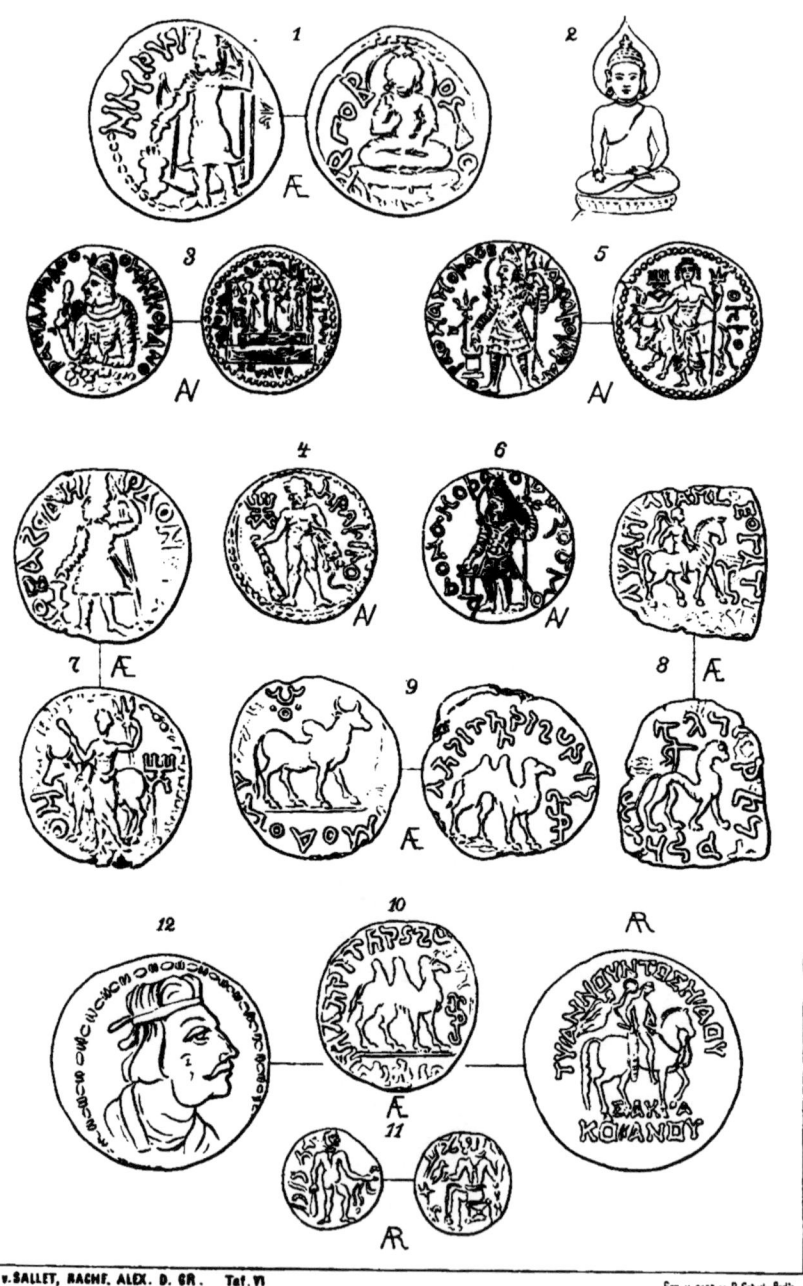

Gez. u. gest. v. P. Schrck, Berlin.

Berlin, Weidmannsche Buchhandlung.